다시 만나는 남과 북

동아시아 평화외교 전략

이재석 외 지음

nosvos

남북 사이의 화해와 협력을 위해

노르웨이 노벨위원회는 유럽연합(EU)을 2012년도 노벨평화상 수상자로 선정하였다. 유럽에서 평화를 정착시키고 전쟁을 몰아낸 업적을 기리기 위함이었다. 2012년은 EU의 전신인 유럽석탄철강공동체(ECSC)가 출범한 지 60년, EU의 근간이 된 마스트리히트 조약이 체결된 지 20년이 되는 해이다.

EU는 1, 2차 대전을 겪은 유럽 국가들이 상호 불신을 극복하고 서로 각축하는 관계에서 협력하는 관계로 나아가면서 공동번영을 구가할 수 있다는 신념에서 출발하였다. 이웃 나라보다 더 강한 군사력을 가져야 한다는 강박관념에서 해방되어 서로 나누는 평화와 발전을 추구한 결과이다.

한반도에서도 남북 간에 화해와 협력의 분위기가 조성되어 가던 때가 있었다. 20여 년 전인 1990년 10월에 서울과 평양을 오가며 남북 팀 간의 통일축구경기가 해방 후 처음으로 열렸다. 이어 1991년 4월 일본 지바 시에서 열린 제41회 세계탁구선수권대회에 남북 단일팀이 참가하여 여자 단체전에서 우승을 거둔 감격이 새롭다. 같은 해 6월 세계청소년축구대회에도 남북 단일팀이 강력한 우승 후보 아르헨티나 팀을 이기고 8강에 진출하여 세계를 놀라게 하였다.

당시의 통일축구경기 개최와 세계탁구선수권대회와 세계청소년축구대회에 보낼 단일팀을 구성하기 위한 남북 간의 협상에 본인은 우리 측 수석대표로서 이 일들을 성사시키는 데 기여하는 보람을 경험하였다. 포르투갈 리스본에서 열린 세계청소년축구대회에는 단일팀 단장으로 참가하여 북측 체육계 인사들, 남북한 선수들과 함께 생활하며 느낀 점도 많았다. 이와 같은 경험을 통해 실감한 것은 남과 북이 목적을 이루겠다는 뜻을 가지고 인내심을 발휘하면 많은 일을 이룰 수 있다는 것이었다. 그리고 남북 간 협상 과정에서 상대방의 입장을 배려하는 것이 성과를 거두기 위해 중요하다는 것도 확인하였다.

1990년대 초의 이와 같은 분위기에서 보다 정치적인 협상에서도 획기적인 성과들이 나왔다. 1991년 12월에 「남북 사이의 화해와 불가침 및 교류·협력에 관한 합의서」에 이어 「한반도의 비핵화에 관한 공동선언」도 채택되었다. 세계 정치의 차원에서 냉전 구조가 해체되는 가운데 한반도에도 화해와 협력의 시대가 열리고 있다는 기대를 갖게 하였다. 남측의 뜻있는 기업인들이 북측과 합작 투자를 통한 산업단지 조성 등의 광범위한 경제 협력 사업에 대해 협의하였다.

이와 같은 변화는 1980년대에 우리가 추진한 '북방 정책'의 성과였으며 국제 상황의 변화에 호응하여 북을 '선의의 동반자'로 인정하며 더 많은 접촉, 더 많은 교류를 통하여 화해 · 협력을 이루고자 한 노력의 결과였다. 북한의 외교적 고립은 바람직하지 않은 것으로 보고 북이 미국 및 일본과 관계를 정상화하는 데 협조할 용의가 있다는 정책도 표방하였다. '북방 정책'의 논리는 우리가 중국, 러시아와의 관계를 발전시키는 가운데 이러한 노력이 북한과의 관계 발전을 위한 좋은 여건을 마련하도록 한다는 것이었다.

그런데 20여 년이 지난 지금의 분위기는 어떤가? 남북 사이의 대화는 막혀 있고, 시도한 여러 교류 사업들은 궤도에 오르지 못하고, 상호 불신은 과거 냉전기의 수준으로 되돌아갔다고 해도 과언이 아닐 것이다. 이웃 중국과 대만은 이념과 체제의 장벽을 허물고 대만 기업인들의 본토 대륙에 대한 투자가 중국의 발전에 중요한 역할을 하며, 양안의 지식인들이 언제든지 만나 자신의 오늘과 내일에 대하여 토론할 수 있다. 중국의 세계 정치와 동아시아 국제 관계에서의 비중이 높아지고 있는 가운데 중국·대만은 말뿐이 아닌 실질적인 '하나의 중국'을 만들어 가고 있는 것이다.

그런데 남북한은 이렇게 될 수밖에 없었던가? 그렇지 않으면 우리가 화해 · 협력하는 관계를 발전시킬 수 있는 기회를 놓쳐 버린 것일까? 이와 같은 질문에 답을 구하는 일을 미루어둘 수 없다는 생각에 이 책을 펴내게 되었다. 멀리 유럽의 국제 정치적 성숙, 가까이는 중국·대만의 관계 발전이 시사하는 점에 비추어 우리가 남북 간의 불신을 극복하며 한반도에 평화를 정착시키기 위한 노력을 새로이 해야 하기 때문이다.

이 책에 실린 글들은 남북 간에 화해 분위기를 조성하고 지속적인 상호 협력을 이루어 내기 위해 우리가 해야 할 일이 무엇인지를 탐구하고 있다. 집필에 참여한 전문가들은 우리가 남북 관계의 새로운 지평을 열어갈 수 있는 전환적 계기를 찾고, 동아시아 평화 외교의 주축으로 역할을 할 수 있는 정책적 모색이 있어야 한다는 공통된 문제의식으로 작업에 임하였다. 중요한 주제별로 지난날의 정책에 대한 비판적 분석을 가하고 미래 지향적 정책 수립을 위해 우리가 풀어야 할 과제를 논의하고 있다.

이 책을 기획하는 데 있어 사전에 글의 틀이나 집필의 방향을 마련하지는 않았다. 각 집필자가 지성과 상상력을 자유로이 펼치는 일이 이와 같은 일에 가장 중요하다는 생각에서였다. 그리고 학자의 이념적 성향에 구애됨이 없이 전문성에 주안점을 두고 프로젝트에 초빙하였다. 필진의 사회적 배경도 다양하다. 대학에서 중진 교수로 활동하는 분, 국책연구소에서 오랜 세월 봉직하며 연구와 정책 수립에 기여해온 분, 외교관으로서 남북 관계와 국제 협상에 다년간 경험을 쌓은 분, 중견 언론인으로서 우리 언론 현장을 체험하며 남북 관계의 발전에 대해 남다른 고민을 해온 분 등이 참여하였다. 이 기회를 빌려 집필에 참여한 모든 분들에게 깊이 감사드린다.

책을 펴내는 일은 모인 글들을 하나의 작품으로 만드는 이들의 노고가 없이는 불가능하다. '노스보스'의 김남필 과장은 기획 단계에서부터 상상력을 발휘하였으며 편집실의 성두현 주임과 박보혜 선생과 함께 이 책을 만드는 모든 과정에서 수고를 아끼지 않았다. '이숲'의 임왕준 주간과 김문영 실장은 편집과 디자인, 그리고 제작에 이르기까지 소중한 공헌을 하였다. 이 책을 펴내는 기쁨과 보람을 이들과 함께하고 싶다.

2012년 12월

단국대학교 명예총장

장 충 식

| 서문 |

정책의 논리와 지평

대외정책의 논리 체계가 정비되지 않으면 정책의 일관성을 유지하기 어렵게 된다. 일관성 없는 정책을 내놓는 정부는 밖으로부터 존경을 받지 못하게 되니 외교의 성과가 불만스러울 수밖에 없다. 한편 대외정책 사고의 지평은 국제환경의 많은 새로운 요소들을 포괄하면서 날로 넓혀져야 한다. 이 책에 실린 글들은 우리 정책의 논리를 정비하고 사고의 새로운 지평을 열어가 보자는 뜻을 함께하고 있다. 남북관계를 가로막고 있는 어려운 현안들을 풀어나가며 한반도에 화해·협력 분위기를 조성하고 한국이 동아시아 평화외교의 주축으로 역할할 수 있는 길을 모색하고 있다.

첫 글 「북한 핵 문제 - 해결책은 없는가?」에서는 북한 핵 문제를 한반도가 안고 있는 여러 복합적인 정치 역학적 문제의 한 표출로 본다. 북이 핵에 집착하게 되는 배경과 핵실험에 이르기까지 북이 구사한 협상 전술을 분석하고 있다. 북한의 '유격대' 자아의식은 '유격대식' 협상 전술로 나타났으며, 이것이 북한의 모습이 정상적인 국제관계에서 보통 국가들이 보여주는 행동양식과는 다르게 되는 연유로 해석한다. 핵 문제 해결을 위해서는 대북정책의 전반적인 논리 체계를 정비하고 이 논리의 언어적 표현도 일관성을 유지하는 것이 중요함을 강조하고 있다. 그리고 북한에게는 자신이 위기에 처한 거대한 유격대 조직이 아니라 누구 못지않은 발전을 구가할 수 있는 잠재력을 가진 인구 2천 3백만의 현대 국가라는 자부심을 가지고 동아시아 국제관계에 정상적으로 임하기를 바란다.

조성렬 박사는 「한반도 신뢰구축의 과제와 추진전략」에서 남북한이 당면한 문제를 '신뢰의 위기'라고 보고 한반도에서 신뢰를 구축해 나가는 방안을 모색하고 있다. 한반도 문제가 국제화된 지금 신뢰구축은 남북관계에서 뿐만 아니라 북한과 국제사회 간에도 이루어져야 함을 주장하고 있다. 이와 같은 시각에서 남북 사이의 군사적, 비군사적 신뢰구축과 국제적 신뢰구축을 추진하는 과정에서 견지해야 할 원칙과 전략적 로드맵(road map)을 제시한다.

정영철 교수는 「남북한 사회문화 교류협력」을 남북 사이의 '마음과 마음의 통일'을 이루어내는 과정으로 이해한다. 이는 한반도의 미래를 건설하는 과정에 동참하는 정신을 진작시키는 것으로 정치적 변수에 종속되지 않고 일관성 있게 추진되어야 함을 역설하고 있다. 사회문화 교류협력에서도 국제적 차원이 충분히 고려되어야 함을 지적한다. 민족 중심의 교류협력에 국제적 보편성이 결합되는 새로운 패러다임에 입각하여 자율성과 지속성이 보장되는 발전을 이루어 나가야 할 것으로 보았다. 정 교수는 남북한 사회문화 교류협력을 전반적으로 되돌아보면서 앞으로 나아가야 할 방향을 제시하고 있다. 민간단체의 사회문화 분야에서의 교류협력이 정치적 관계 개선으로 이어진 과거의 경험에 비추어 이 분야에서의 발전은 남북관계를 대결과 갈등의 국면에서 화해와 협력의 국면으로 전환시킬 수 있는 바탕이 될 수 있을 것으로 전망한다.

이원섭 교수의 「남북관계 발전을 위한 언론의 역할」에 대한 글에는 이 교수가 중견 언론인으로서 다년간 봉직한 경험이 반영되어있다. 한국 사회에서 강력한 힘을 행사하고 있는 언론의 책무가 막중함을 강조한다. 우리 언론에게 민족 구성원들이 한반도를 둘러싼 정세와 남북문제에 대해 정확히 인식하고 통일을 준비하는 자세를 갖도록 선도하는 역할을 주문하고 있다. 이를 위해서는 언론의 공익성을 의심받는 상황을 해소할 수 있도록 언론계 스스로의 성찰과 꾸준한 노력이 필요함을 역설한다. 언론인들이 남북문제와 한반도를 둘러싼 국제관계에 대한 전문성을 키워서 정세의 변동이 있거나 민감한 상황이 벌어질 때 현실을 바로 평가하고 설득력 있는 대안을 제시할 수 있어야 할 것으로 본다. 아울러 남북관계와 관련하여 언론이 건설적 역할을 다할 수 있도록 정부의 언론에 대한 적극적 정보 제공과 언론의 자유로운 취재가 필요함을 지적한다.

이동휘 교수의 글은 한국 외교의 새로운 지평을 열 수 있는 가능성을 논의하고 있다. 한국은 주변국들과의 우호적인 관계를 바탕으로 환경변화에 적절히 대처할 수 있는 중견국가로서의 이점을 지니고 있음에 주목한다. 한반도를 둘러싸고 지난 60년 간 지속되어온 '현상유지적' 환경은 점차 '현상변경적' 환경으로 전환되어 갈 것으로 예상하면서 분단을 극복할 수 있는 '기회의 창'이 열리게 될 것으로 기대한다. 이와 같은 환경 변화에 응하여 한국이 외교 영역의 확대(enlargement), 외교 대상의 확장(extension) 및 외교 능력의 확충(expansion)을 통하여 한국 외교가 지녀온 구조적 한계를 극복하면서 한반도 통합과정을 관리하는 구상을 제시하고 있다. 한국이 중견국의 위상을 활용하여 세계정치에 기여할 수 있는 면으로서 미국을 위시한 기존 강대국과 중국 등 신흥국 간의 이해관계의 조정에 기여하는 소통자(communicator)의 역할, 지역적 차원에서는 대립하는 중국과 일본 간의 이해관계를 절충해 나가는 조화자(harmonizer)의 역할, 그리고 한반도의 미래에 결정적일 수 있는 미국과 중국 간의 전략적 경쟁을 순화시켜 나갈 수 있는 화해자(conciliator)의 역할도 가능할 것임을 주장한다.

오승렬 교수는 「중국의 부상과 남북한 관계」를 논의하면서 우리의 대북정책 조율을 통해 중국의 대북정책과 미국의 한반도 정책에 영향을 미칠 수 있음을 역설한다. 이를 통하여 남북 관계를 진전시킬 수 있다는 것이다. 한반도 주변국들이 대체로 한반도의 현상 유지를 선호할 것이라는 추론은 왜곡된 것이라고 지적하며, 바람직한 남북한 관계를 위해 주변국들의 협력을 유도해 내는 일이 중요하며 주변국 간의 '이익의 균형'을 유지할 수 있는 전략적 접근과 이를 보장할 수 있는 한국의 국가 역량에 대한 주변국의 신뢰가 중요하다고 보았다. 우선 북한을 포용할 수 있으며 안정과 변화 속에 남북 관계를 발전시킬 수 있는 성숙한 한국의 정치 및 사회의 모습을 보여주자고 제의한다.

이선진 교수의 글에는 이 교수가 외교통상부의 외교정책실장, 주상하이총영사, 주인도네시아대사를 역임한 경험이 녹아 있다. 한국 역대 정부가 국제 환경 변화에 대응하여 추진한 대북정책을 되돌아보며 노태우 정부의 '북방정책'과 김대중 정부의 '햇볕정책'을 한국 주도로 남북한 관계를 전환하고 한반도 주변 이해 당사국들의 지원을 확보하고자 한 예로 평가하였다. 한편 지금 정부의 대북정책은 국제적으로 신뢰를 얻지 못하고 있음을 아쉬워한다. 아세안(ASEAN) 국가들, 중국, 러시아의 지지를 얻지 못하고 있다는 것이다. 대북정책에 대한 국제적 신뢰의 회복을 위해 '초당적' 정책 논의 기구 조직을 제안하고 있다. 보수, 진보, 중도 인사들이 참여하는 기구에서 균형 잡힌 대북정책을 수립하여 국민적 이해를 구하며 북한과 국제사회에 내놓고 일관성 있게 추진하자는 것이다. 남북 관계를 '대립과 단절'에서 '대화와 교류'로 전환시키며 미국과 중국을 포함한 이해 당사국들의 의견을 적절히 수용하는 지혜를 발휘할 때임을 역설한다.

여기 일곱 편의 글들은 남북관계가 화해와 협력으로 전환될 수 있는, 그리고 한국 외교가 시대의 요구에 부응하여 발전해 나갈 수 있는 방책을 논구하고 있는 점에서는 공통되나, 집필자의 시각이나 논의의 초점은 소개한 바와 같이 다양하다. 우리 사회에서 더 많은 건설적인 논의가 이루어지는 데 기여하는 자료가 되기를 희망한다.

2012년 12월

이 재 석

| 목 차 |

북한 핵 문제 – 해결책은 없는가?

이재석

I. 북한 핵 문제가 한반도의 미래를 가로막고 있다

북한 핵 문제는 남북 관계의 가장 큰 장애물이다. 이 문제를 풀어 가면서 남북 관계가 개선될 수 있는 길은 없는가? 이 길을 찾아보기 위해서는 우선 북한이 왜 핵을 당장 버리지 못하는지부터 다시 생각해 봐야 할 것 같다.

북한이 핵무기 개발이 필요하다고 주장한 것 중에 20여 년 전의 일이 떠오른다. 1990년 9월 러시아가 한국과의 관계를 정상화한다는 사실이 알려지자 북한은 관영매체인 조선중앙통신을 통하여 자체 핵무기를 개발할 수밖에 없다고 한 것이었다. 이제 북한과 러시아와의 동맹은 이름만 남게 되었으며 그때까지 북한을 보호해준 러시아의 핵무기가 사라졌다고 보았다. 이 무렵은 독일의 통일이 이루어진 때이기도 하였다. 북한의 신경이 날카로워질 만한 상황이었다. 북한 체제의 존립을 보장해줄 중요한 수단으로서 핵 개발을 계산에 넣었던 것이다.

한국과 러시아가 정상적인 외교 관계를 열어갈 수 있었던 배경으로 냉전구조의 해체라는 세계 정치의 지각변동이 있었다. 냉전기에는 한국·미국 간의 동맹과 북한·구소련 간의 동맹으로 한반도에 외교적인, 군사적인 균형이 유지되고 있었다. 한국은 미국의 핵우산 아래, 북한은 구소련의 핵우산 아래 있었다. 이러한 균형은 누구에게나 불만스럽고 불안한 것이었으나, 한반도에서 전쟁이 재발하는 것을 막는 장치로서의 의미가 있었다. 그런데 냉전의 종식이 이 균형을 뒤흔드는 것으로 북한은 의식하였던 것이다. 구소련이 해체되고 러시아는 공산주의 진영의 선두국가 노릇을 포기하고 자기의 길을 가기로 하였는데 이 사실을 북한은 받아들이기 어려웠던 것이다.

20여 년이 지난 지금 북한은 두 차례의 핵실험을 거쳐 김정일 국방위원장 사후에 개정한 헌법 서문에는 김 위원장이 북한을 핵보유국으로 만들었다고 하였다. 그럼 북한은 전통적 의미의 군사적 균형을 위한 수단을 확보하였고 북한 핵 문제는 일단락된 것일까? 그런데 중요한 문제는 북한의 핵 보유를 어느 누구도 받아들이지 않는다는 데 있다. 우리는 말할 것도 없고 전 국제사회가 북한의 핵 포기를 요구하고 있다. 미국은 북한이 핵을 포기해야 미국·북한 관계가 정상화될 수 있다고 하고 있고, 중국과 러시아도 북한이 핵무기를 가져서는 안 된다는 입장에는 변함이 없다. 북한 정부는 핵을 체제 수호를 위한 최후의 수단으로 생각할지 모르겠으나, 지금의 국제 여건으로서는 핵이 북한의 앞날을 가로막고 있다고 해야 할 것이다.

어느 나라든지 국방을 위한 주권의 행사로서 핵무기를 개발한다고 주장한다면 누구도 이를 막을 수 있는 '법적인' 권한은 없다고 할 수 있을 것이다. 그러나 국제정치란 이와 같은 논리로만 되지 않는 것이 현실이다. 우리가 쓰는 〈국제질서〉라는 말은 법적인 요소도 포함하고 있으나 그보다 더 광범위한 국제사회에서의 행동 기준들을 포괄하는 고도로 정치적인 개념이기 때문이다. 핵무기와 관련해서는 「핵 비확산 조약」(Non-Proliferation Treaty, NPT) 체제가 세계 주요 강대국들을 포함하여 많은 나라들의 지지를 받고 있으며, 이 조약 체제와 이 체제의 유지가 바람직하다는 우리의 의식은 현대 〈국제질서〉의 중요한 일부분을 이루고 있다.

사실 북한 정부도 이런 국제사회의 여건을 충분히 인식하고 있는 것으로 보인다. 소련의 권고에 따라 북한은 1985년 NPT에 서명하였다. 김일성 주석은 1992년 3월 일본 아사히신문과의 인터뷰에서 북한의 핵 개발 가능성에 대한 국제적 관심이 높아지고 있는 분위기를 의식하여 북한 핵 시설에 대한 「국제원자력에너지기구」(International Atomic Energy Agency, IAEA)의 사찰은 당연한 절차에 따라 진행될 것이라고 확언하였다. 김정일 국방위원장도 2011년 5월 그의 마지막 중국 방문 중 후진타오 주석과 만난 자리에서 〈한반도 비핵화〉의 목표를 견지할 것이라고 하였다.

조선중앙통신을 통하여 핵무기를 개발해야 한다고 주장하고, 두 차례 핵실험이 있은 후에 북한이 핵보유국이라고 하는 반면, 북한 지도자의 목소리를 통해서는 NPT 회원국으로서의 의무를 다할 것이라든지, 〈한반도 비핵화〉의 목적을 지킬 것이라고 말하는 것은 북한 특유의 이중적 커뮤니케이션 전술을 구사하는 것으로도 볼 수 있겠다. 아무튼 여기서 우리가 확인할 수 있는 것은 북한 핵 문제는 평양 당국이 헌법에 핵보유국이라고 써 넣었다고 해서 일단락될 수 있는 일이 아니고 아직도 해결을 기다리고 있는 문제라는 것이다.

이 문제를 어떻게 풀어갈 수 있을 것인가? 북한이 그 이중적 태도의 저변에 깔린 복잡한 심리에서 해방되어 핵무기에 대한 집착에서 벗어나 앞날을 개척해 나갈 수 있다고 생각하게 된다면 문제는 해결의 실마리를 찾을 수 있을 것으로 추론할 수 있다. 결국 북한 지도부의 의식이 해결의 열쇠를 쥐고 있는데, 우리로서는 북한 정부를 이끌고 있는 이들의 마음속을 들여다보아야 한다는 이야기가 된다. 현실적으로 우리가 시도할 수 있는 일은 핵 문제를 둘러싼 지금까지의 협상 과정에서 드러난 북한의 태도를 해부해 봄으로써 북한 정부의 심리를 재구성해 보고 앞으로 북한이 다른 각도에서 자신의 문제를 볼 수 있는 가능성이 있을 것인가를 밝혀 보는 것이라고 생각된다.

II. 6자회담에서의 북한

이야기를 풀어 나가기 위해 6자회담 과정에서 드러난 북한 정부의 의식의 움직임을 살펴보기로 하자. 6자회담은 아직 미완성의 과정으로서 북한 핵 문제를 다루는 협상의 기본 틀이다. 그리고 이 협상의 재활 혹은 진전 방향에 따라 앞으로 북한의 사고방식이 달라질 수 있는 여지가 있다.

지금까지의 협상 과정에서 북한의 다음과 같은 움직임이 두드러진다.

1. 북한은 6자회담의 무대에서 미국으로부터 사실상의 안전 보장을 얻어내었다

북한은 '미국의 북한에 대한 적대적 정책'을 6자회담 시작 전부터 회담이 결렬될 때까지 항상 문제 삼았다. 미국이 이러한 정책을 버려야만 회담에 참석할 수 있다고 주장하여 2003년 8월 27일 열린 1차 회담 벽두에 미국은 북한에 대해 '적대적 의도(hostile intention)'가 없음을 선언하게 유도하였다. 북한 대표는 중국과 러시아 측에게 6자회담에서의 북한의 주 관심사는 미국이 북한을 침공할 의사가 없으며 북한의 정권 교체를 기도하지 않을 것임을 확인하는 일이라고 하였으며, 이에 중국과 러시아는 한국과 협의하고, 이어 한국은 미국과 협의하여 이러한 내용이 공식 발언에 포함되도록 한 결과였다.[1)]

북한이 미국으로부터 안전 보장의 발언을 얻어내는 데 그토록 집착한 데는 그만한 배경이 있었다. 2001년 출범한 미국의 부시 행정부가 북한 정권에 대한 극도로 부정적인 인식을 숨기지 않았던 것도 그 중요한 이유 중 하나이다. 2002년 1월 부시 대통령이 상하양원합동회의에서 행한 연설에서 북한을 이란, 이라크와 함께 '악의 축(axis of evil)' 국가로 지목한 것이 그 대표적인 예이다. 대통령이 국정 방향을 밝히는 연두교서(State of the Union)에 담은 내용이었는데 북한을 국민들에게 잔인하며, 국제법을 무시하고, 위험한 대량살상무기 생산에 몰두하며, 국제 테러를 지원하고, 인권을 유린하는 정권으로 매도하였다. 그 전에도 부시 대통령은 아시아 언론인들과의 인터뷰에서 김정일 국방위원장을 실명으로 언급하며 의심이 많고 숨기는 것이 많은 사람이라고 하며 국민을 돌보지 않는 정부에 원조를 보내고 싶지 않다고 한 일이 있었다.[2)]

부시 대통령의 임기가 시작된 해에 일어난 9·11 테러는 미국 정부의 국제 안보에 대한 사고구조를 바꾸어 놓았으며 간명하고 직설적인 표현을 선호하는 부시 대통령의 스타일도 작용하여 북한에 대한 불신과 분노가 함께 표출된 것이었다. 그리고 부시 행정부 내에는 전임 클린턴 대통령 재임 시에 이루어진 미국·북한 간의 기본합의는 북한 핵 문제를 일단 봉합하는 데 그쳤다고 보는 이들이 대세를 이루고 있었다.

북한 정부의 불안 심리를 자극할 수 있는 일들이 이어졌다. 부시 대통령의 취임 1년 후 미국 국방성이 2002년 1월 의회에 제출한 「핵태세보고서(Nuclear Posture Review)」에서 대량살상무기 확산과 국제테러에 대응하기 위한 미사일 방어와 전술핵무기의 유용성을 논하는 맥락에서 북한에 대한 이와 같은 무기의 사용 가능성에 대해 언급하였다. 북한이 미국의 핵 위협이 사라져야 NPT 체제에 남아 있을 것이라고 한 점에 비추어 보면 이 「핵태세보고서」 발표 이후 북한이 미국과의 모든 합의를 재고해야 할 것이라고 한 것은 놀라운 일이 아니었다.

부시 행정부는 군사적인 도발에 대한 대비 태세를 강화해야 한다는 것뿐만 아니라 북한과 같은 나라의 '체제 변환'을 도모해야 한다는 기준을 밝히기도 하였다. 재선에 성공한 부시 대통령은 2005년 1월 20일 취임식에서 미국은 세계 곳곳에 잔존하는 폭정을 종식시키기 위하여 민주주의 운동을 적극 지원할 것임을 밝혔다. 이와 맥을 같이하여 당시 국무장관 지명자인 콘돌리자 라이스(Condoleezza Rice) 박사는 상원 청문회에서 북한, 쿠바, 미얀마, 이란, 벨라루스, 짐바브웨와 같은 '폭정의 전초기지(outpost of tyranny)'에 자유와 민주주의를 신장하는 외교를 펼칠 것이라고 하였다. 이와 같은 목표를 이루기 위한 구체적인 계획이 있는지는 밝혀지지 않았으나, 부시 행정부가 북한의 체제 변환을 도모하기 위해 움직일 수 있다는 가능성을 읽을 수 있는 대목이었다.

부시 행정부에서 나온 이와 같은 발언들이 '정책' 수준의 무게를 갖는 것인지, 아니면 정부 인사들의 희망에 지나지 않는 것인지는 확실하지 않으나, 북한은 미국의 이러한 태도를 '적대시 정책'의 표출로 보았다. 그리고 6자회담의 전 과정을 통해 누누이 이 '적대시 정책'의 문제를 거론하였으며, 이에 대해 미국 대표는 여러 차례 북한 핵 문제를 '평화적인 방법으로', '협상을 통하여' 해결할 것이며, '북한에 대해 무력을 사용하지 않을 것'이라 하였다. 부시 대통령과 라이스 박사의 발언과 6자회담 미국 대표의 발언들을 묶어서 생각해 보면 미국은 거시적으로는 도저히 인정할 수 없는 북한 체제의 민주주의로의 변환을 도모하며 당면한 북한 핵 문제는 북한과의 평화적인 협상을 통해서 해결하길 바란다는 사고의 윤곽이 되겠는데, 북한으로서는 자신의 정치적 존재를 마음속으로는 인정하지 않는 거인을 맞아, 협상을 통해 체제의 입지를 유지하는 것이 과제였다.

이와 같은 면들은 협상이 순조로이 진전될 수 없는 구조적 문제가 있다는 것을 보여 준다. 북한과 미국 사이에는 가치기준의 대치라는 것이 바탕에 깔려 있어서 협상 테이블에 올라와 있는 구체적인 문제들에 대하여 부분적인 타협이 어느 시점에 이루어지더라도 그러한 타협은 상호불신의 장막을 걷어 내지 못하고 곧 힘을 잃어버릴 수 있는 것이었다.

아무튼 북한의 회담 전술은 어느 정도 성과가 있었다. 세계의 이목이 집중되고 한국, 중국, 러시아, 일본이 참석한 무대에서 미국으로부터 '협상을 통한 문제 해결 – 무력 불사용'의 원칙을 확인, 재확인할 수 있었던 것은 작으나마 나름대로의 성과라고 할 수 있을 것이다. 한국, 중국, 러시아가 한반도에서의 무력 분쟁을 피하고자 하며 미국도 갈등의 증폭을 원치 않은 배경이 있었다. 미국은 이 무렵 이라크 사태에 발이 묶여 있었다. 6자회담이 교착 상태에 빠진 상황에서 북한이 7기의 미사일을 발사했을 때도 (2006년 7월 5일) 미국은 전년의 「9·19 공동성명」에 따라 문제를 평화적으로 해결할 것이라고 하였다. 이어 북한이 첫 핵실험을 강행했을 때도(2006년 10월 9일) 미국은 '동북아에서의 전략적 협력'을 강조하며 사태를 진정시키고자 하였다.

해석하기에 따라서는 북한은 회담 과정에서 미국이 한반도에서의 무력 충돌을 원하지 않는다는 것을 확인, 재확인하면서 미사일 발사와 핵실험의 수순을 준비해 나갔다고 볼 수도 있을 것이다.

2. 북한은 중국, 러시아, 한국이 미국으로부터의 압력을 누그러뜨리는 완충 역할을 하게 하였다

부시 행정부가 6자회담의 구도를 고안한 것은 중국과 러시아도 이 회담에 참여하게 함으로써 이들의 영향력이 북한이 핵무기를 포기하도록 하는 데 작용할 수 있으리라는 기대에서였다. 또 회담에서의 합의는 북한의 중국과 러시아에 대한 약속이기도 하므로 북한을 좀 더 구속할 수 있다는 논리도 가능하였다. 그런데 북한이 이 여섯 나라가 참여하는 구도를 활용할 수 있는 여지도 있었다. 앞에서 언급한 것과 같이 회담이 열리기 전에 북한은 중국과 러시아를, 그리고 이들을 통하여 한국을 움직여 미국이 회담 벽두에 '협상을 통한 문제 해결-무력 불사용의 원칙'을 공언하게 한 것이 한 예이다.

(1) 중국

중국이 동북아 외교에서 북한의 입장을 배려하며 한반도를 둘러싼 지정학적 균형을 유지해 나가는 것은 어제오늘의 일이 아니다. 1992~1994년에 걸친 소위 1차 북한 핵 위기 당시에도 북한의 NPT 탈퇴를 선언하는 벼랑 끝 전술에 대하여 미국이 UN 안보이사회에서 북한 제재 결의를 추진하자 중국은 미국·북한·한국이 대화를 통하여 문제를 해결할 것을 권고하는 안보이사회 의장 성명이 대신 채택되게 함으로써 북한의 외교적 입지를 보호해 주었다. 이제 6자회담에서 중국이 회담 주최국으로서 보다 적극적인 역할을 하게 된 것은 북한에게 결코 불리한 일이 아니었다. 물론 중국 정부의 공식 입장은 한반도의 비핵화를 바란다는 것이나, 당면한 북한 핵 문제의 해결을 위해서 인내심을 갖고 협상에 임해야 한다는 접근방식을 취하는 것은 북한이 외교적 궁지에 몰리는 것이 바람직하지 않다는 것이며 이는 곧 북한이 운신할 수 있는 폭을 넓혀 주는 효과가 있는 것이었다.

그런데 북한이 2006년 7월 미사일 시험 발사에 이어 10월에 첫 핵실험을 강행하자 중국도 UN 안보이사회에서 북한 제재 결의안에 반대할 명분을 찾기가 어려웠다. 그러나 중국은 상황을 진정시키고자 북한에게 대화의 장으로 돌아와 문제를 해결할 것을 권유하였다. 강한 압박으로 북한이 고립되는 것은 문제 해결을 어렵게 하는 것으로 보고, 사태가 중국의 안보나 동북아 질서에 심각한 위협이 되지 않도록 관리하는 방식을 취하고 있다.

한편 북한과 중국 간의 경제 관계를 보면 6자회담이 시작된 해인 2003년부터 회담이 결렬되기까지 약 5년 기간 동안 북한의 중국에 대한 무역의존도가 대폭 증가한 것이 눈에 띈다. 2003년 32.7%였던 것이 2008년에 이르러 73%까지 높아졌다. 중국은 북한이 수입하는 석유의 90%, 식량의 45%, 생활필수품의 80%를 공급하고 있다.[3)]

(2) 러시아

러시아도 중국과 마찬가지로 한반도의 평화와 안정이 유지되기를 바란다. 그리고 동북아 지역에서 자국의 외교적 위상을 유지하고자 한다. 고르바초프가 집권했던 시기까지 거슬러 올라가 보면 당시에 '범아시아안보협력회의'를 제의하기도 하였다. 미국과의 군비 경쟁은 포기하였으나 이 지역 국가들과의 외교 및 경제 협력을 통하여 실리를 취하며 대국으로서의 영향력을 잃지 않으려는 것이었다.

북한이 핵무기를 가져서는 안 된다는 원칙을 6자회담에 참석하는 다른 나라들과 공유하지만 러시아의 입장은 미국이나 한국의 입장보다는 중국의 입장에 가깝다. 안보외교 면에서 러시아가 남·북한에 대하여 등거리 정책을 기본으로 하는 것이 그 배경일 것이다. 구소련 해체 이후 초기에는 러시아의 외교가 북한을 소외시키는 쪽으로 기울었으나 1994년 10월 미국·북한 간 기본합의가 이루어지는 때를 전후하여 러시아는 북한과 상호 주권 존중, 내정 불간섭, 사회발전모델 선택의 자유 등의 기준에 합의하였다. 이는 러시아가 북한을 다시 중요한 이웃으로 생각한다는 의미를 갖는 것이었다. 이와 같이 러시아가 등거리 정책으로 전환한 것은 한국 쪽으로 기울어진 정책으로 북한과의 관계를 소홀히 한 것이 자국의 한반도에서의 영향력을 현저히 감소시킨 것으로 보았기 때문이었다. 경제적으로는 러시아가 북한에 에너지와 군수품을 공급하며 북한으로부터 마그네사이트 등 광물을 수입하는 이해관계를 갖고 있다.

6자회담의 틀은 러시아가 오래전에 제의한 회담 구도와 비슷하다. 1차 북한 핵 위기가 정점에 이른 1994년 3월, UN 안보이사회에서 북한에 대한 제재 문제가 거론되자 러시아는 북한 핵 문제는 한반도 문제를 포괄적으로 다루는 틀 속에서 해결될 수 있을 것이라고 하면서 안보이사회 상임이사국들, IAEA, 그리고 남·

북한이 참여하는 국제회의를 제의한 바 있다. 당시 북한 핵 문제가 주로 미국과 북한 간의 협상에서 다루어진 사실에 비추어 보면 러시아의 이러한 제의는 상대적으로 자신의 외교적 비중이 올라가는 협상 구도를 바라는 심중을 드러낸 것이었다.

이와 같이 6자회담은 러시아가 동북아 안보질서의 중요한 문제에 대하여 자신의 목소리를 낼 수 있는 기회이기도 한 것이다. 그런데 실제의 러시아는 미국과 북한 사이에서 적극적인 중재자의 역할보다는 비교적 조용히 양측의 의사를 서로에게 전달해 주는 통로로서의 역할에 만족하는 것으로 보인다. 다만 평화적인 목적으로 핵 기술을 개발할 수 있다는 북한의 주장을 지지한 것은 원칙론이기는 하나 북한의 입장에 힘을 보탠 것만은 사실이다.

(3) 한국

김대중 정부의 햇볕정책을 계승한 노무현 정부는 북한의 처지를 이해하려는 시각에서 모든 문제에 접근하였다. 6자회담의 전 과정을 통하여 미국과 북한 간의 대립을 완화하고자 하였다. 북한이 받아들일 수 없다고 한 미국의 '완전하고, 검증 가능하며, 복구 불가능한 핵 프로그램의 해체(complete, verifiable, irreversible dismantlement, CVID)'의 원칙을 실현하기 위한 중간 과정으로 '완전하고, 검증 가능하며, 잠정적인 핵 프로그램의 동결(complete, verifiable, tentative freeze)'을 시도해 보자고 제의한 것은[4)]

그 한 예이다.

6자회담이 결렬될 수 있다는 위기의식이 팽배했던 2005년 7월과 9월에 열린 회담에서 한국은 중국과 함께 문서화된 합의를 이끌어 내고자 진력하였다. 그 결과로 나온 「9·19 공동성명」은 곧 이행 가능한 합의가 아니라 문제 해결의 기본 방향과 원칙들을 열거한 것이었지만 회담을 이어 가려는 노력에서 나온 산물이었다. 이 과정에서 한국 측은 북한의 조속한 핵 포기를 압박할 수 없다고 보고 미국에게 북한의 입장을 수용하도록 하는 데 초점을 두었다.

전반적으로 여섯 나라가 참여하는 다자회담의 틀에 북한에 대한 압박을 이완시키는 장치가 내재하고 있었다고 할 수 있겠다.

3. 회담의 장기화로 북한이 핵실험을 준비할 수 있는 시간을 벌었다

북한과 본격적인 협상을 시작하기 전에 '협상을 개시하기 위한 협상'에 시간이 많이 드는 것은 여러 형태의 협상에서 경험하였다. 2002년 10월 북한의 우라늄 농축 프로그램이 노출되어 북한 핵 문제가 다시 수면 위로 떠올랐을 때, 미국은 이 문제를 풀기 위하여 6자회담의 구도를 원한 반면 북한은 미국과의 양자 협상을 원하여 협상이 시작되지 못하고 있었다. 중간 타협책으로서 2003년 4월 하순 미국·북한·중국 간의 3자회담이 열리게 된다.

이후 중국이 북한을 설득하고 한국과 러시아도 영향력을 행사하여 1차 6자회담이 2003년 8월 27일 열렸으나, 여기서는 참가한 여섯 나라가 각자의 기본 입장을 밝히는 정도 이상의 진전은 기대할 수 없었다. 그런데 북한과 미국의 입장 차가 컸다. 북한은 〈6자회담 참가국의 대북 경제원조 및 북·미 관계 개선 과정 개시 - 북한 핵 프로그램의 단계적 해체 병행〉을 주장한 반면 미국 측은 〈선 북한 핵 포기 - 후 미·북 관계 정상화〉의 원칙을 고수하였다.

미국의 이런 원칙을 고수하는 입장은 과거에 북한이 미국을 속였다고 판단한 배경에서 나온 것이었다. 부시 행정부의 인사들이 흔히 "북한의 나쁜 행동에 대하여 보상하는 일은 없을 것"이라고 한 것과 맥락을 같이하는 것인데, 1994년 미국과 북한 간의 기본합의에 따라 경수로가 건설되고 있는 중에도 북한이 이 합의를 어기고 비밀리에 우라늄 농축 프로그램을 진행했다는 것을 미국은 받아들일 수 없었던 것이다.

북한과 미국 간의 입장 차가 그랬던 만큼 2차 회담은 반년을 넘기고 2004년 2월 25일에야 열릴 수 있었다. 3차 회담이 같은 해 8월 하순에 열렸으나 양측의 입장은 평행선을 달려 협상에 전혀 진전을 이루지 못하였다.

2005년 1월 부시 대통령의 재임 임기가 시작되면서 북한이

'폭정의 전초기지(outpost of tyranny)'로 지목되자 6자회담을 거부하고 나오게 된다. 노무현 정부에서는 회담을 살리기 위해 정동영 통일부장관이 평양을 방문하여 200만 킬로와트의 전력을 제공하겠다는 등의 회유책을 동원하였으며, 우여곡절 끝에 4차 회담이 2005년 7월에 속개되었다. 3차 회담이 결렬된 지 약 1년 만의 일이었다.

4차 회담은 7월 26일부터 8월 7일까지, 그리고 같은 해 9월 13일부터 19일까지 두 차례에 걸쳐 열리게 된다. 이렇게 비교적 회담 기간이 길고 한 달 정도의 간격을 두고 연이어 열리게 된 것은 회담의 명맥을 살리기 위해 한국과 중국이 노력한 결과였다. 특히 중국은 회담의 주최국으로서의 위신도 생각하지 않을 수 없었다. 4차 회담에서 문서화된 합의문을 이끌어 내기 위해 진력하였다. 북한이 핵무기 개발을 포기한다는 원칙에는 동의한다 하더라도, 우라늄 농축 프로그램을 폐기 대상에 포함시킬 것인지의 문제, 그리고 경수로 제공 문제 등에 대해 실질적인 합의를 이루기가 어려웠던 상황이었지만, 한국과 중국은 북한과 미국을 압박하여 「9·19 공동성명」을 일단 성사시키게 된다.[5)]

「9·19 공동성명」에 북한은 모든 핵무기와 현존하는 핵 프로그램을 해체할 것이며, 미국과 북한은 상호 주권을 존중하며 양국 관계를 정상화해 나갈 것이라는 문구를 담았으나, 양측은 풀어야 할 중요한 사안들과 관련해서 공동선언을 판이하게 해석하였다. 미국은 이 성명이 발표된 후 폐막성명을 통해 북한이 모든 핵무기와 핵 프로그램을 포기하고 NPT에 복귀해야 경수로 제공에 대한 논의가 가능하다는 취지를 밝혔으며, 북한은 이에 대응하여 경수로가 제공되기 전에는 핵을 폐기할 수 없다고 하며 팽팽히 맞섰던 것이다.

그런데 방코델타아시아(Banco Delta Asia, BDA)라는 마카오 은행의 북한 계좌가 동결되는 사태가 6자회담을 1년 이상 더 지연시키게 된다. 미국 정부가 무기 밀매와 위조지폐 거래 조직에 대한 수사를 진행하는 과정에서 북한의 이 은행을 통한 돈세탁 혐의가 포착되었는데, 미국 재무부가 BDA를 '돈세탁주요우려대상(primary money laundering concern)'으로 지정하자 북한과 관련된 혐의가 있는 모든 계좌가 동결된 것이었다. 금융제재가 가해지자 북한은 서둘러 6자회담에 나와 5차 회담이 11월 9일부터 사흘간 열렸으나 여기서도 타결점을 찾지 못하고 회담은 장기 교착 상태에 빠지게 된다. 이듬해 7월 5일 북한은 대포동 2호를 비롯한 7기의 미사일을 발사하였으며 이어 10월 9일 첫 핵실험을 강행하였다.

첫 6자회담이 열린 2003년 8월부터 2005년 11월의 5차 회담까지의 기간 동안 협상다운 협상은 이루어지지 않았다고 해도 지나친 말이 아닐 것이다. 회담은 북한과 미국이 상대방의 회담에 대한 접근 방식이 변하지 않았음을 확인하는 데 그쳤던 것이다.

북한은 회담 과정에서 미국이 무력을 행사하지 않을 것이라는 것을 확인, 재확인하였다. 중국, 러시아, 한국이 갈등의 완충 역할을 하고 있었다. 회담이 장기간 교착 상태에 빠진 데다 BDA 문제가 돌출하여 협상의 분위기가 호전될 수 있는 여건이 조성되지 못하였다. 회담의 성과 없는 장기화는 북한에게 핵실험을 준비할 수 있는 시간을 주었다.

4. 북한은 '한반도 비핵화'의 원칙에는 합의하나 이를 실현하는 구체적 단계에 들어가면 협력이 이루어지지 않는다

북한과의 협상이 장기화되는 중요한 이유는 협상에서 '한반도 비핵화'에 대한 원칙적인 합의를 이끌어 내더라도 이를 실현하기 위한 구체적인 절차에 들어가면 실질적인 진전이 이루어지지 않아서이다. 북한 핵 문제의 해결을 어렵게 하는 난관들을 우선 개략적으로 살펴보자.

북한 핵 문제의 난관들

핵 문제의 해결을 위해 북한이 포기해야 할 대상은 ① 영변 핵 시설 ② 핵물질(플루토늄) ③ 우라늄 농축 시설 ④ 핵무기 등 네 가지다. 핵 시설의 폐기에 이르기까지 〈동결-불능화-신고-검증〉의 단계를 거쳐야 하며 각 단계에 다음과 같은 난관이 도사리고 있다.

동결 동결의 대상에 위 네 가지를 다 포함시킬 것인지, 일부만 포함시킬 것인지의 문제가 큰 난관이다. 2007. 2.13 합의에서는 영변 핵 시설의 폐쇄·봉인에만 합의할 수 있었다.

불능화 불능화는 동결에 따르는 후속조치로 이해할 수 있다. 2007.10. 3 합의에서는 영변의 5MW 실험용 원자로, 재처리시설(방사화학실험실), 핵연료봉 제조시설을 2007년 말까지 불능화하기로 합의하였다.

신고 초기에 일부 시설의 동결/불능화가 이루어졌더라도, 본격적인 문제 해결을 위하여 궁극적인 포기를 목적으로 신고해야 할 대상에 합의해야 하는 난제가 있다. 북한이 2007년 당시에는 우라늄 농축 시설의 존재를 부인하였기에 이 문제의 해결은 뒤로 미루어둘 수밖에 없었다.

검증 일부 핵 시설에 대한 신고가 이루어졌더라도 검증 방법에 대한 이견 등으로 협력이 이루어지지 않으면 해결에 진전에 없을 것이다. 1992년부터 실시된 국제원자력기구(IAEA)의 영변 핵 시설에 대한 사찰은 북한이 신고한 내용에 대한 검증 과정의 일부였으며, 북한이 미신고 핵 시설에 대한 특별사찰을 거부하여 1993~94년에 걸친 소위 1차 북한 핵 위기를 겪게 된 것이었다.

여기서 알 수 있듯이 「9·19 공동성명」이 나왔으나 그 앞에 놓인 난관들은 이미 예정된 것이었다. 이 공동성명은 어떤 예정된 기간 내에 어떤 일을 하겠다는 것을 약속한 것이 아니라 문제 해결을 위한 기본 원칙과 방향만을 열거한 원론적 선언과 같은 것이었다. 북한이 핵을 포기할 것이라는 원칙은 선언하였으나 포기의 대상, 범위, 시기 등 구체적인 내용에 대해서는 합의에 이를 수가 없었던 상황이었다. 우라늄 농축 프로그램에 대해서는 이 공동성명이 나올 때까지도 북한은 그 존재를 부인하고 있었다. 공동성명에 모호하게 표현된 경수로 지원 문제에 대해서는 미국은 "북한이 핵무기와 핵 프로그램을 포기하고 NPT에 복귀하여 안전조치를 이행할 때 경수로 제공 논의가 가능하다"고 하였으나, 북한 측은 "경수로 제공 없이는 우리가 이미 보유하고 있는 핵 억지력을 포기하는 (…) 꿈도 꾸지 말라"는 상반된 입장이었다.[6)]

「9·19 공동성명」이 나올 수 있도록 애쓴 한국과 중국 대표들은 이 성명이 협상의 다음 단계로 가는 다리 역할을 할 수 있기를 기대하였으나 상황은 오히려 반전되어 미국의 북한에 대한 금융제재가 가해지고 있는 가운데 북한은 핵실험 준비에 박차를 가하게 된다.

북한이 핵실험을 강행한 후에 회담 당사국들은 상황이 더 악화되는 것을 막아야겠다는 절박한 심정이었다. 북한의 첫 핵실험 후 4개월이 지나 6자회담이 속개되었으며 2007년 2월 13일 「9·19 공동성명」 이행을 위한 초기 단계 조치에 대한 합의가 일단 이루어지게 된다. 그 내용은 공동성명에서 약속한 '모든 핵무기와 현존하는 핵 프로그램의 포기' 과정 중 일부 시설의 '동결' 부분에 대한 이행 절차를 규정한 것이었다.

이후 영변 핵 시설 동결이 이루어지고 이어 10월 초순 이루어진 공동성명 이행을 위한 제2단계 조치에 대한 합의에서 '불능화' 조치와 핵 프로그램 신고가 북한의 의무사항으로 명기되었고, 이행 시한도 규정되었다. 그러나 여기에 핵 프로그램 신고의 대상과 방식을 구체적으로 정하지 못하였으며 핵 신고에 수반되어야 할 '검증' 문제를 다루지 못했다는 문제점이 있었다.

이러한 문제들을 풀기 위하여 협상은 계속되었으나 '검증' 문제의 벽을 넘지 못하였다. 결국 협상은 좌초하였고 2009년 5월 북한이 다시 핵실험을 강행하여 결정적인 파국을 맞았다.

5. 북한은 핵무기 개발에 관한 발언의 수위를 점차 높여 나갔다

북한은 2002년 10월 이후의 협상 과정에서 핵무기 개발 작업이 진행되고 있음을 '반기정사실화(半旣定事實化)'해 나가면서, 다른 한편 협상을 통해 문제가 타결될 수 있다는 희망을 상대방이 버리지 않도록 하는 어법을 구사하였다.

2002년 10월 : "북한은 핵무기뿐만 아니라 그보다 더한 것도 가지게 되어 있다"

미국 국무성 켈리(James Kelly) 차관보가 2002년 평양을 방문했을 때 북한 외무성 강석주 부부장이 한 말이다. 북한과 미국 간의 1994년 제네바 합의에 따라 신포에서 경수로 건설이 계속되고 있는데도 불구하고 북한이 비밀리에 우라늄 농축 프로그램을 진행한 데 대한 미국의 단호한 입장을 전달한 때였다. 부시 대통령의 '악의 축' 발언이 나온 뒤였고 켈리 차관보가 강석주 부부장에게 미국의 입장을 전달하는 분위기도 딱딱할 수밖에 없는 배경에서였다.

북한 당국은 이후 강석주의 이 말이 북한의 핵무기 개발을 시인한 것은 아니라고 하였으나, 북한은 모호한 표현으로 상대방의 반응을 떠보려 한 것으로 풀이된다. 미국 측은 이 말의 영어 번역 "North Korea is going to have not only nuclear weapon but even more powerful weapon than that"이라는 표현을 어떻게 해석해야 할지 고심하기도 하였다.

우라늄 농축 프로그램에 대해서는 북한 측은 "있지도 않은 것을 가지고 미국이 강압적인 태도로 폐기할 것을 요구한다"며 피해 나갔다. 북한이 두 번째 핵실험 후 우라늄 농축 프로그램이 있다는 것을 기정사실화해 나가는 2009년 6월의 시점에서 보면 북한의 이와 같은 발언은 사실과 다른 것으로 드러난다.

2003년 4월 : "북한은 핵무기를 갖고 있다"

북한·미국·중국 간의 3자회담이 열리자 북한 대표는 공식석상을 피하여 미국 대표를 옆으로 끌어당기며 이렇게 말하였다. 미국 측이 이에 대해 이렇다 할 반응을 보이기 어려웠던 것은 북한이 핵무기를 가진 것을 전제로 협상을 할 수는 없었기 때문이었다.

북한의 이와 같은 협상 기법은 일종의 심리 전술로도 볼 수 있을 것이다. 북한이 핵무기 개발이 상당히 진전되고 있다는 사실을 미국 측에 흘림으로써 북한이 핵실험 등을 통하여 핵무기 개발을 공식화하는 사태에 미국이 심리적으로 대비하게 하는 효과를 계산에 넣고 있었다. 미국이 받을 충격을 줄이는 일은 북한이 받을 수 있는 압박의 강도를 줄이는 효과가 있을 것이었다.

2003년 8월 : "북한은 핵 억지력과 그 운반 수단을 보이는 수밖에 다른 선택의 여지가 없다"

2003년 8월 27일 열린 1차 6자회담에서 북한과 미국과의 입장 차를 좁히기 어려운 상황에서 북한 대표는 이와 같은 요지의 발언을 하였다. 북한의 핵실험과 미사일 시험 발사를 예고하는 듯한 말이었다.

2004년 2월 : "북한의 핵 프로그램은 계속될 것이며 미국은 북한과 직접 협상하든지 핵무장한 북한과의 공존을 택하든지 해야 할 것"

2004년 2월 25~26일간 열린 2차 회담에서 협상에 진전이 없는 상황에서 미국과의 양자회담을 요구하며 한 말이었다. 미국이 이제 막 두 차례 열린 6자회담을 포기할 수도 없고, 북한의 핵 개발을 인정할 수도 없는 것은 자명한 일이어서, 북한의 목적이 협상에 있는지 혹은 핵무기 생산을 정당화해 나가는 수순을 밟고 있는지 의심하지 않을 수 없었다.

2005년 1월 : "북한은 핵무장을 강화시켜 나가는 조치를 취할 것"

2004년 5월과 6월에 있었던 3차 6자회담에서도 협상에 성과가 나오지 못하고, 2005년 1월 부시 행정부의 '폭정의 전초기지' 발언이 있은 후, 평양 측이 내놓은 말이다. 핵무장은 기정사실이고 이것을 강화시키겠다는 표현으로 한 단계 더 나아간 것이었다.

4차 회담의 결과로 나온 2005. 9·19 공동선언에 대한 해석이 판이하게 엇갈리고, 미국의 금융제재가 가해지고 있는 상황에서 북한은 결국 미사일 발사(2006. 7. 5)에 이은 핵실험(2006. 10. 9)을 강행한 것이었다.

III. 앞으로 어떻게 할 것인가?

북한 핵 문제를 풀지 않고는 남북한 관계가 발전될 수 없다. 북한은 외교적 고립을 면치 못하고 한반도에는 팽팽한 군사적 긴장이 계속될 것이다. 이와 같은 사태가 장기화된다면 남북한은 안보 딜레마에 빠져 상황의 논리에 한반도의 미래를 맡겨 버리는 불행을 자초하게 되는 것이다.

다른 각도에서 생각해 보자. 한국은 이 긴장 상태에서 벗어나기 위해 북한 핵 문제를 피해갈 수 있는 길이 있을까? 말하자면 핵 문제 해결은 미루어둔 채 남북한 경제협력과 문화교류를 확대할 수 있을지의 문제인데, 그럴 가능성은 없다고 보아야 할 것이다. 여론이 정책의 향방에 심대한 영향을 미치는 정치 토양에서 무조건적인 대북 포용 정책은 정치적 자해 행위일 것이기 때문이다. 또한 국제사회가 한국이 북한의 핵 문제 해결을 위해 적극적인 역할을 해줄 것을 바라는 것은 당연한 일이다.

결국 우리는 과거의 경험을 바탕으로 앞으로 이 문제를 해결할 수 있는 정치 외교적 지혜를 개발할 수 있도록 노력할 수밖에 없다. 우리가 앞에서 살펴본 것을 근거로 다음과 같은 정책적 고려가 바람직할 것으로 추론할 수 있다.

1. 북한 정부의 안보위기의식을 완화할 수 있는 언술 체계의 정비가 중요하다

(1) 상대방의 정치적 존재를 인정해야 의미 있는 대화가 가능하다

북한과의 관계에서 나는 선, 너는 악이라는 표현이나 우리는 선진, 너희는 개혁의 대상이라는 언사들은 상대방의 안보위기의식을 더욱 날카롭게 하며 협상의 진전에 도움이 되지 않는다. 두 정부 간의 관계를 선과 악의 대치 관계로 본다는 것은 곧 상대방의 정치적인 존재를 인정하지 않는다는 의미와 통하겠는데, 내가 그 정치적 존재를 부정하는 대상과 협상한다는 자체가 논리적으로 모순이라고 해야 할 것이다.

1991년의 「남북 사이의 화해와 불가침 및 교류·협력에 관한 합의서」(이하 「남북기본합의서」)는 첫 조항에서 "남과 북은 상대방의 체제를 인정하고 존중한다"라고 선언하고 있는데, 이는 남북 관계의 발전에 관해 합의서에서 약속하고 있는 많은 일들이 이루어질 수 있으려면 지켜야 할 기본 조건이었다. 또한 이 기본 조건은 남북한 간뿐만 아니라 북한과 미국 간의 관계에도 적용되는 것으로 보아야 할 것이다. 북한이 6자회담의 벽두에 자신의 최대 관심사는 미국이 북한의 체제 변환을 시도하지 않을 것임을 확인하는 일이라고 한 것을 보았다. 미국 대통령과 고위 당국자의 북한에 대한 강한 부정적 발언은 북한이 협상을 거부하는 빌미를 제공하기도 하였다. 상대방의 정치적 존재를 인정하지 않으면서 협상의 진전을 기대할 수 없다는 것을 보여 준다.

미국 정치 지도자들의 발언은 미국적 세계관의 표출로 이해할 수 있다. 그러나 지금 풀어야 할 것은 북한 핵 문제이므로 이에 초점을 맞추는 정책적 노력이 바람직하다. 복합적인 역학 관계가 작용하는 정치의 세계에서 한 문제의 해결을 위해 미국의 중요한 가치기준을 희생할 수는 없더라도 당면한 과제를 풀기 위해 정책적 언술 체계의 정비는 필요할 것이다.

이는 곧 정책의 일관성 문제로 압축된다. 개인 간의 관계에서나 정부 간의 관계에서나 '말'의 일관성이 중요하다. 어제와 오늘의 말이 다르면 신뢰감이 생기기 어려울 것이고, 특히 정부 간의 관계에서는 정부의 여러 차원에서 나오는 '말들'이 논리적 일관성이 없다거나, 심지어 상충된다면 정부 간에 의미 있는 대화가 지속되기 어려울 것이다. 이와 같은 면은 북한과의 협상에서 성과를 거두기 위해서는 한국과 미국 간의 포괄적이며 깊이 있는 조율이 필요하다는 것을 보여 준다.

(2) 정통적 통일론

통일에 대한 논의도 이 '말의 일관성' 문제와 연관이 있다.

1991년의 「남북기본합의서」 전문에는 "남과 북은 … 쌍방 사이의 관계가 나라와 나라 사이의 관계가 아닌 통일을 지향하는 과정에서 잠정적으로 형성되는 특수 관계라는 것을 인정하고 평화통일을 성취하기 위한 공동의 노력을 경주할 것을 다짐"한다고 하였다. 2000년 김대중 대통령과 김정일 국방위원장의 정상회담 후 발표한 「6·15 남북공동선언」에는 "남과 북은 나라의 통일을 위한 남측의 연합제 안과 북측의 낮은 단계의 연방제 안이 서로 공통성이 있다고 인정하고 앞으로 이 방향에서 통일을 지향시켜 나가기로 하였다"라는 표현이 있다.

합의서와 공동선언에 담은 이 말들은 남북한 간에 많은 교류가 이루어지고 협력하는 관계가 성숙해야 남북한 정부 간의 협력을 제도화하는 단계에 이를 수 있다는 것을 서로 양해한 것이었다. 온건하고 합리적인 현실 인식을 반영하였다. 북의 입장에서는 과거 내세웠던 '연방제통일안'의 비현실성을 '낮은 단계의 연방제'라는 표현을 통하여 인정한 것이었고, 남의 입장에서는 전통적 '한민족공동체론'의 연장선상에서 '북한붕괴론'에의 미련을 버린 것이었다.

여기서 우리가 잊지 말아야 할 것은 '한민족공동체론'이 한국 정부의 정통적 통일론이라는 사실이다. '한민족공동체론'은 노태우 정부가 1989년 9월 공식화한 것으로서 그 논리의 기본 구도는 〈남북한의 교류와 협력을 통한 민족공동체의 회복 발전 → 과도적 정치적 결합체로서의 '남북연합' 단계(남북 협력이 충분히 제도화된 단계) → 완전 통일국가〉를 지향한다는 것이다. 김대중 대통령의 '3단계 통일론'도 이와 같은 논리와 구도이다. 그런데 현실적으로는 남북한 간에 지속적인 교류와 협력이 이루어지더라도 민족공동체의 회복이 이루어졌다고 말할 수 있으려면 장기간에 걸친 정책적 노력이 있어야 할 것임을 우리는 알고 있다. 말하자면 긴 숨을 쉬면서 통일의 염원을 가슴에 품고 당면한 문제를 꾸준히 풀어 나가도록 해야 한다는 것이다.

북한이 과거에 주장해온 '연방제통일론'은 남북한이 〈두 개의 정부, 하나의 국가〉를 구성하자는 안이었는데, 최초의 남북정상회담을 전후하여 '낮은 단계의 연방제'를 고안한 것은 전통적 '연방제통일론'의 비현실성을 인정하고 사실상 남측의 '한민족공동체론', 즉 '3단계 통일론'의 합리성을 인정한 것이었다.

(3) '북한붕괴론'의 문제

이와 같은 우리 정부가 공식화하고 북측에서도 사실상 인정한 정통적 통일론은 먼 장래를 바라보는 비전이다. 그런데 때로는 생각에 혼선이 일어나서 '말의 일관성'이 유지되지 않는 문제가 발생한다. 바로 '북한붕괴론'이나 이와 연관된 '흡수통일론'의 문제이다. 이 문제가 혼선과 부정적 여파를 초래한 예가 최근에 있었다.

2010년 말과 2011년 초에 걸쳐 우리 정부에서 '통일 준비'라는 화두가 등장하였다. 그리고 이와 같이 '통일 준비'를 논의하는 것이 북한과의 협상을 성공적으로 이끌어야 한다는 목표와 상충하지 않는 것으로 보는 듯하였다. 그러나 북측은 날카로운 반응을 내놓았다. 남측에서 '통일 준비'라는 말이 등장한 것을 "남북 대화와 관계 개선에 대한 거부자세의 표현"으로 비난하였다. 노동신문(2010. 12. 31)은 "개꿈을 꾸지 말라"는 험한 제목의 논평에서 남측에서 이야기하는 '통일 준비'라는 것은 "그 누구(북측)의 내부 변화를 …기다리지 않고 자기들이 적극 나서 유도한다는 것"이라며 "북남 관계 파국과 조선 반도의 정세 악화를 더욱 부채질할 것"이라고 하였다.

중국의 반응도 부정적이었다. 공산당 기관지 인민일보(2010. 12. 30)는 한국 정부가 다음 해를 '통일 준비의 원년'으로 삼겠다고 한 것은 "잘못된 신호를 보내는 것"이라고 지적하였다. "이 발언은 세계 13위의 경제력과 미국의 '아시아 복귀' 전략을 바탕으로 흡수통일을 지향하겠다는 것"이지만 "이는 한국 정부의 일방적인 청사진일 뿐 전혀 현실적인 기초가 없다"고 보았다. 이어 "한국과 서방 국가들은 여러 차례 북한이 붕괴될 것이라는 쪽에 판돈을 걸었으나 이는 대바구니로 물을 뜨는 격의 헛된 것임이 밝혀졌다"며 "한국의 통일 원년 주장이 한반도 긴장을 더하고 동북아 국제정세의 격동과 변화를 불러올 수 있는 만큼 국제사회가 결코 가벼이 봐서는 안 된다"고 경계하였다. 중국의 한반도 상황에 대한 인식을 반영한 것이었다.

다소 장황하게 북한과 중국의 곱지 않은 반응을 인용한 것은 우리 정부가 오랫동안 유지해온 정통적 통일론의 논리에서 벗어나 '북한붕괴론'이나 '흡수통일론'이 떠돌게 되는 경우에 초래될 수 있는 혼선과 외교적 부담이 당면한 문제의 해결을 더 어렵게 만든다는 것을 지적하기 위함이었다. 북의 체제에 대한 남으로부터의 여러 형태의 압박 수위가 높아질수록 북은 핵이 자신의 체제 유지를 위한 최후의 수단이라는 생각에서 벗어나기가 더 어려워진다는 상관관계를 우리는 항상 염두에 두어야 할 것이다.

과거에도 '북한붕괴론'이 등장하여 북한에 대한 정책이 일관성을 잃어버리고 혼선이 초래된 일이 있었다. 경제난과 정권의 정통성 약화로 북한 체제가 무너지고 이것이 남측에 의한 흡수통일로 이어진다는 가상적인 시나리오인데 이와 더불어 '통일비용'이 거론되기도 하였다. 그런데 이와 같은 줄거리는 그야말로 가상적인 시나리오일 뿐이며 논리적 근거가 희박하다.

우리는 시대의 앞날을 전망할 때 다른 곳에서 일어난 일로부터 유추하는 경향이 있다. 이를테면 독일의 통일과 같은 일이 머지않은 장래에 한반도에도 일어날 것이라든지, 튀니지나 이집트에서 일어난 재스민 혁명 같은 것이 북한에도 일어날 것이라고 이야기하는 것이다. 이와 같이 이야기하는 것은 그렇게 되기를 막연히 기대하는 심정과 한반도의 실 사정을 정확하게 분석해 내지 못하는 우리 능력의 한계가 배합된 결과로 보아야 할 것이다. 북한에 대하여, 그리고 북한과의 관계와 관련된 우리 사회의 역량에 대하여 객관적이며, 포괄적이며, 또 일관적인 논리를 펼 수 있기 위해 필요한 데이터가 부족한 여건에서 생기는 정책 심리적 도피 현상이라고 해도 좋을 것이다.

다시 확실히 해두어야 할 것은 '북한붕괴설', 즉 북한의 체제 위기가 우리에게 유리한 통일로 이어질 수 있다는 기대는 논리적 근거가 취약하다는 것이다. 북한 지도층 일부와 주민의 체제에 대한 불만은 탈북자의 증가에서도 드러나고 있으나, 북한 체제의 성격상 조직화된 반체제 집단이 형성될 수 있는 가능성은 희박하다. 그리고 북한의 현 정권이 위기를 맞아 다른 세력이 정권을 장악하는 사태가 오더라도 새 정권의 주도세력은 군부에서 나올 가능성이 가장 높을 것으로 생각할 수 있다. 혁명 지향적 사회주의 사상 외에는 다른 정치문화가 형성되지 못한 여건에서 무력과 지지기반을 동원할 수 있는 조직을 가진 집단이 체제가 위기에 빠지면 지도층을 메우게 될 것이기 때문이다. 또 이 가상적 신 주도세력은 북한 체제 재정비를 도모하게 될 것을 상상할 수 있다. 말하자면 북한의 가상적 정치적 진공상태를 우리가 바로 메울 수 있다는 기대는 허구라는 것이다. 한편 이와 같은 북한 정변 시나리오에는 폭력과 외세 개입, 남북한 관계의 혼란과 무력 충돌 등의 가능성을 배제할 수 없는 복잡한 문제가 있다.

북한의 정치 실정은 민주주의라는 정치사조의 힘이 결국 동유럽 공산주의권의 해체를 가져온 유럽의 상황과는 근본적으로 다르다. 최근 중동에서 재스민 혁명이 이루어진 여건과도 상당한 거리가 있다. 튀니지와 이집트의 혁명은 민중주권의식의 성장과 정권 핵심부가 군부의 이반을 방치한 데서 이루어졌다.

또 북한붕괴론과 같은 가상적 시나리오가 정책에 영향을 미치는 경우에 국제적 정책 조율이 어렵게 된다는 문제가 있다. 이 문제는 다음 주제와 연결된다.

2. 한국·중국·미국 간의 포괄적이며 깊이 있는 조율이 중요하다

북한과의 협상에서 성과를 거두기 위해서는 한국은 미국뿐만 아니라 중국과도 포괄적이며 깊이 있는 정책 조율의 네트워크를 발전시켜야 할 것이다. 과거에도 그랬듯이 앞으로의 협상에서도 북한은 중국이 미국으로부터의 압박을 완화하는 완충 역할을 해 줄 것을 기대할 것이다. 또 중국은 기본적으로 북한에 대한 강한 압박은 바람직하지 않다는 입장이다. 그리고 우리가 고려해야 할 중요한 사항은 지정학적 여건과 북한과 중국 간 경제 관계의 비중에 비추어 중국이 북한을 설득할 수 있는 협상의 지렛대를 가지고 있다는 것이다.

여기서 '포괄적' 정책 조율이라는 말의 의미는 앞날의 6자회담에 참여하는 나라들의 전반적인 관계에 대한 전망의 중요한 부분을 공유하는 것이 바람직하다는 것이다. 이는 곧 핵 문제에 대해서는 한반도 비핵화가 실현되어야 한다는 당위에 공감하는 것이며, 남북한 관계에서는 긴장이 완화되고 점진적으로 협력 관계가 발전될 수 있는 분위기를 조성한다는 것이며, 북한과 미국과의 관계도 정상화의 궤도에 올려놓는 것이 바람직하다는 데 양해한다는 것이다. 그리고 북한 핵 문제 해결을 위하여 중국의 적극적인 역할이 중요하며, 한반도의 현 상황과 미래는 중국의 국가 이익에 중대한 의미가 있다는 것을 인정하는 것도 포함한다.

미국과 중국은 한반도의 평화와 안정이 유지되어야 한다는 데, 그리고 북한이 핵무기를 가져서는 안 된다는 데 공감하고 있다. 이는 후진타오 주석이 2011년 1월 미국을 방문하여 오바마 대통령과 발표한 공동성명에서 명확하다. 이 공동성명은 아울러 "9·19 공동성명 및 관련 국제적 의무와 약속에 위배되는 모든 활동에 반대한다"고 하면서 "6자회담 프로세스의 조속한 재개로 이어질 수 있는 필요한 조치"를 촉구하였다.

천안함, 연평도 사태와 관련한 언급도 있었다. 공동성명의 문구는 "한반도에서 긴장이 높아지게 된 최근의 사태"라는 비교적 중립적인 표현으로 되어 있었으나 이와 관련한 기자회견에서 오바마 대통령은 "북한이 추가적 도발을 피해야 한다는 데 미국과 중국이 합의했다"고 밝혔다.

오바마 행정부의 북한에 대한 정책은 부시 행정부와는 다르다. 오바마 행정부가 들어선 이후 북한이 2차 핵실험까지 강행하였으나 미국은 '전략적 인내(strategic patience)'라는 말로 압축된 "북한에서 구체적인 비핵화 조치를 내놓지 않으면 대화하지 않겠다"는 원칙을 고수하면서, 부시 행정부 당시와 같이 북한에 심리적 압박을 가하는 언사는 피하고 있다. 그리고 차츰 유연한 자세로 대화를 열면서 북한의 추가 도발을 방지하는 접근방식을 취하고 있다.

천안함, 연평도 사태, 그리고 북한의 우라늄 농축 프로그램 공개로 중단되었던 협상을 다시 시작한 것이 한 예이다. 2011년

7월 하순 뉴욕에서 미국의 보스워스 대북 정책 특사와 북한의 김계관 부상 간의 회담이 있은 다음 보스워스 특사는 "북한이 6자회담을 지지한다는 점을 행동으로 보여 준다면 대화 재개, 미국과의 관계 개선, 더 큰 틀의 지역 안정을 위한 길이 열려 있다는 것을 북측에 강조했다"고 하여 적극적으로 북한을 설득하려고 한 자세를 보였다.

한국과 중국 간의 정책 조율에서 높은 수준의 협력을 어렵게 만드는 것은 서로가 한반도의 앞날에 대하여 가끔 다른 전망과 기대를 가진다는 데 있다. 이 중 가장 두드러지는 것이 한반도 통일 전망에 관한 것이다. 한국이 때로는 북한붕괴론에 의지한 흡수통일론을 거론하는 반면, 중국은 북한 체제에 급격한 변화가 일어날 것으로는 보지 않으며 자신의 한반도 문제에 대한 기본 원칙, 즉 남북한이 외부의 개입 없이 자력으로써 평화와 통일 문제를 해결할 수 있기를 바란다는 입장과 「북·중 우호협력 상호원조 조약」을 유지하고 있기 때문이다.

우리가 정통적 통일론인 '한반도공동체론'으로 돌아가 점진적인 남북 관계 발전을 이상적 모델로 삼아 정책을 편다면 중국과 정책 조율의 심도를 높일 수 있을 것이다. 한국이 객관적인 현실인식에 바탕을 둔 일관된 논리체계를 가지고 한반도의 미래를 이야기한다면 중국 지도자들의 마음에 한국 정부에 대한 신뢰가 조성될 것이며, 자국의 이익을 신장한다는 시각에서도 한국의 그와 같은 방향의 노력을 존중하게 될 것이다.

3. 6자회담의 공백 기간이 생기지 않도록 상설화하는 것이 바람직하다

우리는 6자회담이 2003년 8월 처음 열려서 2005년 「9·19 공동성명」이 나오기까지 2년이 넘도록 북한과 미국의 입장이 팽팽히 맞선 가운데 협상다운 협상이 이루어지지 못한 것을 보았다. 이 기간 중에 부시 행정부가 북한을 '악의 축' 국가, '폭정의 전초기지'라고 지목하였으며 북한은 꾸준히 핵실험을 준비하였다.

북한과 미국의 협상은 약자와 강자의 거래이다. 북한은 만성적인 안보위기의식에서 벗어나지 못하고 핵을 북한 체제 유지를 위한 수단으로 생각하고 있었으므로 미국이 처음 제시하였던 〈선 북한 핵 포기 - 후 미·북 관계〉의 진행 구도를 받아들일 수 없었던 것이다. 미국의 입장에서는 합리적인 진행 구도였던 것이 북한의 입장에서는 굴복을 의미하는 것으로 여겼던 것이다. 뒤늦게 「2·13 합의」에서 단계적으로 북한은 핵을 포기하는 절차에 들어가고 6자회담 참가국들이 북한에 대해 경제원조를 제공하고 미국은 북한과의 관계를 정상화하는 절차를 밟기로 한 것은 서로 받아들일 수 있는 타협점을 찾은 것이었다.

이와 같은 경험을 거울로 삼아 앞으로의 방향을 생각한다면 다음과 같은 접근방법으로 회담의 성과를 축적해 나가도록 노력할 수 있을 것이다.

○ 「9·19 공동성명」과 「2·13 합의」의 약속을 되살려 북한 핵

프로그램의 〈동결-불능화-신고-검증-폐기〉의 절차를 밟아 나가도록 한다.

- ○ 각 단계별 이행절차에 관한 협상이 지속되도록 인내심을 가진다. 〈동결-불능화〉가 이루어지더라도 〈신고〉의 단계에 관한 협상이 결렬되어 회담이 중단된다면 앞 단계에서 이룬 것이 무위로 돌아갈 수 있다. 협상이 결렬되어 대화의 공백기간이 생기지 않도록 회담을 상설화하는 것이 바람직하다.
- ○ 북한이 핵 프로그램의 폐기를 향한 첫 단계 조치를 취함과 병행하여 북한·미국 간 관계 정상화에 착수한다. 이는 곧 「남북기본합의서」 제5조에서 "정전 상태를 공고한 평화 상태로 전환시키기"로 약속한 것을 실천하는 일이 될 것이다.
- ○ 이 모든 단계에서 상대방의 정치적 존재를 인정하고 상호 비방을 삼감으로써 안보위기의식이 점차 해소될 수 있는 분위기를 조성하도록 한다.

4. 북한의 핵 프로그램 해체가 계속되는 가운데 남북한 경제 및 사회문화 협력이 병행되어야 한다

기본적으로는 군사적, 외교적 여건의 변화가 근원이 된 북한의 안보위기의식은 장기화된 경제난으로 심화되었다. 북한의 경제가 개선되지 않는다면 북한이 이 위기의식에서 벗어나기 어려울 것이다. 따라서 남북한 경제협력의 증진을 통한 북한 경제 사정의 개선이 북한 핵 문제를 해결하는 과정에 병행되어야 할 것이다.

북한이 '한반도 비핵화'의 원칙에는 합의해 놓고 이를 실현하는 단계에서 투명한 협력의 자세를 보여 주지 못하는 것은 북한이 핵 프로그램 해체의 과정을 밟고 있더라도 주변 여건의 변화가 다시 체제의 앞날을 위협할 수 있는 가능성을 항상 염두에 두고 있기 때문이다. 즉 자신의 주 협상 상대국인 미국과 한국의 존재가 곧 자신에게 위협이 되는 것으로 의식하고 있기에 미국과 한국의 정권 교체 혹은 다른 요인에 의한 정책 변경의 가능성을 저울질하면서 북한 체제의 존립을 도모해야 하는 문제를 안고 있는 것이다.

사실 북한은 이와 같은 미국과 한국의 정책 변화를 경험하였다. 미국의 부시 행정부는 전임 클린턴 행정부와는 전혀 다른 자세로 북한을 대하였다. 한국의 이명박 정부는 전임 노무현 정부와는 북한에 대한 인식이 크게 달랐다. 여러 다른 요인들도 미국과 한국의 대북 정책의 방향을 바꾸는 데 작용하였으나 북한으로서는 한국과 미국의 정권 교체는 꼭 계산에 넣어야 하는 변수인 것이다.

정권 교체를 비롯한 여러 상황적 변수가 핵 문제에 관한 북한의 협력을 더디게 하거나 불투명하게 하는 요인이라면, 북한의 지속적인 협력을 이끌어 내기 위해서는 그와 같은 변수들이 한국과 미국의 북한에 대한 안전 보장과 반대급부의 제공을 막게 되는 상황으로는 가지 않게 될 것이라는 믿음을 가지도록 해야 하는 과제가 나온다. 북한이 가진 자신의 미래에 대한 불안과 협상 상대방에 대한 불신은 갑자기 지워지지 않는 것인 만큼 이는 어려운 과제임에 틀림없다. 지금의 여건에서는 남북 경제협력과 사회 문화 교류의 증진이 이와 같은 불안과 불신을 줄여 나가기 위해 우리가 동원할 수 있는 중요한 수단이다.

한 가지 더 고려해야 할 면이 있다. 북한의 핵 프로그램 해체에 대한 보상으로서 경제지원과 관계 정상화를 추진하는 경우에 이 일들의 물질적 의미만 부각되는 것보다는 장기적으로 북한인들의 삶의 질을 향상시키며 북한 경제 사회의 발전을 지원하는 인도적이며 사회적인 의미를 인식하게 되는 과정이 되도록 하는 것이 바람직하다.

5. 북한이 유격대식 협상전술을 지양할 수 있는 여건을 조성해야 한다

핵 문제 협상 과정에서 북한이 구사하는 전술은 남다른 데가 있다. 은닉, 기습, 합의한 기본 원칙에 배치되는 행동 등 현대 국제 관계에서 보통 쓰지 않는 수단들이 등장하는데 다음과 같은 예들을 우리는 이미 보았다.

○ 은닉

북한이 비밀리에 진행해온 우라늄 농축 프로그램을 미국이 문제 삼자 "있지도 않은 일"이라고 함(나중 북한 스스로 이 프로그램이 상당히 진전되고 있다는 것을 미국 전문가를 불러 과시하였음).

○ 기습

6자회담을 준비하기 위한 북한·미국·중국 3자의 만남에서 북한 대표가 공식석상을 피하여 미국 대표를 옆으로 끌어당기면서 "북한은 핵무기를 갖고 있다"라고 한 것 ; 평양을 방문한 켈리(Kelly) 차관보에게 강석주 부부장이 "북한은 핵무기뿐만 아니라 그보다 더한 것도 가지게 되어 있다"라고 한 것.

○ 합의한 기본 원칙에 배치되는 행동

'한반도 비핵화'의 기본 원칙을 뒤엎고 핵실험 강행

북한이 이와 같이 보통 국가들이 쓰지 않는 수단을 동원하는 것은 그래야만 북한의 협상 목적을 이룰 수 있다고 믿기 때문이리라. 즉 다른 나라들이 일반적으로 정상적이라고 생각하는 국가 간 대화의 기준을 벗어날 수밖에 없는 특수 상황에 자신이 처해 있다고 보는 것이다.

북한은 이 같은 유격대식 협상 전술을 교조화한 것으로 보인다. 노동당 규약 서문에서 "항일유격대식 사업 방법을 구현한다"고 선언하고 있는데, 이는 북한의 자아의식에 바탕을 두고 있는 것으로 풀이된다. 유격대 자아의식은 자신이 자신을 둘러싸고 있는 환경에 도전하는 가치관을 추구한다는 것, 또 이 환경 여건은 자신의 존립을 위협하고 있다는 상황 인식, 따라서 생존을 위해서는 비상수단의 동원이 정당화될 수 있다는 생각 등으로 구성된다. 이로부터 북한의 '남다른' 협상에의 접근 방식, 그리고 남측이나 다른 나라들의 눈에는 이해하기 어려운 행동이 나오는 것이다.

자신이 궁지에 처한 유격대 같은 존재가 아니라 현대 국제사회에서 어엿한 역할을 하는 정상 국가라는 자신감을 북한이 갖게 된다면 북한의 국제 관계 양태도 지금까지와는 다를 것으로 추론할 수 있다. 따라서 우리의 과제는 북한이 자신을 거대한 유격대 조직이 아니라 21세기의 정상 국가라고 의식할 수 있도록 해야 하는 일이다. 북한이 그렇게 의식할 수 있으려면 우리가 북한을 그렇게 대우해 주어야 한다는 이야기가 된다.

북한을 정상 국가로 대우한다는 것은 북한의 정치적 존재를 인정한다는 것, 우리가 「남북기본합의서」에서 합의한 내용을 실천할 의지가 확고하다는 것을 보여 주는 것, 북한 체제가 가까운 장래에 무너질 것을 기대하지 않는다는 것, 그리고 북한이 가진 안보위기의식은 일반적으로 국가가 가질 수 있는 안보 우려의 한 특별한 예인 것을 이해한다는 것 등을 의미한다.

Ⅳ. 세력 균형에서 화해 협력으로

이 글에서는 핵 문제를 해결하면서 남북 관계를 개선하기 위해 남측이 유념해야 할 일들을 주로 살펴보았다. 그런데 남측의 노력이 결실을 맺을 수 있으려면 북측이 이와 같은 노력의 의미를 평가하고 핵무기 없이도 자신의 안위와 발전을 도모할 수 있다는 인식에 도달해야 할 것이다. 북측의 인식의 전환이 있어야 한다는 것인데, 이 문제를 우리 이야기의 시발점으로 돌아가 다시 생각해 보자.

냉전구조의 해체로 동북아의 세력 균형이 현저히 남측에 유리하게 기울었다고 본 것이 북한이 자체 핵무기 개발을 생각하게 되는 동기였다. 그런데 이 '세력 균형'이라는 개념은 우리가 사는 이 시대의 남북한에게 무슨 의미가 있는 것일까?

세력 균형이란 맹목적인 것이 아니라 전쟁 발발을 억지하는 기능을 수행한다고 믿었기에 국제 관계에서 중요한 개념으로 통용되었다. 그런 만큼 전통적으로 군사력이 이 균형의 가장 중요한 요소일 수밖에 없었다. 북한이 '선군정치'를 강조하는 것은 이와 같은 논리의 북한식 표현일 것이다. 나라마다 부국강병을 지상의 과제로 여겼는데 북한의 경우는 '부국'의 과제는 미루어 두고 '강병'을 우선시한 것이다. 그런데 군사력 강화에 국가 자원을 너무 소모해 버리면 오히려 역기능이 발생하여 나라의 존립을 보전하고 국세를 신장하는 데 도움이 되지 않는다는 것을

20세기 후반에 와서 여러 나라들이 경험하게 되었다. 경제 사회의 내부적 성숙을 국가 경영의 중요한 목표로 삼아야 한다는 인식의 전환이 일어난 것이었다.

그리고 세력 균형이란 국가 간의 상호불신과 경쟁 관계는 불가피하다는 사고의 틀에서는 중요한 것인데, 만약 국가 간의 상호신뢰와 협력이 국제 관계에서 대세를 이루게 된다면 균형 개념 그 자체에 대해서도 다시 생각할 수 있는 것이었다. 2차 대전 이후 유럽 국가들이 과거 군사국가, 전쟁국가로서의 성격을 탈피하여 신뢰와 협력을 통하여 지역 협력 체제를 구축하고자 한 노력은 유럽연합(European Union, EU)의 형성이라는 새로운 국제정치적인 실험을 가능하게 하였던 것이다. 오늘날 프랑스와 독일 간의 세력 균형이 유럽의 안보를 위해 중요하다고 내세우는 사람은 없다.

아시아 쪽에서는 중국이 이러한 시대적 변화를 자기 발전의 계기로 포착하였다. 1980년대 중엽부터 중국 국가 전략의 근간을 이룬 논리는 국제 관계에서 상호의존도가 높아지고 군비 경쟁보다는 경제와 과학기술 위주의 총체적 국력 신장이 중요하게 되었으며, '평화'와 '발전'의 추구는 시대적 요청으로서 이런 국제정세의 변화 속에서 중국이 발전의 계기를 찾았다는 것이다. 이와 같은 논리는 과거 문화혁명기에 미국 및 소련과 군사적 대립이 불가피하다고 본 시각을 탈피하여 장기적인 국제평화의 달성이 가능하다는 인식에서 나온 것이었다.

북한이 이러한 시대적 변화를 전혀 외면한 것은 아니었다. 1991년 12월 「남북기본합의서」에 서명한 것은 북한의 남측과의 경제협력을 포함한 새로운 관계에 대한 기대가 반영된 것이었다. 남북한은 이어서 「한반도의 비핵화에 관한 공동선언」도 채택하여 이제 한반도에서도 냉전의 논리가 서서히 해소되고 새로운 협력의 시대가 열리고 있다는 기대를 갖게 하였다. 그러나 기대는 오래가지 못하고 실망으로 바뀌게 된다. 세계적인 차원에서의 냉전구조가 해체되어 한반도에도 화해와 협력의 시대가 열릴 수 있는 가능성을 열어 주었으나 핵 문제를 둘러싼 갈등으로 남북한이 시도한 여러 교류 사업들은 정상 궤도에 오르지 못하였으며 상호 불신은 깊어지고 안보는 불안하다.

불신과 불안이 북한 핵문제의 해결을 어렵게 만들고 북한 핵문제가 불신과 불안을 키우는 악순환이 계속되었다. 여기에 북한이 생각해야 할 문제가 있다. 말하자면 핵 프로그램의 유지는 북한의 안보상황을 개선한 것이 아니라 오히려 악화시켰다는 사실이다. 북한이 핵·미사일 개발을 계속해 나간다면 한국과 미국은 이에 대처하는 군사 전략을 개발할 것이며,[7)] 이는 곧 북한의 핵무기가 사실상 쓸모없는 무기가 되면서 남북한 간 군비 경쟁이 계속되는 소위 '안보 딜레마'의 악순환이 계속될 것이기 때문이다. 그럼에도 불구하고 계속 핵에 집착한다면 북한은 한정된 자원을 비효율적으로 사용하면서 국제사회로부터의 고립을 자초하여 경제적 난국이 장기화하는 어려움에 빠질 것이라는 것이다.

상황에 대한 인식은 자신의 위치와 역량을 어떻게 의식하느냐와 연관되어 있다. 북한의 동북아 정세에 대한 인식의 전환은 자신이 역경에 처한 거대한 유격대 조직이 아니라 교육 수준이 높은 인구 2천 3백만의 현대 국가로서 누구 못지않은 발전을 구가할 수 있는 잠재력을 가졌다는 자신감을 가지게 되어야 가능할 것이다. 이와 같은 변화는 남북한이 같이 노력해야 일어날 수 있다. 어떤 방향으로 노력해야 할 것인지에 대해서는 20여 년 전 남북한 총리가 서명한 「남북기본합의서」가 비교적 상세히 지침을 제공하고 있다. 이 글에서 살펴본 것은 이 합의서의 내용을 실천하면서 북한 핵 문제를 해결하기 위해 우리가 유념해야 할 몇 가지 중요한 일들에 관해서였다.

| 필자 약력 |

이재석(李宰錫)

서울대학교 재료공학과 졸업. 영국 Oxford대학에서 수학(국제정치). 스웨덴 Stockholm대학 정치학박사.

외무고시를 거쳐 외무부에 입부하여 아주국, 미주국, 주버마대사관, 주스웨덴대사관에서 근무했다. 스톡홀름대학교 태평양아시아연구소 연구위원, 국가안보정책연구소 연구위원, 서울사이버대학교 총장 등을 지냈다. 현재 단국대학교 초빙교수로 재직 중이다. 저서에 *Rethinking the Korean Unification Question*(1996), 『북한 핵 드라마』(2004) 등이 있다.

| 주(註) |

1) 이수혁, 『전환적 사건』, 중앙books, 2008. pp. 93~94.
2) Charles L. Pritchard, Failed Diplomacy, pp. 12~13.
3) 조선일보 2009. 6. 19.
4) 이수혁, 『전환적 사건』, 중앙books, 2008. pp. 158~161.
5) 이용준, 『게임의 종말』, 한울아카데미, 2010. pp. 151~155.
6) 앞의 책, pp. 157~159.
7) 한국과 미국은 2011년 10월의 연례안보협의회에서 북한의 대량살상무기 위협에 대처하는 '맞춤식 억제 전략'을 개발하기로 합의하였다.(조선일보 2011. 10. 29.)

| 참고문헌 |

이수혁, 『전환적 사건』, 중앙books, 2008.
이용준, 『게임의 종말』, 한울아카데미, 2010.
임동원, 『피스메이커』, 중앙books, 2008.
통일부, 『통일백서』, 2005, 2008, 2009.
Cha, V. D. & Kang, D. C., *Nuclear North Korea*, Columbia University Press, 2003.
De Mesquita, B. B., *The Predictioneer's Game*, Random House, 2010.
Indyk, M. S., Lieberthal, K. G. & O'Hanlon, *M. E., Scoring Obama's Foreign Policy*, Foreign Affairs, May/June 2012, Vol. 91 Nr. 3.
Kang, D. C., *China Rising : Peace, Power , and Order in East Asia*, Columbia University Press, 2007.
McEachern, P., *Inside the Red Box*, Columbia University Press, 2010.
Pritchard, C., *Failed Diplomacy*, Brookings Institution Press, 2007.
Wit, J. S., Poneman, D. B. & Gallucci, R. L., *Going Critical*, Brookings Institution Press, 2004.

한반도 신뢰 구축의 과제와 추진 전략

조성렬

Ⅰ. 문제제기

중국의 급부상과 미국의 '아시아 복귀'가 이루어지는 가운데 동아시아 지역에서는 급격히 새로운 국제질서가 만들어지고 있다. 특히 한반도를 비롯한 동아시아의 주요국에서 리더십 교체가 일어나면서 새로운 국제질서가 어떻게 바뀔지 예측 불허의 상황이 전개되고 있다. 아직 동아시아 신질서의 모습은 안갯속에 있지만, 새롭게 등장하는 정권들이 어떤 대외 전략을 갖고 있느냐에 따라 그 방향이 잡혀 나갈 것으로 보인다. 현재 동아시아에는 신질서의 향방을 결정하게 될 두 개의 상반된 흐름이 동시에 전개되고 있다.

가장 눈에 띄는 것은 지역 협력의 움직임이다. 한·중·일 3국은 정상회담의 정례화와 함께 상설 협력사무국을 설치하고 한·중·일 FTA 공동 연구에도 착수했다. 최근 북한과 중국은 라진·

선봉 및 황금평·위화도 경제특구를 본격 개발하기 위해 관리위원회를 설치키로 합의했으며, 중국은 라진항에 이어 청진항 사용권도 확보했다. 러시아는 일찍이 제안한 남·북·러를 잇는 가스관, 전력, 철도의 연결망 구상을 적극 추진한다는 자세를 보이고 있다.

이러한 협력 움직임과는 달리, 동아시아에는 새로운 냉전의 분위기마저 감돌고 있다. 미국은 중국의 해양 통제력 강화 움직임에 맞서 한·미·일 3각 협력 체계를 구축하고자 하고 있으며, 중국은 이를 대중국 포위망 구축이라며 강하게 반발하고 있다. 또한 남북한이 대화와 교류를 전면 단절하였고, 한·일 양국은 「군사정보보호협정(GSOMIA)」의 체결 직전까지 가기도 했으나 독도 영유권 문제로 심한 갈등을 겪고 있다. 일본 정부의 조어도(중국명 댜오위다오, 일본명 센카쿠 열도) 국유화 조치로 중·일 관계는 악화일로로 치닫고 있다.

동아시아 질서 재편 과정에서 주목해야 할 것은 남북 관계의 향방이다. 미·중 관계가 남북 관계에도 영향을 미치지만, 남북 관계도 미·중 관계에 미치는 영향을 무시할 수 없다. 2010년 천안함, 연평도 사태의 파장에서 보듯이, 남북한의 대립과 갈등은 단지 한반도 차원에 머무는 것이 아니라 미·중 관계, 나아가 동아시아 정세에도 부정적인 영향을 미쳐 왔다. 이러한 미·중 관계의 악화는 또다시 한반도 정세를 불안정하게 만들고 남북 관계의 대립과 갈등을 더욱 심화시켜온 요인이 되었다.

따라서 한반도의 평화와 비핵화, 더 나아가 동북아의 안정과 번영을 이루기 위해서는 무엇보다 남북 관계의 안정적인 관리가 중요하다. 남북 관계의 안정을 통해 한반도의 지정학적 리스크를 완화하는 한편, 지역 협력을 강화하여 한반도의 지정학적 가치를 높여 나갈 필요가 있다. 이는 남북한 협력을 토대로 한반도가 동아시아 평화·번영의 중심 역할을 할 수 있을 때 비로소 가능하다. 이를 위해서는 무엇보다 남북한의 신뢰 관계를 회복하는 일이 그 출발점이 되어야 한다.

이 글은 남북한이 당면한 문제를 '신뢰의 위기'라고 보고, 한반도에서 신뢰를 구축해 나가는 방안을 모색하는 데 목적을 두고 있다. 한반도 문제가 민족 내부의 문제를 넘어 국제화된 지금, 신뢰 구축은 남북 관계와 북한-국제사회의 양쪽에서 함께 이루어져야 한다. 그런 점에서 여기서는 남북 사이의 비군사적·군사적 신뢰 구축 외에도 국제적 신뢰 구축의 중요성을 강조하고, 신뢰 구축을 추진하는 과정에서 견지해야 할 원칙과 전략 로드맵을 제시하고자 하였다.

Ⅱ. 한반도 신뢰 구축의 현황과 과제

1. 한반도 신뢰 구축의 현황

남북한은 한국전쟁으로 인한 적대감과 군사적 대치로 인해 1960년대까지는 직접 대화를 하지 않은 채 체제 경쟁에 몰두하고 있었다. 1970년대에 들어와 동서 데탕트 분위기 속에서 남북간 당국자 대화가 시작되었고 마침내 1972년 이후락 중앙정보부장과 김영주 노동당 조직지도부장의 공동 서명으로「7·4 남북 공동성명」이 발표되었다. 하지만 곧 이은 유신 체제 등장과 사회주의헌법 제정 등 남북한의 체제 강화 조치로 1980년대까지 남북 관계는 온탕과 냉탕을 반복하며 별다른 진전을 이루지 못하였다.

남북한 간에 본격적인 대화가 이루어진 것은 냉전시대가 종식된 직후인 1990년대부터이다. 동서독의 통일 과정이 마무리 단계에 들어설 무렵, 남북한은 고위급회담을 개최하여「남북 화해와 불가침, 교류협력 합의서」(이하 남북기본합의서, 1991.12.13)와「한반도 비핵화 공동선언」(1992.1.20)을 발표하였다. 하지만 제1차 북핵 위기가 터지고 김일성 주석이 갑작스레 사망하면서 한반도 위기가 증폭되어 평화 정착을 위한 프로세스는 더 이상 진전되지 못하였다.

1998년 정주영 현대 회장(당시)의 방북으로 남북 관계가 개선될 조짐을 보이기 시작해 2000년 6월 제1차 남북정상회담 이후 남북 관계는 급물살을 탔다. 남북 철도 연결을 위한 군사적 보장 조치와 개성공단 건설이 본격화되었고, 남북장성급회담이 열려 군사적 신뢰 구축 조치들도 잇달아 발표되었다. 이처럼 남북정상회담 이후 군사적 신뢰 구축을 위한 첫발이 내디뎌졌지만, 그 내용은 경제 협력을 촉진하는 데 기여하는 방향에서 낮은 수준의 제한적인 신뢰 구축 문제만 다룬 것이었다.

그러나 국민의 정부 말기에 2차 북핵 위기가 발생하면서 참여정부는 북핵 문제라는 커다란 숙제를 떠안게 되었다. 2002년 10월 북핵 위기가 재발하면서 한반도 상황은 또다시 긴장으로 치닫기 시작했다. 2003년 2월에 출범한 참여정부는 국가안보목표로 북핵문제의 해결과 한반도의 평화와 안정, 나아가 동북아의 공동번영을 제시하였다.[1)] 이러한 인식 아래 참여정부는 '핵 불용, 평화적 해결, 주도적 역할'이라는 북핵 해결 3대 원칙을 내세웠다. 그러나 북핵 문제가 IAEA와 NPT 체제가 관련된 국제 문제라는 점에서 처음부터 한국 정부의 운신의 폭이 좁을 수밖에 없었다.

6자회담을 통해 한반도 비핵화의 로드맵을 담은 「9·19 공동성명」에 합의하기도 했으나, 북한의 달러화 위조 문제가 불거지면서 합의 이행이 중단되었다. 결국은 2006년 10월 9일 북한은 제1차 핵실험을 단행하기에 이르렀다. 그 뒤 「9·19 공동성명」의 제

1, 2단계인 「2·13 합의」와 「10·4 합의」가 채택되었지만, 2008년 12월 6자회담 수석대표회담에서 검증 문제로 벽에 부딪혔다. 결국 2009년에 들어 북한의 장거리 우주로켓 발사와 2차 핵실험 단행으로 6자회담은 장기간 표류하고 남북한의 신뢰 관계는 최악의 상황을 맞이하게 되었다.

이처럼 1990년 이후 20여 년 동안 각종 합의에도 불구하고 남북한 간에는 실질적인 군사적 긴장의 완화가 이루어지지 못하였다. 이명박 정부에 들어와 발생한 금강산 관광객 피격 사망사건은 남북관계를 악화시키는 계기가 되었다. 대응조치로 남측이 금강산 관광을 중단시키자 북측은 군사분계선의 통행을 제한하는 '12·1 조치'를 발표하였다. 뒤이어 2009년 1월 북한 조국평화통일위원회는 「남북기본합의서」와 「불가침 부속합의서」에서 합의한 "서해 해상군사경계선에 관한 조항들을 폐기한다"고 발표하였다. 2010년 3월 천안함 사태가 발생하자 이번에는 남측이 '5·24 조치'를 발표하여 개성공단을 제외한 일체의 남북 관계를 중단시키기에 이르렀다.

따라서 새로운 정부가 추진해야 할 대북 정책의 최우선 과제는 무엇보다 남북한 사이에 신뢰를 구축하고 남북 관계를 회복하는 일이다. 남북한의 신뢰 구축이야말로 한반도 평화와 안정의 출발점이자 평화통일의 초석이 될 것이기 때문이다.

〈표 1〉 한반도 문제 관련 주요 합의 및 이행 현황

		합의문서	발효조항	이행 현황*
남북한	정상합의	◇ 6·15 공동선언(2000.6) ◇ 10·4 정상선언(2007.10)	발효조항 없음	이행 중단 이행 중단
	고위당국합의	◇ 7·4 남북공동성명(1973.7)	합의사항 공개	이행 중단
		◇ 남북기본합의서(1991.12) ◇ 한반도 비핵화 공동선언(1992.2) ◇ 남북기본합의서 부속합의서(1992.9) ◇ 1차 총리회담 합의서(2007.11)	문본 교환 뒤 발효	이행 중단(조평통 선언) 불이행(북한 핵 개발) 이행 중단 불이행
	실무합의	◇ 각종 군사 보장 합의서 - 북한 민간 선박 해주항 등과 군사 보장 - DMZ 내 도로, 철도 연결 군사 보장 ◇ 6·4 합의서(2004.6) ◇ 2차 국방장관회담 합의서(2007.11)	서명 교환 뒤 발효	불이행 이행 중단(12·1 제한조치, 5·24 조치) 일부 이행(선전활동 이행, 충돌방지 부분 이행) 불이행
		◇ 남북 투자보장합의서(2000.12) ◇ 개성공단 건설 실무합의서(2002.11) ◇ 해운합의서 등 총 13건	서명교환 서명교환 서명교환	이행 중 이행 중단(5 · 24 조치) 이행 중단(5 · 24 조치)
국제	다자합의	◇ 군사정전협정(1953.7) ◇ DMZ 일부 개방 관련 정전협정 보충합의서(2002.9) ◇ 9·19 공동성명(2005.9) ◇ 2·13 합의(2007.2) ◇ 10·3 합의(2007.10)	서명교환 서명교환 문본교환 문본교환 문본교환	이행 중(일부 항목 훼손) 이행 중단 이행 중단 이행 완료 이행 중단
	양자합의	◇ 북·미 공동성명(1993.6) ◇ 북·미 기본합의문(1994.10) ◇ 국제테러에 관한 공동성명(2000.10) ◇ 북·미 공동코뮤니케(2000.10) ◇ 북·일 평양선언(2004.9)	문본교환 서명교환 문본교환 문본교환 서명교환	이행 중단(NPT 탈퇴 임시정지) 이행 중단(2차 북핵 위기) 이행 완료 이행 중단(탄도미사일 발사) 이행 중단(일본인 납치 문제)

* 이행 현황이란 합의 직후의 상황을 말하는 것으로 5·24 조치에 따른 중단은 제외. 군사 분야의 이행 여부의 판단은 다음 자료에 의거. 황진환, "남북한 군사적 신뢰 구축과 군비 통제 추진 방향", 『한반도 군비 통제』제49호, 국방부, 2011.6. p.44, 48, 53.

2. 한반도 신뢰 구축의 과제

1970년대 남북당국자대화의 시작 때부터 오늘날까지 우여곡절을 겪고 있는 남북 관계를 한마디로 특징짓는다면 '신뢰의 부재(want of confidence)' 또는 '불신(no confidence)'이라고 표현할 수 있다. 따라서 남북 관계를 정상화시키기 위해서는 불신을 해소하고 상호 신뢰(mutual confidence)를 만들어 나가지 않으면 안 된다.

그렇다면 신뢰를 만들어 나간다는 신뢰 구축(confidence-building)이란 무엇을 의미하는가. 신뢰 구축이란 대립의 당사자들이 우발적 충돌 사태가 발생했을 때 냉정과 자제를 할 수 있는 행동규범을 찾아내어 준수함으로써 화해 분위기를 만들어 관계를 개선하는 일을 가리킨다. 이를 위해 당사자들은 모두 지켜야 할 일들의 규범이나 제도에 대해 합의하고 이를 이행하도록 하는 것이 일반적이다.

신뢰의 문제는 군사 문제뿐만 아니라 정치적 화해와 경제 사회적 교류·협력도 포함되는 넓은 의미를 내포하고 있다. 남북한의 경우는 전쟁을 치른 경험이 있지만 같은 민족으로서 통일을 지향하고 있다는 점에서 단순한 군사적 신뢰만으로는 부족하다. 그렇기 때문에 「남북기본합의서」는 남북한 사이의 화해와 불가침, 교류·협력의 내용을 담고 있다. 그런 점에서 「남북기본합의서」는 화해·협력 단계의 남북 관계를 규정하는 포괄적인 신뢰 구축의 문서이자 잠정평화협정이라고도 평가할 수 있을 것이다.

신뢰 구축이 가진 포괄적인 의미는 유럽의 경험에서도 찾아볼 수 있다. 유럽에서 서방진영과 공산진영이 서명한 「헬싱키 최종의정서」(1975)는 3개의 바스켓(basket)으로 구성되어 있다. 바스켓-1에는 군사적 신뢰 구축과 군비 통제의 내용을 담고 있고, 바스켓-2에는 경제·과학기술·환경 분야의 협력, 바스켓-3에는 인도주의 및 기타 분야의 협력이 포함되어 있다. 이와 같은 포괄적인 신뢰 구축의 문서는 동서 유럽을 망라하는 유럽 평화 체제라고 할 수 있는 유럽안보협력회의(CSCE)의 토대가 되었다.

이와 같은 포괄적 신뢰 구축이 아니라 좁은 의미의 신뢰 구축을 가리킬 때는 군사적 신뢰 구축이라는 개념이 사용된다. 군사적 신뢰 구축이란 물리적 또는 비물리적 긴장 상태에서 당사국 쌍방으로부터의 공격에 대한 공포를 감소시키기 위해 취해지는 각종 조치를 취하는 것을 가리킨다.[2] 군사적 신뢰 구축의 개념은 정치적 신뢰 구축이나 군비 통제를 포함하는 넓은 의미로 쓰이는 경우도 있지만,[3] 이 글에서처럼 정치적 신뢰 구축이나 군비 통제(운용적, 구조적)와 구별되는 좁은 의미로 사용되는 경우가 많다.

원래 군사적 신뢰 구축은 과거 냉전시대에 미·소 초강대국과 북대서양조약기구(NATO), 바르샤바조약기구(WTO) 회원국들이 우발적인 사고나 오판으로 핵전쟁이 일어나는 것을 피하기 위한 목적으로 만들어졌다. 이러한 목적을 위해 높은 수준의 예측 가능성이 필요했기 때문에, 군사적 신뢰 구축에는 정보 교환을 정례화하고 교환된 정보를 검증할 수 있는 조치를 포함하고 있다. 군사적 신뢰 구축은 「스톡홀름 협약」, 「비엔나 협약」을 거치면서 발전해 왔지만, 비슷한 시기에 군비 통제 협상도 병행하여 마침내 「유럽 재래식군사력감축조약(CFE Treaty)」을 통해 성공적으로 재래식 군비 감축을 이룩하였다.[4)]

이처럼 오늘날과 같이 유럽의 군비 통제가 성공하고 유럽 통합이 이루어질 수 있는 바탕에는 1960년대 말부터 시작된 오랜 시간에 걸친 유럽 국가들 간의 신뢰 구축 과정이 자리하고 있다. 남북한의 신뢰 구축을 위한 노력은 1990년부터 시작되었고, 2000년대에 들어와 본격적으로 이행되기 시작했다. 지금은 비록 각종 남북 합의가 파기 내지는 유보된 상태이지만, 신뢰 구축과 군비 통제를 통한 평화 체제 수립에 오랜 시간이 걸린다는 점에서 현재의 남북 관계는 한반도 평화통일로 가는 한 과정일 뿐이다. 지금까지 경험을 토대로 한다면 빠른 시간 안에 남북 간의 신뢰를 회복하고 한 단계 진전시켜 나갈 수 있을 것이기 때문이다.

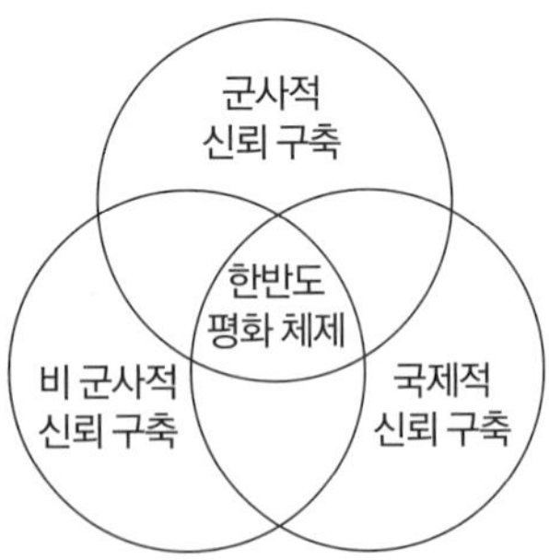

〈그림 1〉 한반도 신뢰 구축의 유형과 한반도 평화 체제

Ⅲ. 한반도 신뢰 구축의 유형과 조치들

남북한은 전쟁을 경험하고 오랫동안 적대해 왔기 때문에 곧바로 군비 통제와 한반도 평화 체제로 이행하기는 어렵다. 따라서 남북 사이에 신뢰를 구축하는 작업이 선행되어야 한다. 한반도 신뢰 구축의 유형에는 비군사적, 군사적 신뢰 구축 조치 외에도 국제사회와의 국제적 신뢰 구축 조치가 있다.

1. 비군사적 신뢰 구축

(1) 정치적 신뢰 구축 조치

남북한은 수백만 명의 목숨과 수많은 재산을 앗아간 동족상잔의 전쟁을 치렀기 때문에 무엇보다 정치적 화해 조치를 취할 필요가 있다. 남북한의 화해는 이미 「남북기본합의서」(1991.12.13) 제1장에서 폭넓게 규정하고 있으며, 이를 구체화하여 「남북불가침 부속합의서」(1992.9.17, 이하 불가침 부속합의서)가 작성되었다. 「남북기본합의서」 제1장은 상호 체제의 인정 및 존중, 내정 불간섭, 비방·중상의 중지, 파괴·전복 행위의 금지, 정전 상태의 평화 상태 전환, 국제무대에서 대결과 경쟁 중지, 민족 성원 상호 간의 화해와 신뢰 등에 관한 내용을 담고 있다.

하지만 이 합의서들은 남북한의 화해를 말하면서도 상대에게 저지른 과거 잘못을 어떻게 처리할 것인지에 대해서는 다루고 있지 않다. 남북한이 미래지향적인 관계로 함께 가기 위해서는 무엇보다 불행했던 과거사를 정리하고 넘어가는 것이 필요하다. 이를 위해 다른 나라의 사례를 검토할 필요가 있다. 각국의 과거사 청산 방식은 △사법적 청산, △진상 규명과 사면, △침묵과 망각 등 세 가지로 나누어 볼 수 있다.

'사법적 청산' 방식은 2차 세계대전 직후 독일이 전쟁에서 패배하자 프랑스가 나치 치하 독일 부역자를 사법적으로 엄격히 처단하던 방식이다. '진상 규명과 사면' 방식은 대다수 흑인 지지를 얻어 출범한 남아프리카공화국 만델라 흑인 정권이 일정 정도 힘을 유지하고 있던 과거 백인 정권 관계자들의 잘못에 대한 처리 방식이다. '침묵과 망각' 방식은 프랑코 사후 스페인 군부의 힘이 여전히 막강하게 존재한 가운데 점진적인 민주화 과정에서 이루어진 과거사 처리 방식이다.[5)]

남한의 경우, 한국전쟁 중에 발생한 공산부역자, 분단 시기 반역 행위자에 대한 사법 처리는 일찍이 종료됐다. 그러나 이 시기에 있었던 부당한 처리자에 대한 명예 회복 및 구제 활동은 제대로 이루어지지 못했다. 2005년 5월 31일에 이르러 제정된 「진실·화해를 위한 과거가 정리 기본법」에 따라 '진상 규명과 사면'이 2006년 1월 1일부터 2010년 12월 31일까지 5년 동안 진행되었다.

정치적 신뢰 구축을 위해서는 남북이 한국전쟁 시기나 분단의 체제 경쟁 과정에서 서로에게 저지른 과거 잘못에 대해 침묵이나 망각, 사법적 청산보다는 '진상 규명을 통한 화해의 방식'을 택하는 것이 바람직하다. 이 방식을 추진하기 위해 통일 과정에서 남북의 갈등을 해소하고 통일 이후 사법적 청산에 대한 서로의 우려를 불식시키는 차원에서 남북한의 (최)고위급회담을 개최하여 「민족화해선언」의 발표를 추진하는 방안도 검토해 볼 수 있을 것이다.

(2) 신뢰 향상 조치

휴전선의 양측에는 200만 명에 가까운 중무장 병력이 포진하고 있고, 특히 재래식 군비에서 한국의 대북 우위가 확립된 상황에서 북측이 쉽사리 군사적 신뢰 구축에 응할 가능성이 높지 않다. 따라서 신뢰가 없는 상태에서 곧바로 군사 분야의 신뢰 구축에 나서기보다는 비군사 분야의 협력 사업을 지속하면서 신뢰를 쌓아 나가는 것이 바람직하다. 그런 만큼 군사적 신뢰 구축 조치의 이행과 성공 가능성을 높이기 위해 신뢰 향상 조치(CEMs, Confidence Enhancing Measures)를 병행해 추진할 필요가 있다.[6]

그동안 남북한 간에는 군사 분야 외에 다양한 신뢰 향상 조치를 취해 왔다. 지금까지 진행되어 왔던 다방면에 걸친 대화와 협력의 틀, 그리고 경제 협력 프로젝트들은 모두 신뢰 향상 조치에 해당한다. 2008년 7월 1일에 발생한 금강산 관광객 피격 사망 사건과 2010년 천안함 및 연평도 포격 사태로 남북대화가 전면적으로 단절된 지금, 가장 시급한 것은 끊어진 남북 당국자 간의 대화 채널을 복원하는 것이다.

비군사적인 신뢰 향상 조치로 가장 중요한 것은 북한 주민의 인간 안보를 지키는 것이다. 무엇보다 식량 부족과 그에 따른 영양결핍성 질병이 발생하지 않도록 지원하는 것이 남북 간 신뢰 향상에도 중요하다. 남측이 '5·24 조치'에도 불구하고 남측이 북한의 영유아에 대한 영양식을 계속 제공해온 것도 이 때문이다. 남북 관계를 전면적으로 복원하기에 앞서 남북적십자회담을 개최하여 북한에 대한 수해 지원이나 긴급 식량 원조 등 신뢰 향상 조치를 출발점으로 삼는 것이 좋을 것이다.[7)]

이미 시행됐다가 중단된 금강산 구역의 이산가족 상봉소 설치와 겨레말큰사전의 공동 편찬 사업, 다양한 문화·체육 교류, 지하자원의 공동 개발을 위한 조사 활동, 그리고 「10·4 정상선언」에서 합의는 해놓고 이행되지 못한 서울·백두산 직항로 개설 및 백두산 관광, 금강산 면회소 쌍방 대표 상주 및 이산가족 상시 상봉 등 대표적인 신뢰 향상 조치들을 재개할 필요가 있다.

남북이산가족 문제는 1985년에 첫 상봉이 결실을 맺은 이래, 2000년 제1차 남북정상회담을 계기로 같은 해 8월에 재개되어 1~3차까지 남북을 오가며 이산가족 상봉이 이루어졌다. 4차부터는 금강산에 면회소가 설치되어 이산가족 상봉은 금강산에서만 이루어지고 있다. 이명박 정부에 들어와 2009년과 2010년 두 차례에 걸쳐 금강산 이산가족 상봉소에서 이루어졌으나, 금강산 관광이 중단되면서 함께 중단되었다. 이산가족들이 대부분 고령자라는 점을 감안할 때 상봉 사업은 최우선적으로 추진되어야 한다.

그동안 신뢰 구축 차원에서 남북 공동 입장을 추진하여 2000년 시드니 올림픽을 시작으로 2006년 토리노 동계올림픽까지 9차례나 남북한 공동 입장이 이루어졌다. 그러나 2008년 베이징 올림픽 때 새로운 '전통'이 깨진 뒤 지난 8월 런던 올림픽에서도 남북 화해의 퍼포먼스는 이루어지지 못했다.[8] 앞으로 남한에서 2014 인천 아시안게임, 2015 광주 하계유니버시아드 대회, 2018 평창 동계올림픽 대회가 잇달아 열리므로 이를 계기로 공동 입장은 물론 남북 단일팀 구성 문제를 북한과 협의할 필요가 있다.

남·북의 언어 이질화를 극복하고 남·북·해외에서 쓰이는 우리말을 하나로 종합·정리하는 겨레말큰사전 공동 편찬 사업을 전개해 오고 있다. 이 사업은 2003년 우리 측 제안으로 검토되어 2004년에 북측이 받아들였다. 결국 2006년부터 시작되어 2013년에 완성하는 것을 목표로 하고 있는데, 2009년까지 20차례의 공동편찬위원회 회의와 4차례의 집필회의를 개최하다 각자 활동 중이므로 언제라도 재개될 수 있을 것이다.[9]

지하자원 공동 개발은 북측 제안에 따라 광업진흥공사가 현지 실사를 마쳤으나 더 이상 사업 진척이 없다. 하지만, 남북 간 협력 사업이 재개되면 다시 추진되어야 할 것이다. 2009년 황강댐 방류에 따라 남측 민간인 6명이 실종된 사태를 계기로 열린 임진강 수해방지실무회담도 재개해야 한다. 그동안 북측이 부정적인 태도를 보여 진척이 없었지만, DMZ 내 '평화공원(Peace park)'을 조성하여 생태계를 보호하고 평화도시나 평화시장을 만들자는 구상도 검토해 볼 수 있다.

남북 철도 연결 사업의 경우, 지난 2007년 5월17일 시범사업이 성공리에 실시되었기 때문에 향후 남북 간뿐만 아니라 시베리아철도(TSR)와의 연결이 가시화될 경우 전반적인 지역 안정에 기여할 것으로 예상된다. 러시아가 제안한 가스관은 남·북·러 연결 사업과 같은 공동 에너지 프로젝트로, 남북한의 신뢰 향상에 매우 바람직한 사업이다.

2. 군사적 신뢰 구축

(1) 전략적 재보증 조치

남북 관계의 진전을 가로막는 최대의 장애물은 상호 간의 불신이다. 특히 상대방의 의도에 대한 전략적 불신(strategic mistrust)을 해소하기 위해서는 군사적 신뢰 구축 조치나 군비 통제 협정과 같은 전통적인 방식에 앞서 어느 일방의 행동이 상대방을 적대할 의사가 없다는 것을 분명히 하는 새로운 신뢰 구축 조치가 취해져야만 한다.

전략적 재보증 조치(SRMs, strategic reassurance measures)는 "인

지된 정치·군사·경제적 장기 목표에 관한 국가 간 불신이나 의구심의 심층 원인을 찾아 없애는 조치"로 정의된다.[10] 이 개념은 제임스 스타인버그 미 국무부 부장관(당시)이 사용하면서 주목을 받기 시작했는데,[11] 그는 중국에게 중국의 발전과 국제적 역할이 다른 나라들의 안보와 번영을 희생시키는 것이 아니라는 점, 특히 남중국해 문제에 대한 중국 정부의 입장을 명확히 하라며 이 개념을 적용한 것이다.[12]

남북한은 서로에 대한 오랜 전략적 불신 때문에 신뢰 구축 조치(CBMs)가 제대로 이루어지지 않고 있다. 상대방에 대한 전략적 불신이 해소되지 않는 한, 정치적·군사적인 신뢰 구축 조치나 군비 통제 협정조차도 작은 이견과 마찰로도 쉽게 무너지기 십상이다. 이 개념을 남북 관계에 적용해 보면, 전략적 재보증 조치란 교류·협력에도 불구하고 남북한이 갖고 있는 흡수통일이나 적화통일과 같이 상대방의 장기 목표에 대한 전략적 불신을 해소하기 위한 조치를 가리킨다.

북측은 동유럽과 구소련의 체제 붕괴, 리비아 정권의 몰락, 그리고 장기간에 걸친 북한 경제의 피폐와 신생 김정은 정권의 취약성으로 인해 체제 위기의 불안감에 싸여 체제 붕괴에 따른 남한 체제로의 흡수통일에 대한 불안감을 갖고 있다. 반면, 남측은 북한의 남침 전력과 끊이지 않는 군사 도발, 그리고 지금도 노동당 규약에 한반도 전체를 대상으로 한 민족해방의 완수를 공언하고 있기 때문에, 우리의 국력이 북한을 훨씬 앞서게 된 오늘날까지도 북한의 적화통일 야욕에 대해 경계하고 있는 것이다.

따라서 남북 간에 본격적인 군비 통제 협상에 들어가기에 앞서 군사적 신뢰 구축 조치와 함께 전략적 불신을 해소하기 위한 전략적 재보증 조치를 적극 검토할 필요가 있는 것이다. 남북 총리회담 또는 정상회담을 통해 서로에 대해 내정 간섭과 체제 전복 기도를 하지 않겠다는 정치적 의지를 분명히 밝힘과 동시에, 적대하고 있는 법제도를 개폐하고 주한 미군의 주둔 목적이나 북한의 핵 포기 의사를 분명히 해둠으로써 상대방에 대한 적대감과 불안감을 해소해 주는 전략적 재보증 조치를 취할 필요가 있다.

(2) 초보적 신뢰 구축 조치

남북한 사이에서 군사적 신뢰 구축에 처음 합의한 것은 1991년 12월 「남북기본합의서」의 제12조와 제13조이다. 하지만 1992년 말에 1차 북핵 위기가 터지는 바람에 직통전화 개설을 제외한 합의 내용들은 이행되지 못하였다. 그 뒤 4자회담(1997~1999)에서도 군사적 신뢰 구축 문제가 거론됐다. 여기서 북측은 북미 간의 문제라는 입장을 취하며 남북한이 군사적 신뢰 구축 문제를 논의하는 데 부정적인 태도를 취하였다. 반면, 남측은 신뢰 구축에는 군사적인 문제뿐만 아니라 정치적 화해와 경제 사회적 교류·협력도 포함되므로 기본적으로 남북한의 문제이며, 한미 연합방위체제 아래에서는 미국이 연관되므로 군사적 신뢰 구축 조치를 4자회담에서 논의할 수 있다는 논리를 폈다.[13] 하지만 4자회담은 별다른 진전 없이 1999년에 중단되어 군사적 신뢰 구축에 관한 논의는 진전되지 못했다.

남북 간 군사적 신뢰 구축 논의가 본격적으로 이루어진 것은 2000년 6월 역사적인 남북정상회담이 개최되어 정치적 신뢰 구축이 이루어진 이후이다. 남북한이 합의한 군사적 신뢰 구축 조치는 유형별로 △직통전화망 개설, △교류·협력의 군사적 보장, △우발적 충돌 방지 및 △선전 수단 제거 등 네 가지로 구분해 볼 수 있다. 남북정상회담 뒤 몇 차례의 회담 끝에 2002년 9월에 열린 남북군사실무회담에서 남과 북을 잇는 「철도·도로작업의 군사적 보장을 위한 합의서」를 채택하였는데, 이것은 교류 협력의 군사적 보장에 해당되는 것이다.

한발 더 나아가 2004년 6월의 제2차 남북장성급회담에서는 △서해 해상에서 우발적 충돌방지와 △군사분계선 지역에서의 선전 활동 중지 및 선전 수단 제거를 약속한 「6·4 합의서」를 채택하였다. '서해상의 우발적 충돌 방지 방안'으로 경비함정 간 공용 주파수 설정·운영, 경비함정 간 시각 신호(발광 및 기류) 제정·활용, 제3국 어선의 불법 어로 활동 단속과 관련한 정보 교환에 합의했다. '전선 지역 선전물 철거'와 관련하여 군사분계선 일대에서 일체의 선전 행위를 중지하기로 약속했다. 그 밖에 2007년 5월의 제5차 남북장성급회담에서는 「열차 시험 운행의 군사적 보장을 위한 잠정합의서」를 채택하였다.

이러한 남북 사이의 군사적 신뢰 구축 조치는 2009년 1월 30일 북한 조국평화통일위원회가 남북 간의 "정치·군사적 대결 상태 해소와 관련한 모든 합의 사항들을 무효"로 한다는 성명을 발표함으로써 중단의 위기에 직면하게 되었다. 그 뒤 2010년 3월에 발생한 천안함 사태에 따라 남측도 개성공단을 제외한 모든 남북 관계를 단절한다는 내용의 '5·24 조치' 발표를 통해 사실상 신뢰 구축을 위한 노력이 전면적으로 중단되었다.

이처럼 남북한이 오랜 기간에 걸쳐 쌓아 올린 군사적 신뢰 구축 조치들이 일거에 부정되는 바람에 남북 관계는 크게 경색되었다. 따라서 남북한이 해야 할 과제는 기존에 합의·이행됐다가 중단된 군사적 신뢰 구축 조치들을 복원하는 것이다. 이를 위해 남북장성급회담을 개최하여 먼저 쌍방 군사 당국자 사이에 직통전화를 재설치하고, 다음으로 「6·4 합의서」에 따른 서해상 우발적 충돌과 그 확대를 방지하기 위한 신뢰 구축 조치를 복원해야 한다. 또한 남북 양측은 천안함 사태로 인해 취한 조치들을 해제하는 문제와 남·북·미 3자로 구성된 3자 군사위원회 방안을 비롯해 서해상의 우발적 무력 충돌을 예방·감시할 수 있는 다양한 군사적 신뢰 구축 방안에 관해 협의에 착수할 필요가 있다. 연평도 포격 사건 직후 방북한 리처드슨 미 뉴멕시코 주 지사는 박림수 북한 국방위원회 정책국장에게 군사핫라인을 가동하고, 남·북·미 3자가 분쟁해역을 공동으로 감시할 3자 군사위원회(military commission)의 창설을 제안한 바 있다.[14)]

(3) 위험 감소를 위한 신뢰 구축 조치

지금까지 남북한 군사적 신뢰 구축은 매우 낮은 수준에 머물러 있었다. 하지만 그나마 존재했던 군사적 신뢰 구축 조치들은 천안함 사태 이후에 모두 무효화되어 원점으로 돌아왔다. 남북관계가 회복되면 기존 군사적 신뢰 구축에 관한 합의를 복원하고 재이행할 뿐만 아니라, 남북한은 여기서 한 단계 더 나아가 보다 발전된 군사적 신뢰 구축 조치들을 만들어 나가야 할 것이다.

유럽의 경우에는 군사적 신뢰 구축 조치가 1, 2, 3세대로 발전해 왔다. 「헬싱키 최종의정서」에 담긴 제1세대 신뢰 구축 조치(CBMs)는 군사 훈련의 사전 통보 의무화, 주요 군사 훈련에 참관인 초청, 군 인사 상호 교환을 내용으로 하고 있다. 「스톡홀름 협약」(1986)에서는 제2세대 신뢰 안보 구축 조치(CSBMs)로서 일정 규모 이상 군사 활동의 사전 통보, 군사 활동 때 참관인 초청, 이듬해 군사 활동 계획의 통보 등의 의무화 및 의무 사항의 검증을 위해 사찰단 입국 허용 등을 규정하고 있다. 「비엔나 협약」(1990, 1999)에서는 제3세대 신뢰 안보 구축 조치(CSBMs)로서 군 병력의 구조와 배치 현황, 주요 무기와 장비의 배치 현황 및 향후 계획, 방위 예산 정보의 교환, 사찰 범위의 확대, 연례 이행 평가회의의 개최 등의 내용을 담고 있다.[15)]

하지만 남북한의 경우에는 아직까지 평화협정도 체결되지 않은 '법적인 전쟁 상태(the state of war in law)'에 있기 때문에 내용적으로 볼 때 제2세대나 제3세대와 같은 높은 수준의 신뢰 안보 구축은 시기상조이다. 다만 남북 간의 합의에 대한 구속력은 제도화, 의무화까지는 어렵더라도 기존의 자발적 준수의 수준을 넘어 정치적 구속력은 갖도록 해야 할 것이다. 이러한 점들을 종합적으로 고려할 때 평화협정의 체결 이전에는 낮은 수준과 중간 수준의 제1세대 신뢰 구축 조치(CBMs)를 당면 목표로 삼을 수밖에 없을 것이다.

따라서 평화협정의 체결 전까지 남북한이 할 수 있는 군사적 신뢰 구축의 수준은 「남북기본합의서」 제12조에서 합의한 △남북 군사당국 간 직통전화 설치, △대규모 부대 이동과 군사 연습의 통보 및 통제, △비무장지대의 평화적 이용, △군 인사 교류, △군사정보의 교환 등이 될 수 있을 것이다. 또한 「불가침 부속합의서」 제3조에서 합의한 대로 군사분계선 일대의 무력 증강, 상대방에 대한 정찰 활동, 상대방의 영해·영공에 대한 봉쇄, 서울과 평양에 대한 안전 보장 등의 문제에 대해서는 계속 논의하기로 한다.

그리고 북한은 「남북기본합의서」 제11조와 「불가침 부속합의서」의 제9, 10, 11조의 합의 내용을 거부한 2009년 1월 30일 자 조국평화통일위원회의 성명을 취소해야 한다. 그리고 남북정상이 합의한 「10·4 정상선언」에 따라 공동어로구역과 평화수역 설정, 경제특구건설과 해주항 활용 등 서해평화협력특별지대의 설치를 통해 해상군사경계선 문제의 해결을 모색하여 남북한 간 신뢰를 굳건하게 해야 할 것이다.

3. 국제적 신뢰 구축

냉전의 종식과 함께 한국은 과거 적대국이자 북방삼각의 일원이었던 구소련 및 중국과 잇달아 국교를 정상화하였다. 하지만 북한은 아직까지도 남방삼각의 일원인 미국, 일본과 정상적인 국가 관계를 맺지 못하고 있다. 국교 정상화에 실패한 북한은 외교적으로 고립된 데다가 자연재해에 따른 심각한 경제적인 어려움에 시달리고 있다. 체제 경쟁에서 사실상 패배한 북한은 핵무기 개발을 통해 독자적인 세력 균형을 추구하고 있다.

하지만 이러한 북한의 핵무기 개발은 남북한이 합의한 「한반도 비핵화 공동선언」 위반일 뿐만 아니라 핵확산금지조약(NPT) 위반이기 때문에 국제사회의 개입이 불가피하게 되었다. 이처럼 북한의 핵 개발로 인해 더 이상 북한 문제가 민족 내부의 문제에 머무르지 않고 국제 문제가 되었다. 북한 문제의 국제화로 인해 이제는 남북한의 신뢰 구축만으로는 한반도 문제의 해결 실마리를 찾을 수 없다. 남북한의 신뢰를 넘어 북한과 국제사회와의 신뢰가 어느 때보다도 중요해졌기 때문이다. 실제로 한국이 북한을 도와주려고 했으나 미국이나 일본, 혹은 미국과 일본 양국이 이를 거부해 무산된 사례가 여러 번 있었다.

1997년 4월 샘 넌(Sam Nunn) 전 미국 상원의원의 제안으로 북한이 아시아개발은행(ADB)에 가입 신청을 냈으나 일본 정부의 거부권 행사로 가입이 무산된 적이 있으며, 2000년 5월 한국이 북한을 아시아개발은행에 가입시키려고 노력했을 때도 미국과 일본 모두 거부권을 행사하는 바람에 또다시 무산됐었다. 2001년 4월 북한이 하와이에서 열린 아시아개발은행 연례회의에 옵서버를 파견하고자 했을 때도 미국은 이를 도와주려는 한국의 요청에도 불구하고 입국비자 발급을 거부했다.[16)]

이러한 사례들은 아무리 남한이 선의를 가지고 북한의 국제사회 진입을 지원하고자 해도, 북한과 국제사회 간에 신뢰가 없으면 소기의 성과를 거두기 어렵다는 것을 잘 보여준다. 남북한의 신뢰가 중요하긴 하지만, 북한이 국제사회와의 관계에서도 신뢰를 쌓아 나가지 않으면 국제사회의 일원이 되기 어렵다. 그런 점에서 북한은 주요한 주변국들과 관계를 정상화하고 국제사회의 일원이 되기 위해서는 양자적, 다자적인 신뢰 구축이 필요하다.

북·미 간 신뢰 구축을 위해서는 북한 지역 내 미군 전사자 유해 발굴 재개, 핵 관련 기술의 비확산 준수, 생화학무기금지협약의 가입 및 의무 준수 등에 나서야 한다.[17)] 미국도 북한에 대한 인도적 지원 제공, 각종 양자적 대북 제재의 해제 또는 완화, 북한의 국제기구 가입 협조 등 상응 조치를 제공해야 한다. 북·일 간에는 일본 측이 제기하고 있는 일본인 추가 납치 문제의 공동조사 요구와 식민지 시대와 전후의 적대 정책에 대한 북측의 보상 요구 등에 대해 서로 받아들일 수 있는 조치를 취해 신뢰를 쌓아야 할 것이다.

북한이 국제사회의 신뢰를 얻기 위해서는 무엇보다 밀수, 위폐 제조 등 국제적인 불법행위와 절연해야 한다. 그뿐만 아니라 국제사회가 보편적으로 인정하는 국제인권규약 등 각종 국제 규범들을 준수해야 한다. 특히 국제 평화를 위해 북한은 IAEA의 의무를 준수하고 NPT에 재가입하며, 이미 가입한 생물무기금지협약(BWC)을 비준·발효하고 아직 가입하지 않은 화학무기금지협약(CWC)의 회원국이 되어 국제적인 의무를 다하여야 한다.

Ⅳ. 한반도 신뢰 구축의 원칙과 추진 전략

1. 한반도 신뢰 구축의 환경과 추진 원칙

오늘날 한반도가 처해 있는 안보 상황과 1970년대 유럽의 안보 상황은 크게 차이가 난다. 그렇기 때문에 유럽에서 추진됐던 신뢰 구축의 경험에서 교훈을 얻되, 유럽과 한반도의 상이한 조건들에 대한 면밀한 검토와 그에 상응하는 원칙의 수립이 필요하다.

당시 유럽의 경우는 미·소 초강대국의 핵 개발 경쟁에 따른 공포의 균형(balance of terror) 속에서 이루어졌다. 상대방의 오판이나 실수에 따른 우발적 무력 충돌이 핵전쟁으로 비화할 수 있기 때문에 이를 미연에 예방하는 것이 시급한 과제였다. 이처럼 유럽의 신뢰 구축은 핵전쟁에 의한 공멸을 막고 평화 공존을 이룩하자는 공동 안보를 목표하여 출발하였다.

이처럼 유럽의 신뢰 구축은 동서 양 진영의 세력 균형 속에서 진행되었기 때문에 협상은 철저히 상호주의에 입각해서 이루어졌다. 그리고 낮은 수준의 신뢰 관계 속에서 이루어졌기 때문에 이러한 협상의 결과는 처음에는 자발적 구속력밖에 갖지 못했으나, 신뢰가 쌓이면서 점차 정치적 구속력, 법제도적 구속력으로 이행의 강제성을 갖게 되었다.

이에 비해 오늘날 한반도의 정세는 냉전시대와 달리 남북한의 확연한 국력 격차와 비대칭적 외교 관계라고 하는 세력 불균형 속에 있다. 체제 붕괴에 대한 북한의 위기감과 중국의 부상에 따른 분단 항구화라는 위기의식, 평화 번영을 위한 한반도의 안정 필요성 등이 복합적으로 작용하고 있다. 한반도의 신뢰 구축은 남북한과 주변국들이 약간씩 서로 다른 안보 이해를 갖고 있는 상황이다.

이와 같이 한반도의 신뢰 구축은 상이한 안보 이해와 불균형한 세력 관계 속에서 진행되어야 했기 때문에 협상도 역시 비대칭적으로 이루어질 수밖에 없었다. 그리하여 협상은 '선공후득(先供後得)'과 같은 전략적 상호주의 방식으로 이루어졌다. 또한 협상의 이행에 대해서도 상대방의 선의에 기대할 수밖에 없는 자발적 구속력을 갖는 데 그쳐 이행의 강제성을 갖지 못했다.

이러한 사실들은 우리가 추진해야 할 한반도 신뢰 구축이 유럽의 경우보다 훨씬 복잡하고 어렵다는 것을 보여 준다. 하지만 이것은 동서 유럽이 어느 쪽도 주도권을 잡지 못하고 세력 균형 속에서 신뢰 구축을 추진했던 것과 달리, 한반도에서는 남측이 우위에 서서 신뢰 구축의 주도권을 가지고 추진할 수 있다는 점에서 차이가 있다. 그런 점에서 북한 지도부의 불안감을 달래면서 남북한 사이에서 불신의 악순환 고리를 끊고 상호 신뢰의 선순환 구조를 만들어 나가야 한다. 이를 위해서는 '체제 존중, 상호주의, 불가역'의 세 가지 원칙에 입각하여 한반도 신뢰 구축을 이루어 나가야 할 것이다.

〈표 2〉 유럽과 한반도의 신뢰 구축 환경 차이

	유럽의 신뢰 구축	한반도의 신뢰 구축
시대규정	냉전시대(cold war)	탈·탈냉전 시대(post-post-cold-war)
세력관계	공포의 균형 (미·소 핵 개발 경쟁)	세력 불균형 (남북한 국력 격차, 비대칭적 외교 관계)
공동인식	핵전쟁에 의한 공멸 위기감	한반도의 평화와 상생·공영 필요성
목　표	전쟁 방지 및 평화 공존(유럽 통합)	평화 체제 구축 및 통일 기반 조성
협상행태	엄격한 상호주의	전략적 상호주의(先供後得)
구 속 력	자발적→정치적→법제도적 구속력	자발적 구속력

첫째는 체제 존중의 원칙이다. 북한이 신뢰 구축 과정에서 이탈하는 이유는 단지 남한이나 국제사회에 대한 불신을 넘어 체제 유지에 대한 불안감에 사로잡혀 있기 때문이다. 그런 점에서 남북 관계에서 신뢰 구축은 무엇보다 상대방의 체제를 인정하고 내정에 불간섭한다는 원칙적인 자세에서 출발해야 한다. 남북한이 상대방의 체제에 대해 전복 의사를 갖고 있다면 애당초 한반도 신뢰 구축 그 자체가 성립하지 않기 때문이다. 전략적 재보증 조치가 중요한 이유도 이 때문이다.

둘째는 상호주의의 원칙이다. 한반도의 군사적 긴장을 완화하기 위해서는 군비 통제가 필요하지만, 상호 간에 신뢰가 결여되어 있기 때문에 군비 통제가 진전되지 못한다는 역설이 존재한다. 이처럼 남북 간 신뢰가 결여된 상황에서 신뢰 구축의 추진은 상호주의에 따라 이루어져야 한다. 정치 분야나 경제 사회 분야의 경우는 다소 탄력적인 운용이 가능하지만, 남북한의 군사적 대치 상황을 고려할 때 군사 분야에서는 엄격한 상호주의에 입각해야 한다.

셋째는 불가역의 원칙이다. 지금까지 남북 관계에서는 어느 일방이 신뢰 구축 조치를 위반하거나 파기했을 때 마땅한 제재 수단이 없었으며, 단지 상대방의 선의에 기댈 수밖에 없는 문제점을 안고 있었다. 남북 간 합의가 구속력을 갖도록 하기 위해서는 각기 국내법에 의한 비준 동의 절차를 밟아 놓되, 유럽의 경험처럼 자발적 준수 → 정치적 구속력 → 제도적·법적 구속력의 방향으로 발전시켜 나가야 할 것이다. 또한 북한과 국제사회와의 합의가 구속력을 갖기 위해서는 북한의 완전한 핵 포기가 이루어질 때까지 '대화와 제재'의 투 트랙으로 가는 수밖에 없다. 다만, 북한이 대화에 참여하고 대량살상무기 관련 활동을 중단할 때는 유엔 안보리의 대북 제재(1695호, 1718호, 1874호)를 일시 유보할 수 있을 것이다.[18)]

2. 한반도 신뢰 구축과 평화 체제 수립의 3대 과제

남북한 신뢰 구축을 하는 이유는 단지 상호 간에 분쟁이나 전쟁을 피하기 위한 데에만 목적을 두고 있는 것은 아니다. 남북한 신뢰 구축의 목표는 단·중기적으로 군비 통제를 통한 한반도 평화 체제의 수립에 있으며, 중장기적으로 이를 넘어 평화통일로 가는 초석을 놓는 데 있다. 따라서 남북한 신뢰 구축을 통해 어떻게 이러한 목표들을 달성할 것인,지 앞에서 제시한 과제들을 어떻게 추진할 것인지 단계별 전략을 수립하는 것이 중요하다.

1953년 한국전쟁이 일시 멈춘 지 60년이 다 되었지만, 한반도는 아직도 법적인 전쟁 상태에 있다. 1990년대 초반 북한의 군사정전위원회 거부로 「정전협정」이 유명무실화된 데 이어, 최근에 발생한 일련의 남북 간 군사 충돌 사태는 휴전 상태마저도 불안정함을 보여 주었다. 그런 점에서 한반도 평화 체제의 수립이 시급한 과제로 떠올랐다. 한반도 평화 체제를 수립하기 위해서는 남북한의 신뢰만으로는 안 되며, 한국전쟁을 법적으로 종식하고 평화 공존을 제도화해야 한다. 이를 위해 군비 통제, 국제관계, 국제법 등 3대 과제가 해결되어야만 한다.

첫째, 남북한의 신뢰가 실질적인 군사적 긴장 완화로 이어져 평화 체제가 수립되기 위해서는 군비 통제가 이루어져야 한다. 군비 통제가 이루어졌을 때 전쟁의 재발을 방지할 수 있기 때문에 남북한의 신뢰가 한층 강화될 수 있다. 한반도 군비 통제에는 남북한의 재래식 군비가 기본적인 대상으로 되지만, 군대 구조의 측면에서는 주한 미군도 포함될 수 있을 것이다.[19] 그 밖에 군비 통제의 대상에 북한이 보유를 주장하고 있는 핵무기 및 핵 프로그램과 같은 대량살상무기 관련 사항도 포함된다.

다만, 주변국들의 가파른 군비 증강 추세를 볼 때 남북한의 과도한 군비 감축은 전쟁 재발의 방지 효과가 있기는 하나 주변국들과 비교해 한반도의 군사 태세를 약화시킬 수 있다는 점을 고려할 필요가 있다. 그런 점에서 동아시아 지역의 군비 증강 추세가 진정될 때까지 남북한의 재래식 군비 통제는 배치 제한과 같은 운용적 군비 통제나 병력 수의 감축과 같이 제한된 구조적 군비 통제에 국한하는 것이 바람직할 것이다.

둘째, 남북한의 신뢰가 평화 체제 수립을 위한 필요조건이라면 북한과 국제사회, 특히 동북아 지역에서 북한과 미국, 일본과의 신뢰는 평화 체제 수립의 충분조건이다. 국가 간의 기본적인 신뢰를 나타내는 것이 국교 정상화라는 점에서 평화 체제의 두 번째 과제인 북·미 및 북·일 관계의 정상화가 필요하다. 국교 정상화가 이루어지기 위해서는 양자 간의 현안이 해결되어야만 한다.

미국은 세계 패권국으로서 개별적인 현안보다는 대량살상무기 비확산과 국제 규범 준수에 이해관계를 갖고 있다. 일본은 북한 핵 및 미사일 문제 외에 일본인 납치 문제의 진상 조사를 요구하고 있다. 반면, 북한은 미국과 일본의 대북 제재 해제, 식량 지원, 식민지 및 전후 보상 등을 요구하고 있다. 이러한 요구들이 실현된 후 국교를 정상화할 수도 있지만, 먼저 양국의 수도에 연락사무소나 상주대표부를 설치하여 쌍방의 의견을 조율해 나갈 수도 있을 것이다.

셋째, 남북한의 신뢰 구축이 법적으로 완결되기 위해서는 한반도 평화 체제가 수립되어야 한다. 군사정전협정의 종료와 남북평화협정의 체결로 한국전쟁을 법적으로 종식시키고 항구적인 평화 체제를 수립하는 것이 당면한 과제이다. 하지만 남북한의 신뢰가 없는 평화는 '차가운 평화(cold peace)'에 불과하며, 이러한 '차가운 평화' 속에서 만들어진 평화 체제는 분단 항구화를 가져올 수 있다. 남북한의 신뢰가 바탕이 된 평화 체제가 수립되었을 때 비로소 분단의 항구화가 아닌 '사실상의 통일(de facto unification)'로 이어질 수 있다.[20]

남북평화협정은 미·중 강대국의 보장을 받는 방식으로 체결하는 것이 실효성 면에서 유리하기 때문에, 재래식 군비 통제를 통한 한반도 군사적 긴장의 완화뿐만 아니라 미국과 중국의 관심사인 북한 핵 문제의 해결 없이는 실현되기 어렵다. 만약 해상경계선 획정이나 외국군 문제, 그리고 북한 핵 문제로 당장 평화협정의 추진이 어렵다면, 핵심 사안을 유보한 상태에서 포괄적 잠정 협정인 '남북관계기본협정'(가칭)을 먼저 추진하는 방안도 적극적으로 고려할 필요가 있다.

3. 한반도 신뢰 구축의 전략 로드맵

한반도 문제를 해결하기 위해서는 재래식·대량살상무기 군비 통제와 북·미 및 북·일 국교 정상화, 남북평화협정 체결 등 3대 과제들을 해결해야만 한다. 여기서 중요한 것은 이러한 과제들을 어떻게 비군사적, 군사적, 국제적인 다양한 신뢰 구축 조치들과 결합하여 추진할 것인가 하는 점이다. 여기서는 다양한 신뢰 구축 조치들을 기준으로 당면한 한반도 문제의 3대 과제들과 결합한 단계별 프로세스를 제시해 보았다.

(1) 1단계: 신뢰 향상 조치와 초보적 신뢰 구축 조치

한반도 신뢰 구축에서 맨 먼저 해야 할 일은 장관급 남북대화 채널을 복원하는 정치적 신뢰 구축 조치이다. 장관급 회담을 정례화하여 상호 관심사를 협의할 수 있는 창구를 상시적으로 확보하는 것이 중요하다. 남북의 경제 협력이 확대, 활성화되면 현장의 문제를 신속히 해결하기 위해 서울과 평양에 경협대표부를 설치할 수도 있다.

이러한 고위급 남북대화 채널이 확보되면, 신뢰 향상 조치(CEMs)의 차원에서 기존 남북의 합의 사항을 재개해야 할 것이다. 주요한 신뢰 향상 조치로는 대북 인도적 지원과 이산가족 상봉, 금강산 관광 재개, 남북 철도 및 도로망의 재개통, 임진강 수해 방지 대책 협의, 지하자원 공동 개발 착수, 겨레말큰사전의 편찬, 국제 경기의 남북한 공동 입장 등이 있다.

북한이 남측에게 기대하고 있는 것이 경제 협력인 만큼, 가장 먼저 고려할 수 있는 군사적 신뢰 구축 조치(CBMs)는 교류·협력에 대한 군사적 보장이다. 그 밖에도 1단계에서 취할 수 있는 주요한 군사적 신뢰 구축 조치로는 군 직통전화 재가설, 우발적 충돌 방지 방안 마련, 휴전선 일대 선전 수단의 제거 등 기존 남북 합의들을 복원하는 것이다.

국제적 신뢰 구축과 관련해 북한이 취해야 할 조치로는 핵 비확산을 약속한 '10·3 외무성 담화'의 재확인, 한반도 비핵화를 약속한 「9·19 공동성명」의 준수 표명 등이 있다. 미국 등 국제사회는 대북 식량 지원과 회담 기간 중 대북 제재의 유예 입장을 밝힌다. 이를 토대로 6자회담을 재개하도록 한다. 그 밖에도 남·북·러 가스관 사업을 착공하여 한반도의 지경학적 가치를 높임으로써 평화 환경을 만들어 간다.

한반도 평화 체제와 관련하여, 남북한은 포괄적 잠정 협정인 「남북관계기본협정」의 논의에 착수한다. 군비 통제 면에서 북한은 우라늄 농축 활동을 중단하고 중장거리 탄도미사일의 발사 시험을 유예하며, 남·북·미 3자는 군사 훈련의 축소·재조정을 위한 협의에 착수한다. 그 밖에도 관계 정상화를 위한 북·미 및 북·일 양자회담을 재개한다.

(2) 2단계: 전략적 재보증 조치와 위험 감소를 위한 신뢰 구축 조치

정치적 신뢰 구축 조치로서 서울과 평양에 연락사무소를 개설하고 총리회담과 정상회담을 개최하여 「남북관계기본협정」을 체결하여 남북한 평화 공존의 제도화를 꾀한다. 「남북관계기본협정」 또는 별도의 「민족화해선언」을 채택하여 남북한의 화해와 과거의 잘못에 대한 처리 방법 등에 대해 입장을 정리해 발표한다.

신뢰 향상 조치로서 금강산 면회소에 쌍방의 대표를 상주시키고 이산가족 상봉을 정례화하며, 백두산 직항로를 개설한 뒤 백두산 관광을 시작한다. 공동어로구역과 평화수역의 논의에 착수하고 북한 해주항과 북한 선박의 NLL 통행 등 서해를 분쟁이 아닌 평화와 협력의 바다가 되도록 하기 위한 협의에 착수한다.

낮은 수준이나마 기존의 군사적 신뢰 구축 조치들이 복원되면, 우선 전략적 재보증 조치(SRMs)를 취해 남북한 사이에 있는 전략적 불신의 해소에 나선다. 전략적 재보증 조치는 구체적으로 남북정상회담을 개최하여 남북한의 전략적 목표가 대남 적화통일이나 대북 흡수통일에 있지 않다는 점을 재보증하는 것이다. 그리고 후속 조치로서 노동당 규약 및 상호 적대적인 법률에 대한 개정에 착수한다.

중간 수준의 군사적 신뢰 구축 조치로서 대규모 군사 이동과 군사 훈련 및 탄도미사일 발사 시험 등을 사전 통보하고, 군 인사의 교류 및 정보 교환을 실시한다. 또한 무력충돌의 근원이 되어 왔던 서해상의 해상경계선 논의에도 착수한다.

국제적 신뢰 구축 조치의 일환으로 남·북·러 전력망 사업을 착공한다. 또한 북한이 화학무기금지협약(CWC)에 가입하도록 하며, 북한의 중장거리 탄도미사일의 개발 제한 및 폐기를 위한 미사일 협상을 시작한다. 6자회담 및 미사일 협상이 진행 중에는 유엔의 대북 제재를 유예하도록 조치한다. 그 밖에 워싱턴과 평양, 도쿄와 평양에 각각 연락사무소를 설치하고, 북·일은 식민지 배상 및 일인 납치 문제의 해결을 진전시킨다.

이러한 2단계 신뢰 구축 조치들과 병행하여 「남북관계기본협정」의 체결 및 국회 동의와 함께 군비 통제의 실시 등 한반도 평화 체제 수립을 위한 구체적인 작업에 들어간다. 여기서 군비 통제의 내용에는 DMZ 내 GP 철수와 DMZ 부근에서의 무력 증강 및 정찰 활동 금지, 영해·영공의 봉쇄 금지, 상호 군사 연습의 축소 조정, 수도권을 겨냥하고 있는 장사정포의 후방 재배치 등 서울 · 평양에 대한 위협 조치 해제 등이 포함된다.

(3) 3단계: 군비 통제 본격화 및 평화협정 체결 논의

비군사적 신뢰 구축 조치로서, 우선 기존의 연락사무소를 상주대표부로 격상하는 정치적 신뢰 구축 조치를 취하고, 신뢰 향상 조치로서 DMZ 내에 평화공원과 평화도시를 만들고 서해평화협력지대를 완성한다.

군사적 신뢰 구축 조치로서, 일정 규모 이상의 군사 활동에 대한 사전 통보 및 군사 활동 시 참관인 초청을 의무화하고, 의무 사항들의 이행을 확인하기 위한 이행 검증단의 입국을 허용한다.

국제적 신뢰 구축 조치로서, 남·북·러 가스관, 전력망 및 철도망의 연결을 완성하여 한반도를 대륙과 해양을 잇는 동북아 경제 협력의 물류와 에너지의 중심(hub)이 되도록 한다. 또한 북한은 이미 가입한 생물무기금지협약(BWC)과 화학무기금지협약(CWC)을 비준·발효하고 NPT에 복귀한 뒤 국제 규범에 따른 의무를 준수한다. 이에 맞춰 유엔 안보리는 대북 제재를 전면 해제하고, 주요국들의 협조를 받아 협력적 위협 감소 프로그램과 군민 전환 지원 프로그램을 시행한다.

이처럼 3단계까지 신뢰 구축이 진전되면, 남북한 및 미국은 군사적 신뢰 구축과 병력 재배치를 포함한 '3자 군비 통제 협정'을 체결하고, 북한의 핵 폐기 완료와 함께 '한반도 비핵화 협정'을 체결한다. 아울러 미국, 중국의 보증 아래에서 남북평화협정과 북·미, 북·일 국교 정상화를 이룩함으로써 한반도 평화 체제를 완성한다.[21)]

〈표 3〉 한반도 신뢰 구축의 전략 로드맵 (안)

	신뢰 구축 조치			한반도 평화 체제 3대 과제
	비군사적 신뢰 구축	군사적 신뢰 구축	국제적 신뢰 구축	
제 1 국면	정치적 신뢰 구축 조치 - 장관급 회담 정례화 - 서울, 평양 경협대표부 신뢰 향상 조치 - 대북 인도적 지원 - 이산가족 상봉 - 임진강 수방 대책 협의 - 금강산 관광 재개 - 지하지원 공동 개발 착수 - 겨레말큰사전 편찬 - 국제 경기 공동 입장	초보적 신뢰 구축 조치 - 기존 합의 이행 복원 (군 직통전화, 우발적 충돌 방지, 선전 수단 제거) - 교류 · 협력의 군사 보장 (철도, 도로망 재개통) - 전쟁 유해 발굴 공동 추진 - 기존 통신 체제 현대화	비확산레짐 - 9·19 공동성명 준수 선언 - 10·3 북 외무성 담화 확인(핵 비확산) - 6자회담 재개 국교 정상화 - 북·미, 북·일 양자회담 재개 - 미, 일, 대북 제재 유예 및 식량 지원 초국경 경제 협력 - 남·북·러 가스관 사업 착공	북, 우라늄 농축 활동 중단 탄도미사일 시험 유예 남·북·미, 군사 훈련 축소·재조정 협의 서해5도 군사 충돌 방안 마련
제 2 국면	정치적 신뢰 구축 조치 - 서울, 평양 연락사무소 - 총리회담, 정상회담 신뢰 향상 조치 - 금강산 면회소 대표 상주 및 이산가족 상봉 정례화 - 백두산 직항로 개설 및 백두산 관광 시작 - 공동어로구역, 평화수역 - 해주항 활용 방안 논의	전략적 재보충 조치 - 민족 화해 선언 - 노동당 규약 및 상호 적대적 법률 개정 착수 위험감소 신뢰 구축 조치 - 국군포로 송환 - 대규모 군사 이동, 군사 훈련의 사전 통보 - 탄도미사일 실험 사전 통보 - 군 인사 교류 및 정보 교환 - 해상경계선 논의 착수	초국경 경제 협력 - 남·북·러 전력망 사업 착공 비확산레짐 - 북, CWC 가입 - 북·미, 북·일, 미사일 협상 - 유엔, 대북 제재 유예 국교 정상화 - 워싱턴, 평양 연락사무소 - 도쿄, 평양 연락사무소 (식민지 배상, 일인 납치 문제 진전)	남북관계기본협정 체결 DMZ의 실질적 비무장화 (GP 철수, 무력 증강, 정찰 활동, 영해·영공 봉쇄 금지) 한·미, 군사 연습 축소 조정 서울, 평양 위협 조치 해제 (수도권 겨냥 장사정포의 후방 재배치 등)
제 3 국면	정치적 신뢰 구축 조치 - 서울, 평양 상주대표부 신뢰 향상 조치 - DMZ 평화공원, 평화도시 - 서해평화협력지대 완성	위험감소 신뢰 구축 조치 - 해상경계선 문제 해결 - 일정 규모 이상 군사 활동 사전 통보 - 군사 활동 시 참관인 초청 - 의무 이행 검증단 허용	초국경 경제 협력 - 남·북·러 가스관, 전력망 및 철도망 연결 완성 비확산레짐 - 북, BWC·CWC 비준·발효 NPT 복귀 및 이행 - 유엔, 대북 제재 전면 해제 - 협력적 위협 감소 프로그램 - 군민 전환 지원 프로그램	한반도 비핵화 협정 (북, 핵 폐기 완료) 남북평화협정 체결 (미국, 중국 보증) 군비 통제 협정 체결 (군축 및 검증) 북·미, 북·일 국교 정상화

* 출처: SIPRI and the Center for Security Studies, *Tools for Building Confidence on the Korean Peninsula*, May 2007 및 조성렬, 『뉴 한반도 비전: 비핵 평화와 통일의 길』, 백산서당, 2012 등을 참고하여 작성.

V. 맺음말

앞에서 남북한 사이 및 북한과 국제사회 사이에서 대화와 협상이 언제나 실패로 돌아가는 근본적인 이유는 '신뢰의 결여'라고 보고, 이를 극복하여 한반도 신뢰 구축의 방안을 모색하였다. 유럽의 경우와 달리 남북한의 신뢰 구축은 상호 간에 전쟁을 치른 쓰라린 경험을 안고 있고, 현재는 세력 균형의 상태가 아닌 북한 체제의 상시적 위기와 남측의 국력 우위에서 진행되어야 하는 것인 만큼, 복잡하고 험난할 수밖에 없다.

그런 점에서 남북한 사이에는 군비 통제에 앞서 신뢰 구축이 필요하다. 또한 군사 분야에 국한되지 않고 비군사 분야와 국제 분야까지 망라된 포괄적인 신뢰 구축이어야 한다. 이 가운데 한반도 긴장 완화와 직접적으로 연관된 것은 바로 군사적 신뢰 구축이다. 군사적 신뢰 구축이 성공하기 위해서는 예비 조치와 병행 조치가 필요하다. 이와 관련된 예비 조치로는 남북 간에 불신을 해소하고 군사적 신뢰 구축의 분위기를 만들기 위한 정치적 신뢰 구축 조치와 신뢰 향상 조치(CEMs)가 필요하다.

따라서 남북한 간에 비군사적 신뢰 구축 조치가 이루어짐에 따라 후속 또는 병행하여 군사적 신뢰 구축에 본격적으로 착수하여야 한다. 군사적 신뢰 구축 조치의 진전은 한반도의 군사적 긴장을 완화하는 데 도움이 될 뿐만 아니라, 군비 통제를 통한 한반도 평화 체제 구축과 평화통일의 기반을 마련하는 데도 기여할 수 있다.

그렇다고 기계적으로 군비 통제를 신뢰 구축의 다음 단계로 인식하는 것은 옳지 않다. 오히려 군비 통제의 진전이 상호 간에 신뢰를 향상시켜줄 수도 있다. 그렇기 때문에 한반도 신뢰 구축은 비군사적 신뢰 구축과 군사적 신뢰 구축의 균형, 남북 간 신뢰 구축과 국제적 신뢰 구축의 균형, 그리고 신뢰 구축과 군비 통제의 균형을 통해 한반도 신뢰 구축의 프로세스를 추진해야 한다.

한반도 신뢰 구축 조치는 그 자체가 목적이 되어서는 안 되며, 군비 통제, 평화 체제, 통일과 같은 한반도 근본 문제와 연관되어 이루어져야 한다. 남북한 사이의 신뢰 구축 그 자체에 목적이 한정될 경우, 평화 공존이 이루어지더라도 '차가운 평화'가 될 가능성이 높기 때문이다. 그렇기 때문에 한반도 신뢰 구축을 위한 작업은 군비 통제나 평화 체제 구축, 통일 프로세스 등 다음 작업을 위한 예비 조치 혹은 병행 조치였을 때 지속할 수 있는 동력을 가질 수 있을 것이다.

| 필자 약력 |

조성렬(趙成烈)

서울대학교 화학공학과 졸업. 성균관대학교 정치학박사.

일본 도쿄대학 종합연구과 객원연구원, 일본 게이오대학 객원연구원 등을 거쳐 현재 국가안보전략연구소 책임연구위원으로 재직 중이다. 저서에 『일본의 정계 개편과 21세기 국가전략』(1994), 『한반도 평화체제 : 한반도 비핵화와 북한체제의 전망』(2007), 『뉴한반도비전 : 비핵 평화와 통일의 길』(2012) 등이 있다.

| 주(註) |

1) 국가안보회의, 『참여정부의 안보정책구상: 평화번영과 국가안보』, 국가안전보장회의 사무처, 2004, pp. 20~24.
2) 김진용, "유럽의 신뢰 구축 조치 이행 현장을 다녀와서", 『한반도 군비 통제』 제49권, 2011. 6., pp. 172~173.
3) Marie-France Desjardins, "Rethinking Confidence-Building Measures," *Adelphi Paper* no. 306, London: International Institute for Strategic Studies, 1996.
4) CFE조약은 1990년 11월에 체결되어 1992년 7월에 발효되었으며, 발효 후 40개월의 군축 기간 동안 감축 목표량(3만 9천여 점)의 133%인 5만 2천여 점을 감축함으로써 가장 성공한 조약으로 평가받고 있다. 김진용, 앞의 책, p. 171.
5) 안병직 외 10인, 『세계의 과거사 청산』, 도서출판 푸른 역사, 2005.
6) SIPRI and the Center for Security Studies, Tools for Building Confidence on the Korean Peninsula, May 2007, pp. 66~75.
7) 2012년 발생한 북한 지역 수해에 대해 남측은 대북 수해 지원을 제안하였고 북측은 판문점 적십자채널을 통해 수용의사를 밝혀 왔다. 그러나 그 뒤 수해품목에 대한 이견을 내세워 북측은 거부 의사를 밝혔다. 『연합뉴스』 2012. 9. 10.
8) 성문정, "2004년 아테네 올림픽 공동 입장이 그리웠던 런던 올림픽", 『민족화해』 통권 제58호, 2012 09-10, pp. 38~39.
9) 겨레말큰사전 남북공동편찬사업회 홈페이지. http://www.gyeoremal.or.kr/
10) Banning Garrett, "The Need for Strategic Reassurance in the 21st Century," *Arms Control Today,* March 2001.
11) 이 개념을 둘러싼 미국 내 논란에 관해서는 다음을 볼 것. Josh Rogin, "The end of the concept of 'strategic reassurance'? ," *Foreign Policy*, November 6, 2009.
12) James B. Steinberg, "Administration's Vision of the U.S.-China Relationship," Keynote Address at the Center for a New American Security, Washington, DC, September 24, 2009.
13) 통일부, 『4자회담 주요 쟁점에 대한 각측 입장 비교(제1차 4자회담~제6차 4자회담)』, 2000. 1.
14) Sharon LaFraniere and Mark McDonald, "South Korea Plans to Proceed With Military Drill", The New York Times, December 18, 2010.

15) 황진환, 『한국의 안보와 군비 통제』(개정판), 봉면, 2003, pp. 269~288.; 한용섭, 『한반도 평화와 군비 통제』, 박영사, 2004, p. 374.

16) 셀리그 해리슨(이홍동 외 옮김), 『코리아 엔드게임』, 도서출판 삼인, 2003, pp. 88~89.

17) 현재 북한은 생물무기금지협약(BWC)에 가입했으나 비준하지 않고 있고, 화학무기금지협약(CWC)에는 가입조차 하지 않고 있다.

18) 2006년 7월 16일 대북 미사일 결의- 제재 성격의 권고적 결의, 2006년 10월 14일 대북 핵실험 결의- 낮은 수준의 제재 결의(평화에 대한 위협, 파괴, 침략 행위에 대한 대응 조치를 담은 유엔헌장 제7장을 적용, 다만 군사적 강제 조치를 담은 제42조를 배제하고 경제적, 외교적 강제 조치를 담은 제41조를 적용).

19) 1998년 3월 18일 제2차 4자회담 4차 수석대표회의에서 미국 측 대표는 "주한 미군만이 아니라 남북한의 군대를 포함한 모든 군대들의 구조(all force structure)를 논의"할 용의가 있다는 입장을 밝힌 바 있다. 통일부(2000), 앞의 책, pp. 162~163.

20) 실제로 이집트와 이스라엘은 미국의 중재로 평화협정을 체결했지만, 양국 간에 신뢰가 없었기 때문에 전쟁 상태는 종식됐지만 양국 관계는 전혀 개선되지 못했다. 조성렬, "한반도 평화 체제의 쟁점과 구축 방향", 『KNSI 특별기획: BDA 이후 한반도 평화 체제를 위한 정책과제』 제17호, 코리아연구원 2007. 7. 2., p. 14. (코리아연구원 홈페이지 www.knsi.org)

21) Donald Gross et. al. *A Framework for Peace and Security in Korea and Northeast Asia*, The Atlantic Council, April 2007, pp. 15~23.

| 참고문헌 |

겨레말큰사전남북공동편찬사업회 홈페이지. (http://www.gyeoremal.or.kr)

국가안보회의, 『참여정부의 안보정책구상: 평화번영과 국가안보』, 국가안전보장회의 사무처, 2004.

국방부, 『2010 국방백서』, 2010. 12.

김진용, "유럽의 신뢰 구축조치 이행 현장을 다녀와서", 『한반도 군비 통제』 제4권, 2011. 6.

김형기, 「남북 관계 변천사」, 연세대학교출판부, 2010.

박경서·서보혁 외 지음, 『헬싱키 프로세스와 동북아 안보협력』, 한국학술정보, 2012.

성문정, "2004년 아테네 올림픽 공동 입장이 그리웠던 런던 올림픽", 『민족화해』 통권 제58호, 2012. 09-10.

셀리그 해리슨, 이홍동 외 옮김, 『코리아 엔드게임』, 도서출판 삼인, 2003.

안병직 외 10인, 『세계의 과거사 청산』, 도서출판 푸른 역사, 2005.

조성렬, 『한반도 평화 체제: 한반도 비핵화와 북한 체제의 전망』, 도서출판 푸른나무, 2007.

———, "동북아 안보레짐 구축에 관한 비교연구", 『헬싱키 프로세스와 동북아 안보협력』, 한국학술정보, 2012.

———, 『뉴 한반도 비전: 비핵 평화와 통일의 길』, 백산서당, 2012.

통일부, 『4자회담 주요 쟁점에 대한 각측 입장 비교(제1차 4자회담~제6차 4자회담)』, 2000. 1.

한용섭, 『한반도 평화와 군비 통제』, 박영사, 2004.

황진환, 『한국의 안보와 군비 통제』(개정판), 도서출판 봉평, 2003.

———, "남북한 군사적 신뢰 구축과 군비 통제 추진방향", 『한반도 군비 통제』제49호, 국방부, 2011. 6.

『연합뉴스』 2012. 9. 10.

Desjardins, Marie-France, "Rethinking Confidence-Building Measures," *Adelphi Paper* no. 306, London: International Institute for Strategic Studies, 1996.

Garrett, Banning, "The Need for Strategic Reassurance in the 21st Century", *Arms Control Today,* March 2001.

Gross, Donald et. al. *A Framework for Peace and Security in Korea and Northeast Asia,* The Atlantic Council, April 2007.

Kerr, Paul K., "Nuclear, Biological, and Chemical Weapons and Missiles: Status and Trends," *CRS Report for Congress,* Updated February 20, 2008.

LaFraniere, Sharon and Mark McDonald, "South Korea Plans to Proceed With Military Drill", *The New York Times,* December 18, 2010.

Rogin, Josh, "The end of the concept of 'strategic reassurance'? ," *Foreign Policy,* November 6, 2009.

SIPRI and the Center for Security Studies, *Tools for Building Confidence on the Korean Peninsula,* SIPRI and CSS, May 2007.

Steinberg, James B., "Administration's Vision of the U.S.-China Relationship," Keynote Address at the Center for a New American Security, Washington, DC, September 24, 2009.

U.S. Department of State, *Adherence to and Compliance with Arms Control, Nonproliferation, and Disarmament Agreements and Commitments,* July 2010.

남북한 사회문화 교류협력

정영철

I. 들어가며

2000년 남북정상회담 이후, 남북 간에는 여러 분야에서 교류와 협력이 진척되었다. 경제 협력을 통한 한반도의 공동 발전과 상생의 길이 열리게 되었고, 정치 협상을 통해 통일에 이르는 길이 조금씩 구체화되어 나갔다. 또한, 사회문화 교류협력이 진척됨으로써 사람들의 마음의 거리가 조금씩 좁혀지게 되었다. 이러한 교류협력의 발전은 통일을 위한 가장 기본적인 전제라 할 수 있다. 교류협력이 없는 '급작스러운 통일'은 엄청난 부작용과 후유증을 안겨줄 것이며, 통일비용 또한 우리가 감당할 수 없을 정도로 커지게 될 것이다. 교류협력이야말로 바람직하며, 실현 가능한 그리고 통일비용을 획기적으로 감소시킬 수 있는 가장 훌륭한 방도라 하겠다. 이 중에서도 사회문화 분야에서의 교류협력은 '마음과 마음'의 통일을 이루어 내는 가장 중요한 문제라 할 수 있다. 그것은 이미 동·서독 통일에서도 드러났듯이, '마음과 마음'의 통일이 이루어지지 못하는 한 사회적인 혼란과 그에 따른 비용 그리고 통일에 대한 미래의 건설적인 희망과 동참이 불가능하고, 또 다른 '마음의 분단'을 낳을 수도 있기 때문이다. 이런 점에서 통일이 '제도의 통일'과 더불어 '마음의 통일'이라는 또 하나의 수레바퀴로 이루어진다는 것을 확인하고, 이를 실현할 수 있는 사회문화 분야에서의 교류협력에 많은 노력과 관심을 쏟아야 할 것이다.

그러나 안타깝게도 현 정부 들어 남북 간의 교류협력 사업이 축소, 중단되었다. 금강산 관광객 피격 사망 사건이나 천안함·연평도 사건에 따른 남북한 교류협력 사업의 축소와 중단은 경제 협력과 사회문화 교류협력이 여전히 정치·군사적 불안정에 의해 영향 받을 수밖에 없는 현실을 말해 주고 있다. '정경 분리'의 원칙에도 불구하고 사실상 '정치에 종속된 경제' 혹은 '정치에 종속된 사회문화'의 교류협력 구조가 적나라하게 드러난 것이다.[1] 물론 '정경 분리'의 원칙이 정치와 경제 및 사회문화와의 완전한 분리를 의미하는 것은 아닐 것이다. 실제 불가능한 원칙이라 할 것이다. 그러나 '정경 분리'의 의미가 남북 관계의 발전을 위해 요구되는 정치·군사적 신뢰 구축과 협력 사업이 우선되어야 함을 전제하면서도, 동시에 '(신)기능주의'가 의미하는 경제와 사회문화 교류협력을 통해 정치·군사적 협력을 이루어 간다는 것과 정치적 영향에도 불구하고 남북한의 신뢰의 증진과 협력 그리고 발전을 위해 비정치적 분야의 교류·협력을 위한 지속적이고 일관된 노력을 추구해야 한다는 것이라면 현 정부에서 보여 주는 대북 정책은 이와 정확히 반대되는 것이었음이 분명하다.[2)]

지금까지 남북 교류협력은 2000년 정상회담 이후부터 2008년까지의 기간만 놓고 본다면, 발전에 발전을 거듭하는 과정이었다. 경제 및 사회문화 교류협력이 정치·군사적 신뢰 구축을 앞당기게 하였고, 또한 정치·군사적 신뢰의 구축이 경제와 사회문화 교류협력을 발전시키는 '선순환 구조'를 형성하였다. 그러나 현 정부에 와서는 정치·군사적 신뢰의 허물어짐이 경제와 사회문화 교류협력의 축소를 가져왔고, 경제 및 사회문화 교류협력의 축소와 중단이 정치·군사적 불신을 증폭시키고 전반적인 남북 관계의 악화를 촉진시키는 '악순환의 구조'로 변화되었다. 현 정부의 대북 정책의 문제점을 넘어, 앞으로의 남북 관계의 발전을 위해서는 이러한 '선순환'과 '악순환'을 반복하는 구조의 장벽을 넘어서야 함을 의미한다. 즉, 현 상태에서 남북한의 정치적 관계가 가장 중요한 변수임은 분명하지만, 그리고 앞으로도 정치의 중요성이 지속적임은 분명하지만, 동시에 정치에 종속된 교류협력의 관계를 점검하고 교류협력의 일관성을 만들어 내는 것이 필요함을 일깨워 주고 있다. 마치 동·서독의 통일 이전의 교류협력이 서독의 진보/보수 정권의 집권에 부분적으로 영향을 받았지만, 동시에 교류협력의 지속성 보장이 결국에는 동·서독의 꾸준한 '사회적 신뢰'를 만들어 왔다는 역사적 교훈으로부터도 도출된다.[3] 과연 동·서독 800만 인구의 상호 방문(1989년 당시)의 숫자에 비해 겨우 18만 명 수준의 인적 왕래(2008년 통계, 금강산·개성 관광 제외)[4]에 불과했던 우리의 처지에서 경제적, 사회문화적 교류협력이 정치적 구조에 종속되어 심각한 우려와 갈등과 북한에 대한 압박 수단으로 전용될 수 있는 수준이었는지 심각하게 돌아봐야 할 것이다.[5]

현재의 시점에서 남북한의 교류협력을 다시 논하는 것은 미래의 '통일 한반도'의 든든한 사회적 토대를 만들어 가기 위한 교류협력의 과제와 전망, 방향을 다시금 정립하기 위함이다. 그리고 이는 과거 노무현 정부 시절까지 이어졌던 '(신)기능주의적' 모델에 따른 교류협력으로부터 발전하여 새로운 패러다임에서의 교류협력을 만들어 가는 과정이라 할 것이다. 이 글에서는 앞으로의 사회문화 교류협력은 민족 중심의 교류협력에 더하여 국제적인 보편성이 결합되는 새로운 패러다임에 입각해서 발전해야 함을 밝히고자 한다. 통일이 정치·군사적 신뢰와 평화라는 바퀴와 사회문화의 협력이라는 또 하나의 바퀴가 동시에 굴러갈 때만이 가능하다고 한다면, 사회문화 교류협력은 통일의 보조적 수단이 아니라 민족의 동질성 회복과 남북한의 연대와 단합을 위한 가장 중요한 그리고 미래의 '통일 한반도'를 위해서도 지금부터 준비하고 가꾸어 가야 할 핵심 분야라고 할 것이다.

II. 남북한 사회문화 교류협력 사업의 현황과 성과 그리고 한계

1. 사회문화 교류협력 사업의 의의

통일은 단지 정치·군사적 측면에서만 중요한 것이 아니다. 오히려 통일과 통합의 과정에서 사회문화적 영역은 남북 구성원의 가치관과 심리적 측면에서의 동질성 회복과 통일의 사회적 토대를 형성한다. 일반적으로 사회문화 분야라고 할 때는 정치, 경제를 제외한 나머지 분야를 지칭하는 개념으로 사용된다. 즉, 학술, 문학, 예술, 종교, 체육, 언론, 출판 등이 대표적인 주요 영역이며, 인도적인 차원의 교류협력이 포함될 수 있다.[6] 따라서 사회문화 분야라고 했을 때 정치·군사적 영역과 경제를 제외한 모든 인간 생활에 걸치는 것이라고 볼 수 있으며, 이는 구체적으로 남북한 주민들의 삶에 연관된 그 내외적 환경 모두를 표현한다고 할 수 있다. 이렇게 본다면, 사회문화 교류협력은 '삶의 통일'을 위한 토대이자, 제도의 통일을 뒷받침하는 사회통합의 필수 불가결한 전제라 할 것이다.

특히, 오늘날의 상황에서 통일은 '당위'가 아닌 '필요'에 의해 인식되고 있으며, 젊은 세대를 중심으로 한 '통일 무용론'과 '통일 유보론' 등이 확산되는 조건에서 사회문화적 교류협력은 통일에 대한 다양한 가치관을 포용하고, 이를 통일의 동력으로 활성화시켜낼 수 있는 강력한 매개체의 역할을 할 수도 있을 것이다. 따라서 이처럼 변화된 상황에서의 다양한 통일의식의 고양과 이의 일관성 있는 추진이 지속되기 위해서는 사회문화적 교류와 협력이 필수적이다. 또한, 현실적으로 사회문화적 교류와 협력은 남북 관계를 평화적으로 관리하는 데 기여하며, 장기적으로는 통일 과정에서의 신뢰 구축을 통한 민족공동체 형성에 기여하는 매우 중요한 과정이기도 하다.[7] 동·서독의 통일 사례에서 알 수 있듯이, 제도의 통일만으로는 통일이 완성되지 않으며, 사회문화적, 심리적 통합의 불안정성이 통일에 따른 여러 가지의 후유증과 사회 통합의 문제를 발생시켰다는 점에서 사회문화 교류협력은 정치·경제의 보조 수단이 아니라 그 자체가 이미 하나의 통일 과정으로서 자리매김되어야 할 것이다. 즉, 통일이 '제도의 통일'과 '사회적 통일'이라는 두 개의 수레바퀴로 굴러간다고 한다면, 사회문화 교류협력은 '사회적 통일'의 디딤돌이라고 할 수 있는 것이다.

남북한의 사회문화 교류협력이 갖는 의의는 다음과 같이 정리할 수 있다. 첫째로, 상대적으로 비정치적 분야에서의 신뢰 회복과 남북한의 자율적인 의사소통망을 형성할 수 있다. 과거 남북관계는 압도적으로 정치·군사적 문제에 의해 좌우되었으며, 이는 오늘날의 상황에서도 크게 변화하지 않고 있다. 지난 2000년 정상회담 이후, 남북한의 정치·군사적 대화와 화해의 진전이 사회문화적 교류협력을 진전시켰다면, 오늘날에는 남북한의 정치·

군사적 갈등이 사회문화적 교류와 협력을 가로막는 주된 장애물이 되고 있다. 이러한 정치적 장애는 남북한을 대결 상태로 몰아넣는 악순환의 고리를 반복하게 하였다. 이러한 과정에서 통일이란 결국 이념과 힘의 경쟁 속에서 획득되는 체제 승리의 문제였고, 더욱 적나라하게는 죽느냐 사느냐의 생사의 문제와 동일시되었다.[8] 따라서 정치적 문제에의 과도한 집중을 피하고 점진적인 상호 이해와 민족 화해·협력의 기초를 바로 세워 주는 데에서 사회문화적 접근은 아주 큰 의미를 가질 수 있다. 또한, 과거의 경험에서 알 수 있듯이, 남북한의 정치적 갈등의 국면에서 민간의 사회문화적 교류의 진전은 정부 당국이 다시금 정치적 대화로 나설 수 있게 하는 매개체의 역할을 하기도 한다.[9] 이는 민간 주도의 사회문화 교류협력이 남북 간의 신뢰 형성과 자율적인 의사소통망이 있었기에 가능한 것이었다.

둘째로, 과거와 같은 국민동원형의 통일 정책이 더 이상 가능하지 않게 된 상황에서 통일에 대한 국민적 합의를 모색하는 데서 사회문화 교류협력은 효과적인 의견 수렴과 국민적 관심을 모을 수 있는 매개체의 역할을 할 수 있다. 통일은 모든 국민들의 참여를 통할 때만 가능하다. 그러나 과거와 같은 정치적 동원과 동원형 통일 정책을 통해서는 국민의 참여와 합의를 이끌어 내기 어렵게 되었다. 이런 상황에서 국민들의 자발적인 참여를 유도하고, 통일에 대한 관심과 합의를 확산시키는 데서는 민간의 교류협력이 중요한 역할을 할 수 있다. 과거 1990년대 중반, 북한의 심각한 자연재해와 이로 인한 식량난에 많은 국민들의 자발적인 참여가 남북 관계에서 신뢰를 쌓고, 결국 2000년대에 들어와 남북 관계 전반을 발전시킬 수 있는 든든한 국민적 뒷받침이 될 수 있었다.[10)]

셋째로, 사회문화적 교류와 협력은 남북한 사회의 변화를 동시에 요구하며, 또한, 서로에 대한 이해도를 높이게 된다. 이는 서로에 대한 이해를 넘어, 문화상대주의적 입장을 일정하게 수용하게 하며, 서로 간의 차이를 인정하고 나아가 서로의 차이를 조화시킬 수 있는 민주적 훈련의 효과를 갖게 된다. 특히, 남한 경제의 성장으로 인해 경제적 성취감이 곧 다른 모든 분야에서의 우월감으로 대치되고 있는 상황에서 이러한 우월감이 자칫 북한에 대한 '우월적 시선'과 '배타적 동정심'으로 나타날 가능성도 있다.[11)] 거꾸로 북한 역시 지나친 자주성의 고집과 배타성으로 인해 유형은 다르지만 동일한 심성 구조가 존재할 가능성이 높다. 따라서 사회문화적 접근이 갖는 의미는 이것이 단순히 서로 간의 문화적 일체성의 보장이라는 차원을 떠나서 성숙한 민주 시민으로서의 포용과 융합의 가치를 함양하는 민주적 통합의 훈련으로서의 성격을 갖는다는 데에 있다.[12)]

급작스러운 통일을 맞이하긴 하였으나, 수십 년간의 사회문화적 교류를 통해 착실하게 준비를 다져 왔다고 평가받는 독일 통일의 경험이 보여 주는 바와 같이 서로 다른 체제와 사회 속에서 성장하고 생활했던 사람들의 '인간 통합'은 그만큼의 장애가 놓여 있음을 확인할 수 있다.[13] 독일의 상황보다 더 좋지 않은 조건을 갖추고 있는 남북한의 경우에는 더 많은 노력과 세심한 준비가 필요함은 당연하다 할 것이다. 특히 문화적 동질성이 민족을 구체화하는 수단이라고 할 때, 문화적 동질성을 유지하기 위한 접촉은 통일 방식에 관계없이 통일을 촉진시키는 역할을 할 수 있을 뿐만 아니라 체제 차이로 인한 적대감을 완화하여 민족화합의 분위기 조성에 도움이 될 수 있다. 나아가서 문화는 민족공동체 형성의 기반을 제공한다. 그러므로 남북한의 사회문화적 통합을 위해서는 통일 과정에서 정치경제적 접근과 아울러 사회문화의 역할에 더욱 주목해야 할 필요가 있다고 하겠다.[14]

2. 사회문화 교류협력 사업의 현황과 성과

지금까지 남북한의 사회문화 교류협력은 여러 방면에서 진행되었다. 문화, 예술, 체육, 방송, 학술, 여성, 청소년, 교육 등 거의 모든 분야에서의 교류협력이 진행되었고, 사람들의 상호 방문 역시 활발하게 진행되었다. 지금까지 남북한의 사회문화 교류협력의 현황을 살펴보면 다음과 같다. 먼저, 지금까지의 남북협상의 현황을 보면 다음과 같다.

〈표 1〉 연도별 남북 협상 현황

연도/회담분야	정치	군사	경제*	인도	**사회문화**	총계
1971	0	0	0	18	**0**	18
1972	4	0	0	32	**0**	36
1973	7	0	0	4	**0**	11
1974	6	0	0	12	**0**	18
1975	2	0	0	8	**0**	10
1976	0	0	0	6	**0**	6
1977	0	0	0	5	**0**	5
1978	0	0	0	0	**0**	0
1979	3	0	0	0	**4**	7
1980	10	0	0	0	**0**	10
1984	0	0	1	2	**3**	6
1985	2	0	4	6	**1**	13
1986	0	0	0	0	**2**	2
1987	0	0	0	0	**1**	1
1988	8	0	0	0	**0**	8
1989	7	0	0	8	**9**	24
1990	15	0	0	2	**7**	24
1991	12	0	0	0	**7**	19
1992	80	0	0	8	**0**	88
1993	4	0	0	0	**0**	4
1994	10	0	0	0	**0**	10
1995	0	0	0	3	**0**	3
1997	7	0	0	4	**0**	11
1998	4	0	0	1	**0**	5
1999	8	0	0	0	**0**	8
2000	18	4	3	2	**0**	27
2001	2	2	3	1	**0**	8
2002	4	9	14	3	**2**	32
2003	5	6	17	7	**1**	36
2004	2	5	13	2	**1**	23
2005	10	3	11	4	**6**	34
2006	5	4	8	3	**3**	23
2007	13	11	22	3	**6**	55
2008	0	2	3	0	**1**	6
2009	0	0	4	2	**0**	6
2010	0	1	3	4	**0**	8
2011	0	1	0	0	**0**	1
총계	248	48	106	150	**54**	606

* 출처: 통일부 남북회담본부, 회담통계(http://dialogue.unikorea.go.kr)

위의 〈표 1〉을 살펴보면, 지난 기간 남북 협상에서 정치 분야가 가장 많은 비중을 차지하고 있고, 그 뒤를 인도 분야가 차지하고 있다. 그러나 인도 분야의 회담이 주로는 남북 간 적십자회담임을 감안하면 실제로는 경제 분야의 회담이 보다 더 활발하게 이루어졌음을 알 수 있다. 위의 표에서도 알 수 있듯이, 남북 간 회담은 크게 3시기로 나눌 수 있다. 즉, 1970년대 초반의 남북회담 초기, 1980년대 말과 1990년대 초의 '남북 기본합의서' 체결을 즈음한 시기, 그리고 2000년 남북정상회담 이후의 시기이다. 실제 대부분의 회담은 2000년 정상회담 이후에 집중되어 있다. 그럼에도 불구하고 사회문화 분야의 회담은 2000년 이후에도 가장 적은 비중을 차지하고 있으며, 2009년 이후에는 단 한 건의 회담도 열리지 않았다.[15] 사회문화 분야는 여전히 남북 당국 간 관계에서는 핵심 의제가 아닌 것이다.

다음으로 남북 간의 인적 왕래 현황을 살펴보면 다음과 같다.

〈표 2〉 남북한 인적 왕래 현황(금강산 관광은 제외)

단위(명)

연도	'89~'01	'02	'03	'04	'05	'06	'07	'08	'09	'10	'11	합계
남→북	27,154	12,825	15,280	26,213	87,028	100,838	158,170	186,443	120,616	130,119	116,047	980,731
북→남	1,534	1,052	1,023	321	1,313	870	1,044	332	246	132	14	7,881
계	28,686	13,877	16,303	26,534	88,341	101,708	159,214	186,775	120,862	130,251	116,061	988,612

* 출처: 통일부, 통계자료(htp://www.unikorea.go.kr)

〈표 2〉에서 보듯이 지난 기간 남북 간 인적 왕래는 가파르게 상승하였다. 그러나 2009년 이후부터 인적 왕래도 축소되기 시

작하고 있다. 사실, 개성공단에서 첫 제품이 나온 2004년 6월 이후의 통계에 의하면, 2009년 이후부터의 남북 간 인적 왕래는 개성공단을 제외하면 거의 중단되었다고 볼 수 있다.[16] 이러한 인적 왕래의 현황은 민간 차원의 교류와 협력이 중단되었음을 의미하며, 이는 사회문화 분야에서의 남북 간 교류협력은 사실상 중단된 상태임을 보여 주고 있다. 참고로 현재까지도 유지되고 있는 개성공단의 인적 왕래 현황과 중단된 금강산 관광 현황은 다음과 같다.

〈표 3〉 개성공단 방문 현황(2005년 이후)

단위(명)

연도	'05	'06	'07	'08	'09	'10	'11
방문인원	40,874	60,999	100,092	152,637	111,811	123,023	114,435

〈표 4〉 금강산 관광 현황(2008. 7월까지)

단위(명)

연도	'98	'99	'00	'01	'02	'03	'04	'05	'06	'07	'08.7	합계
해로	105,554	148,074	213,009	57,879	84,727	39,902	449	-	-	-	-	552,998
육로	-	-	-	-	-	34,432	267,971	298,247	234,446	345,006	199,966	1,381,664
계	105,554	148,074	213,009	57,879	84,727	74,334	268,420	298,243	234,446	345,006	199,966	1,934,662

* 이산가족 상봉 및 남북 공동 행사 등을 위한 방북 인원은 제외.

** 출처: 통일부 자료실(http://www.unikorea.go.kr).

금강산 관광의 경우, 지금까지 약 195만 명이 금강산을 다녀왔으며 2008년 3월부터는 개인이 직접 자가용을 운전하여 금강산을 관광할 수 있게 되었으나, 아쉽게도 7월의 피격 사건으로 인해 중단되고 말았다. 금강산 관광이 중요한 이유는 남한의 일반 국민들이 직접 북한 땅을 밟는다는 것에도 있지만, 다른 하나는 사람과 사람이 직접 만나서 서로를 확인하는 공간이라는 점이다. 또한, 일상적인 만남의 공간으로서도 기능하기도 하였다. 이렇게 본다면 금강산 관광은 관광 협력의 측면에서만이 아니라 사회적인 신뢰의 축적 공간으로서도 대단히 중요한 협력 사업이라고 할 수 있다.

아무튼, 위의 표에 의하면 2008년까지 진행된 인적 왕래의 전개는 남북 간에 정치, 군사 및 경제와 사회문화 분야에서의 활발한 접촉과 대화, 교류협력이 진행되었음을 의미한다. 그리고 사회문화 분야의 경우 인도적 지원을 제외하면, 남북 문화 예술의 상호 방문과 공연, 겨레말큰사전 편찬 사업 및 역사 유적지 발굴 등과 같은 학술 분야, 노동자 축구대회 등과 같은 체육 교류, 여성 및 청소년, 교육 분야에서의 만남과 협력 등 다양한 분야에서 전개되었다. 또한 올림픽 공동 입장과 같은 국제적인 행사에서의 협력도 이루어졌고, 일본에서의 북관대첩비 반환의 공동 노력과 같은 국제적인 공동 행동도 이루어졌다. 종교 분야에서의 협력도 활발하게 전개되어 금강산, 개성의 신계사, 영통사 복원과 기독교, 불교, 천주교 및 민족종교 각각의 공동 행사 등이 이어졌다.

그러나 이러한 남북 교류협력은 위의 표에서도 알 수 있듯이, 2009년의 금강산 관광객 피살 사건으로 관광이 중단된 이후, 점차 위축되기 시작하여 2010년 천안함 사건으로 인한 '5·24 조치'를 계기로 거의 완전히 중단되었다. 비록 영유아 및 취약 계층에 대한 인도적 지원을 허용하고는 있지만, '5·24 조치' 이후의 교류협력은 실제로 중단된 채로 지금까지 이어져 오고 있다. 과거 남북 관계의 물꼬를 텄던 인도적 지원의 경우도 2008년부터 급격히 감소하였다. 정부 차원의 식량 및 비료 지원이 중단되었고, 민간 차원의 지원 역시 정치적 상황이 변함에 따라 정부에 의해서 불허되고 있다.

인도적 지원의 중단은 자연스럽게 민간 차원의 남북 접촉과 왕래를 차단함으로써, 결과적으로는 사회문화 분야에서의 교류와 협력을 위축되게 하였다. 또한, 정부 차원의 인도적 지원의 중단은 사실상 이와 연계되어 성사되었던 남북한의 이산가족 상봉마저 끊기게 만들었다.[17]

〈표 5〉 인도적 지원 현황

단위: 억 원

구분			'95~'99	'00	'01	'02	'03	'04	'05	'06	'07	'08	'09	'10	'11	합계
정부차원	무상지원	당국차원	2,193	944	684	832	811	949	1,221	2,000	1,432	-	0	183	-	11,249
		민간단체를 통한 지원	-	34	62	65	81	102	120	134	216	241	77	21	-	1,153
		국제기구를 통한 지원	418	-	229	243	205	262	19	139	335	197	217	-	65	2,329
		계	2,611	978	975	1,140	1,097	1,313	1,360	2,273	1,983	438	294	204	65	14,731
	식량차관		-	1,057	-	1,510	1,510	1,359	1,787	-	1,505	-	-	-	-	8,728
	계		2,611	2,035	975	2,650	2,607	2,672	3.147	2,273	3,488	438	294	204	65	23,459
민간차원(무상)			694	387	782	576	766	1,588	779	709	909	725	377	200	131	8,592
총 액			3,305	2,422	1,757	3,226	3,373	4,320	3,926	2,982	4,397	1,163	671	404	196	32,052

* 출처: 통일부, 통계자료(http://www.unikorea.go.kr).

〈표 6〉 이산가족 상봉 현황 (당국 차원)

단위[건/(명)]

구분	'85~'01	'02	'03	'04	'05	'06	'07	'08	'09	'10	'11	합계
생사확인	1,601 (10,370)	261 (1,635)	963 (7,091)	681 (5,007)	962 (6,957)	1,069 (8,314)	1,196 (9,121)	-	302 (2,399)	302 (2,176)	-	7,337 (53,070)
서신교환	662 (662)	9 (9)	8 (8)	-	-	-	-	-	-	-	-	679 (679)
방남상봉	331 (2,700)	-	-	-	-	-	-	-	-	-	-	331 (2,700)
방북상봉	337 (1,093)	398 (1,724)	598 (2,691)	400 (1,926)	397 (1,811)	594 (2,683)	388 (1,741)	-	195 (888)	191 (886)	-	3,498 (15,443)
화상상봉	-	-	-	-	199 (1,323)	80 (553)	278 (1,872)	-	-	-	-	557 (3,748)

* 출처: 통일부, 통계자료(htp://www.unikorea.go.kr)

〈표 7〉 이산가족 상봉 현황 (민간 차원)

단위[건/(명)]

구분	'85~'01	'02	'03	'04	'05	'06	'07	'08	'09	'10	'11	합계
생사확인	2,571	198	388	209	276	69	74	50	35	16	3	3,845
서신교환	6,716)	935	961	776	843	449	413	228	61	15	21	11,418
제3국상봉	771 (854)	203 (592)	280 (662)	187 (465)	94 (256)	50 (86)	54 (164)	33 (92)	21 (47)	6 (16)	4 (14)	1,703 (3,246)
방북상봉	15 (51)	5 (24)	3 (15)	1 (5)	1 (5)	4 (19)	1 (5)	3 (5)	2 (4)	1 (2)	-	36 (135)

* 출처: 통일부, 통계자료(htp://www.unikorea.go.kr)

이산가족 상봉은 비록 인도적 분야에 해당하는 교류협력이지만, 한반도의 분단의 불행을 상징적으로 반영하고 있다는 점에서 인도적 교류협력의 범위를 넘어서는 문제로 여겨진다. 즉, 이산가족 상봉은 남북한의 신뢰 관계의 상황을 표현해 주고 있으며, 이를 계기로 남북한의 정치, 경제, 사회문화 분야 등의 교류협력의 물꼬를 트는 역할을 해왔다.[18] 당국 차원의 이산가족 상봉이 중단됨에 따라 민간 차원의 이산가족 교류도 급격히 축소되었다.

지금까지 남북한의 사회문화 교류협력은 여러 가지 성과를 가져왔다. 이러한 성과를 정리하자면, 첫째, 남북한의 신뢰 회복과 정치·군사적 관계 발전을 추동하였다. 두 번에 걸친 정상회담도 지속적인 교류협력이 있었기에 가능했다. 1999년의 서해 교전에도 불구하고, 금강산 관광을 포기하지 않았던 김대중 정부의 대북 정책과 2006년의 핵실험에도 불구하고 금강산 관광과 개성공단 사업을 포기하지 않았던 노무현 정부의 대북 정책이 있었기에 남북한이 최소한의 신뢰의 끈을 유지할 수 있었고, 결국은 정상회담을 통한 남북한의 도약적인 발전이 가능했다. 나아가 이러한 교류협력은 우리 사회 내부적으로는 남북한 관계의 진전을 가로막는 법적·제도적 장치에 대한 사회적 논의를 환기시켰고, 전체 한반도 차원의 평화 체제의 구축이 시급함을 드러내는 역할을 하였다. 아울러 대북 지원·협력 사업은 한반도의 정치·군사적 긴장을 억제하고 평화를 유지하는 중요한 역할을 하고 있다. 우리가 이미 경험했듯이 한반도는 군사적 충돌이 언제라도 일어날 수 있는 위험 지역이며, 남북의 무력이 서해상에서 충돌하고 있다.[19] 이러한 충돌의 적대적 대결 속에서도 지난 기간 교류협력은 서로의 신뢰를 유지하게 함으로써, 더 큰 합의와 남북 관계가 발전할 수 있는 든든한 역할을 하였다. 결국 사회문화 교류협력은 남북한의 신뢰 회복, 평화적 관리에 중요한 역할을 해왔던 것이다.

둘째, 북한의 변화를 추동하였고, 이에 맞추어 남한에서의 국민 의식 변화를 가져오는 등 통일의 사회적 토대를 마련하는 데서 큰 성과를 가져왔다.[20] 사회문화 교류의 증진은 남북한 국민 모두에게 서로에 대한 적대적 의식보다는 동류-동포 의식을 증진시키고, 서로에 대한 관대함과 유연성을 증진시켰다. 북한 주민들이 대한민국 상표가 새겨진 지원 물자의 포장지를 아무런 거리낌 없이 소지할 수 있고,[21] 남한 국민 역시 북한에 대한 공포로부터 벗어나 평화의 동반자로 인식하게 되었다. 이러한 의식의 변화는 곧 동·서독 통합의 사례와 교훈 속에서 얻어진 사회문화적 통합이 지금부터의 부단한 교류가 없이는 불가능하며, 법과 제도의 통일과 더불어 사회적, 문화적, 심리적 통합의 중요성을 부각시켰다. 그리고 이는 통일을 '힘에 의한 흡수'라는 환상과 전쟁의 공포로서 대하는 것이 아니라, 남과 북의 화해와 협력의 과정에서 실현하는 것으로 인식하게 하였다. 사회문화 교류와 협력은 곧 통일을 위한 중요한 교육의 효과를 가져왔고, 미래의 사회 통합을 위한 투자로서 인식되기 시작하였다. 사실, 미래에 대한 투자로서 사회문화 교류협력은 오늘날 '통일비용' 논의에 있어서도 중요한 의미를 갖는다. 즉, 막대한 '통일비용'에 대한 논의가 결과적으로 통일에 대한 두려움, 혹은 통일에 대한 부담감을 심화시키는 상황에서 교류협력의 진전은 '통일비용' 논의를 '비용'에 대한 논의에서 벗어나 '통일 편익'과 '통일 효과'

의 증대라는 관점에서 접근할 수 있게 해주는 효과가 있다.[22)]

셋째, 지난 10여 년간의 교류협력은 역설적으로 남북 간 관계의 악화와 경색에도 불구하고 남북 모두에게 파국적인 대결 상태를 방지하는 효과를 가져왔다.[23)] 오늘날과 같은 최악의 상태에서도 개성공단이 폐쇄되지 않고 있고, 남북 모두에게 남북 관계를 언젠가는 회복시켜야 한다는 압력으로 작용하고 있다. 즉, 개성공단으로 상징되는 경제 협력과 이곳에서 이루어지는 부분적인 사회문화 교류협력은 지금과 같은 최악의 상황에서도 남북이 더 이상 서로를 완전히 외면할 수 없게 하며, 언제든지 남북관계를 되돌릴 수 있는 지탱점의 역할을 하고 있다.[24)] 사실, 이 점이 지난 10여 년간의 남북 관계 진전의 가장 큰 성과라 할 수 있다. 그리고 이러한 현실은 누군가에게는 '불편한 진실'이겠지만, 누군가에게는 '앞으로의 희망'을 유지시켜 주고 있다 하겠다. 이처럼 사회문화 교류협력의 성과는 '냉전적 대결'로의 완전 회귀를 막아 주는 방패로서 지금도 기능하고 있는 데서 찾을 수 있다.

넷째, 사회문화 교류협력의 증진은 남북한 각각에 대한 상호이해를 높여 줌과 동시에 다양한 분야에서의 접촉이 이루어짐으로써, 남북한 각 사회의 다양성과 문화상대주의에 대한 인식을 강화시켜 주었다. 이러한 문화상대주의적 입장은 남북의 '다름'을 '차별'이 아닌 '차이'로 바라보게 함으로써, 상대방에 대한 이해의 증진은 물론 향후 '차이의 공존'에 의한 통일이 얼마든지 가능함을 일깨워 주었다.[25)] 통일은 한편으로는 '민족공동체' 형성이라는 동질성의 회복을 필요로 하지만, 다른 한편으로는 문화상대주의에 바탕한 '차이의 공존'의 인식이 요구된다. 따라서 사회문화 교류협력은 '민족공동체' 형성을 위한 동질성 회복과 동시에 '차이의 공존'에 대한 교육으로서도 효과를 갖는다고 할 수 있다. 또한, 이러한 차이의 발견과 인정이야말로 다양한 분야에서의 교류와 협력이 더욱 필요함을 말해 준다.

결론적으로 지금까지의 사회문화 교류협력은 신뢰 증진과 한반도의 평화적 관리라는 측면에서, 남북한 사회 모두의 변화를 추동한 측면, 상호 이해와 교육의 측면에서 많은 성과를 거두었다. 그리고 이러한 성과에 바탕하여, 더 높은 수준의 교류와 협력으로 나아갈 과제를 안고 있다.

3. 한계와 문제점

이러한 성과에도 불구하고 지금까지의 교류협력은 몇 가지 문제점도 노출하고 있으며, 앞으로의 과제도 제기하고 있다. 첫째, 교류협력이 소규모 이벤트 사업 위주로 진행되는 경우가 많았으며, 2000년대 들어서는 피로 현상을 극복하지 못하는 경우가 발생하였다. 사회문화 교류가 대체로 NGO들에 의해 주도되면서 주로는 소규모 지원을 중심으로 한 활동에 치중한 데 원인이 있다 하겠다. 물론, NGO의 특성상 규모의 측면에서 여러 가지 한계에 부딪힐 수밖에 없다. 그러나 사회문화 교류협력이 그 본성에서 남북의 사회적, 문화적 교류와 협력을 통한 동질성의 회복과 상호 이해의 폭과 신뢰를 제고하는 것에 있다면, 1990년대의 긴급 인도적 지원의 틀을 벗어나지 못하고 있는 것은 문제로 지적될 수 있다. 아울러 보다 더 심각한 문제는 이러한 사회문화 교류협력의 추진이 1990년대는 남북한 관계를 만들어 가는 데서 여타의 사회적 의제를 선점하고 이끌어 가는 역할을 했다면, 2000년대 중반 이후부터는 의제의 선점이 아니라 기존 의제를 방어하는 데에 머무르고 말았다는 점이다. 기존 의제의 방어에 머물렀다는 의미는 점차 수동적이고 관성화된 교류협력으로 일관되었음을 의미한다.[26] 이러한 관성화된 교류협력은 초기의 긍정성에도 불구하고, 성과 위주의 교류협력에 매몰되는 경향이 나타났다. 특히, 경쟁적 사업 추진에 따른 경제적 대가 문제가 유발되기도 하였다.[27]

둘째, 이러한 의제의 발굴과 확산에서의 문제점은 '인도적 지원' - '개발 지원'이라는 나름의 발전 방향을 내놓았음에도 별다른 국민적 호응을 얻지도 못했고, 이를 위한 구체적인 대안도 만들어 내지 못한 결과를 낳았다. 인도적 지원이 개발 지원으로 발전해야 한다는 것은 자연스러운 요구이지만, 이를 실현할 방도는 자연스럽게 도출되는 것이 아니기 때문이다. 앞으로의 사회문화 교류협력은 인도적 지원 - 개발 지원과 같은 지원 중심의 패러다임에서 일정하게 벗어날 필요가 있다. 물론, 여전히 인도적 지원이 요구되고 그를 위한 활동이 필요하지만, 사회문화적 교류협력을 위한 더 큰 청사진이 제출되어야 한다. 사회문화 교류협력은 인도적 지원만이 아니라 문화, 예술을 비롯한 역사, 지리, 체육 등등의 다양한 분야를 포괄하기 때문이다. 사실, 사회문화 교류협력은 민족공동체 형성을 위한 통일의 정체성 문제와도 연관되며, 따라서 장기적인 프로젝트로서 추진되어야 한다. 이렇게 본다면, 지금과 같은 단기적인 교류협력은 점차 장기적인 전망 하에서 추진되는 교류협력으로 점차 전환되어야 할 것이다.

셋째, 국민적 공감대를 형성하는 문제이다. 지난 시기 '퍼주기'의 용어가 말해 주듯이, 지원·협력에 대한 부정적인 여론이 조성된 것도 사실이다. 사실, 지금까지 정부가 지원한 양은 우리의 경제 규모나 국제 사회의 지원에 비하면 결코 '퍼주기'라고 불릴 만한 정도는 아니다. 사실, 동·서독의 경우 1972년 기본 조약 체결 후 통일이 될 때까지 서독이 동독에 지원한 액수는 약 600억 달러에 달한다. 우리의 경우 지난 2011년까지 정부와 민간 및 국제사회를 통한 지원을 합쳐 약 30억 달러에 달하는 지원을 했다. 연평균 약 1억 7천만 달러로 서독에 비하면 1/20에 불과하며, 국민 1인당 연 3~4달러 수준에 불과한 액수이다.[28] 그럼에도 불구하고 이러한 사실을 제대로 홍보하지도 못했고, 결과적으로 충분한 국민적 공감대를 형성하지 못한 것은 큰 문제라 할 것이다.

마지막으로, 이러한 국민적 공감대 형성에서의 문제는 결국 우리 사회 내부에 갈등을 조성하는 원인이 되었다. 소위 '남남갈등'이라 불리는 것으로서, 1990년대부터 북한을 둘러싼 문제만이 아니라 사회 모든 영역에 걸쳐서 이분법적 대립이 격화되었다.[29] 사실, 남남갈등은 정치적 이해득실과 깊은 관련을 맺고 있지만,[30] 다른 한편으로는 남북 교류협력 과정에서 나타난 불미스러운 사건이나 '말'과 '행동' 등에 의해 증폭되는 경우가 많았다. '남남갈등'은 남북 간의 교류와 협력이 광범한 국민적 공감대에 바탕하여 진행되었다면, 심각한 사회적 갈등으로 불거지지 않았을 것이다.[31]

지금까지 경제 및 사회문화 교류협력은 대단히 많은 성과를 내었고, 또 그만큼의 한계와 과제를 노출시키고 있다. 지금의 상황은 성과와 한계, 과제를 말하기 전에 교류협력을 다시금 재개하는 것이 시급한 것으로 되었지만, 그럼에도 불구하고 '미래에 대한 착실한 준비'가 없다면 더 큰 한계에 직면하게 될 것이다. 또한, 앞으로 사회문화 교류협력은 단순히 단절된 것을 다시 잇는 방식이 아니라 혁신의 방법을 통해 진행되어야 할 것이다. 혁신은 항상 낡은 것의 끄트머리에서부터 출발한다는 점을 생각한다면, 지난 10여 년의 경험과 교훈 속에서 새로운 혁신의 발상이 제기되어야 할 것이다.

III. 남북한 사회문화 교류협력 사업의 발전 과제

1. 사회문화 교류협력 사업의 새로운 패러다임의 요구

오늘날 남북 관계는 더 이상 내려갈 곳이 없을 정도로 악화되었다. 북한의 김정일 위원장 사망 이후에는 북한이 '특별작전행동소조'의 이름으로 공개적으로 남한에 대한 보복을 다짐하고 있는 형편이다. 과거에는 볼 수 없었던 심각한 우려의 상황이 지속되고 있다. 남북 관계의 파탄은 현 정부의 대북 정책에 가장 큰 원인이 있다. 일각에서는 현 남북 관계의 파탄의 원인을 북한에게 돌린다. 북한도 책임이 있는 것은 사실이다. 그러나 양쪽 모두에 책임이 있다는 비판은 전형적인 '양비론'이자 '책임 회피론'에 다름 아니다. 현 남북 관계의 파탄은 '비핵 개방 3000'으로부터 시작된 이명박 정부의 대북 정책에 더 큰 책임이 있다.[32] 이러한 남북 관계의 파탄은 현 정부에서 성사된 공식적인 회담의 숫자에서도 나타난다. 즉, 정치회담은 전무하고, 군사회담은 3차례, 경제 관련 회담은 7차례, 인도주의 분야 회담은 6차례, 그리고 사회문화 분야 회담은 전무한 형편이다. 더욱이 2011년 3월부터는 남북 간 회담은 전무한 상황이다. 회담의 숫자가 남북 관계의 모든 것을 말해 주는 것은 아니지만, 적어도 남북 간의 접촉과 대화 그리고 교류협력의 활성화를 보여 주는 중요 지표인 것만은 사실이다.

특히, 현 정부에서의 회담을 보면 사회문화 분야의 회담은 아예 없는 형편이다. 이는 남북 간 교류와 협력이 거의 완전히 단절된 상황임을 말해 준다. 앞서 말했듯이, '정경 분리'와 비정치적 분야부터의 신뢰 회복과 교류협력을 통해 정치·군사적 신뢰 회복과 통일의 토대를 만들어 간다는 전통적인 기능주의적 협력도 사실상 부정한 것이라고 볼 수 있다. 이는 현재의 정부가 박정희 정권 때부터 시도해 왔던 기능주의적 접근조차도 부정하고,[33] 오로지 힘에 의한 대북 압박과 봉쇄에 주력해 왔음을 말해 준다. 결과는 현재의 상황이 말해 주듯이 북한의 굴복도 얻어 내지 못했고, 오히려 북·중 간의 협력을 측면에서 지원한 결과를 가져왔다.

그렇다면 현재의 남북 교류협력을 재개하고, 발전시키기 위해서는 무엇을 해야 하는가? 가장 시급하게는 정부가 정치적 힘을 동원해 취하고 있는 '5·24 조치'를 해제하고, 쉽게 접근할 수 있으며 상징성이 큰 교류협력 사업부터 복원해 내는 것이다. 이러한 것으로는 금강산 및 개성 관광의 재개, 그리고 개성공단의 정상화를 추진하는 것이 될 것이다. 또한, 여기에 대북 인도적 지원 단체들의 활동을 보장하는 것이 될 것이다. 이는 앞으로의 교류협력 사업을 전개하기 위한 최소한의 요구이자, 시급히 풀어야 할 첫 단추에 해당한다고 하겠다. 그럼에도 앞으로 재개될 교류협력 사업을 '과거의 시선'으로 풀어 가는 것은 오늘날의 시대에 부응하지 못한다. 그것은 '과거의 시선'이 1990년대 북한의 위기에 기반한 동정과 시혜의 시선을 품고 있다는 것과 함께, 남북한 사회 모두가 15~20여 년간의 변화를 거치면서 과거의 교류협력에서 벗어나 새로운 교류협력의 장을 열어야 한다는 사정과도 관련된다. 더 나아가서는 남북 관계의 진전이라는 통일의 과정에서 요구되는 교류협력의 내용이 변화할 수밖에 없다는 것과도 관련된다. 따라서 앞으로의 교류협력은 새로운 패러다임이 요구된다. 지금까지의 교류협력이 패러다임이 '민족 중심'의 패러다임이었다면, 오늘날에는 여기에 '국제적인 보편성'의 원칙이 결합되어야 한다. 그것은 다음과 같은 이유 때문이다.

첫째, 남한 국민들의 의식 변화이다. 국민 의식의 변화는 한편으로는 남북한의 평화와 공존을 바라면서도, 다른 한편으로는 북한이라는 '적'에 대한 공포와 동정과 시혜가 얽혀 있는 존재로서의 인식이다.[34] 이는 2000년 정상회담 이후, 변화된 지형의 연속이자 동시에 그로부터 10여 년이 지난 후의 국민의식의 변화를 반영한다. 즉, 북한과의 '통일'이라는 숙명적인 관계로부터 탈피하여 – 민족의식의 낮아짐 –, 체제로부터 교육되고 사회화된 의식이 커져 가고 있는 상황 – 체제 의식의 강화 – 을 의미한다.[35] 당장에 촛불집회에서 자발적으로 태극기를 들고 모이는 사람들을 보면, 이들에게 대한민국은 자랑스럽고 동시에 자신들의 가치를 실현하는 국가이자 체제라고 할 수 있다. 그러기에 대북 정책에서의 시대착오적인 '냉전적 정책'에 거부감을 보이지만, 그렇다고 국제적인 보편적 가치를 도외시한 남북 관계 혹은 북한의 태도에 대해서도 비판적인 입장을 보이게 된다. 특히, 2000년대 이후, 남북 교류와 지원 사업은 민족의식의 발현이자 동시에 북한에 대한 동정과 시혜의 시선이 겹쳐진 이중적인 것이었다. 냉전적 의식에서의 탈피가 민족적 유대감의 강화가 아니라 동정, 시혜 등의 우월적 인식으로 변화되고 있다. 이런 조건에서 교류협력은 단순히 민족적인 것만도 아니고, 동정과 '시혜의 베풂'만으로도 설명되지 않는다. 즉 '불우 이웃 돕기' 하듯이 북한에 대한 교류와 협력 사업이 추진되어서는 안 된다는 의미이다. 오히려 'win-win'의 교류협력 전략이 더욱더 절실해지고 있다는 의미이다. 그리고 이 과정은 곧 민족적 협력과 동시에 국제적인 보편성도 실현하는 것으로 될 것이다.

둘째, 북한의 처지가 변화하고 있다는 점이다. 1990년대의 '대혼란과 위기' 속에서 북한은 2000년대 들어와 어느 정도 정치적인 안정을 찾았고, 오늘날에는 비록 강성대국 건설의 목표가 유보되긴 하였으나, 강성국가 건설을 구체적인 목표로 정할 정도의 위치에 이르고 있다.[36] 또한, 최근 몇 년간에는 중국과의 대규모 경제 협력 프로젝트를 체결하고 시행함으로써, 단순한 교류협력을 통한 복구와 재건의 단계를 넘어서고 있는 것으로 보인다. 또한, 세계와 더불어 살기 위한 노력을 더욱 강화하고 있는 것으로 보인다. 김정은의 4월 27일 자 담화문을 보면, "인터네트를 통하여 세계적인 추세 자료들, 다른 나라의 선진적이고 발전된 과학 기술 자료들을 많이 보게 하고 대표단을 다른 나라에 보내여 필요한 것들을 많이 배우고 자료도 수집해 오게 하여야 합니다"라고 하여, 과거에 비해 다른 나라와의 교류를 더욱 강조하고 있고, 도로 건설에 대해서도 "방향표식판을 비롯하여 도로표식판들을 국제적으로 통용되는 규격대로 만들어 세워야 합니다"라고 하여, 국제적인 표준을 받아들이고자 하는 모습을 보이고 있다.[37] 또한, 최근에는 소위 '6·28 조치'를 통해 경제 구조의 개선 및 대외 개방의 활성화를 꾀하고 있는 것으로 보인다.[38] 이는 남북 간의 교류협력에 있어서도 '민족 내부의 기준'과 동시에 '국제적인 기준'도 받아들일 수 있음을 의미한다. 물론, 여전히 인도적 지원과 단순 경제 협력의 필요성은 제기되고 있다. 그러나 과거와 같은 방식의 소규모 및 단발적인 지원과 교류는 그 효과와 파급력이 크지 않은 것도 사실이다. 흔히 인도적 지원에서 개발 지원으로의 변화로 말해지는 지금의 상황은 체계적이며 장기적인 지원과 협력 사업을 요구하고 있다고 할 수 있다. 그리고 이러한 변화는 우리의 요구이면서 동시에 북한의 요구이기도 하다. 교류협력이 일방적인 관계로만 진행되는 것이 아니라 상대방을 인정하고 상대방의 요구도 수용하여 접점을 확대시켜 나가야 하는 것이라면, 변화된 북한의 상황을 충분히 반영한 교류협력의 전략이 마련되어야 할 것이다.

셋째로, 지난 10여 년의 교류협력의 성과에 바탕하여 도약적인 남북 관계의 발전을 뒷받침할 수 있는 경제, 사회적 토대를 형성해야 할 필요성 때문이다. 사실, 2007년 '10·4 선언'의 합의 사항이 이행되었다면, 남북 간의 협력 사업은 정치적 영향에서 비교적 어느 정도는 자율적인 위치를 확보할 수 있었을 것이며, 이는 남북 교류의 지속성과 일관성을 보장받는 것으로 발전할 수 있었을 것이다. 현재 교류협력의 중단은 비록 정치, 군사적 대결 구조에 따른 정권의 힘에 의해 가능했지만, 거꾸로 경제, 사회적 토대가 튼튼했다면 교류협력 사업이 쉽게 중단되지는 못했을 것이며, 이는 곧 정치적 위기를 극복할 수 있는 디딤돌로 기능할 수 있었을 것이다. 이런 점에서 앞으로 교류협력의 방향은 과거에 대한 성과에 기초하지만, 동시에 오늘날의 교훈에 기초한 제도적인 자율성과 지속성이 보장되는 방식으로 전개되어야 할 것이다. 이를 위해서도 교류협력의 패러다임은 남북이 합의한 원칙에 근거하되, 남북의 합의에 기반한 자율성을 최대한 존중하는 방식으로 변화되어야 할 것이다. 그리고 이는 교류협력 사업이 앞으로는 정치적인 자의적 잣대로 평가되는 것이 아니라 '법적·제도적' 기준에 따라, 그리고 '국제적인 기준'에 따라 주체들의 자율성이 우선적으로 보장되는 방식으로 이루어져야 한다는 것을 의미한다.

결국 새로운 패러다임으로의 변화 필요성은 우리의 변화, 북한의 변화 그리고 역사적인 발전의 요구 때문이다. 그리고 이 방향은 '민족 중심적 패러다임'에서 '민족적 가치'와 '국제적인 가치'가 결합하는 방향으로의 변화여야 한다. 이를 특수성과 보편성의 결합이라고 해도 좋고, 민족과 국제의 결합이라고 해도 좋을 것이다. 또한, 이러한 패러다임의 변화는 사회문화 교류협력을 보다 더 확대하여, 민족적인 바탕에서 세계 속에서도 소통할 수 있는 보편성을 만들어낼 수 있는 '창조'의 과정으로 만들 수 있을 것이다. 그렇다면, 이러한 패러다임에 기반하여 앞으로의 사회문화 교류협력은 어떠한 발전의 과제를 안고 있을까?

2. 사회문화 교류협력 사업의 발전을 위한 과제

지금까지의 교류협력은 주로 '지원'을 중심으로 진행되었다. 이는 사회문화 교류협력에서도 마찬가지이다. 남북의 주민들 간의 신뢰 회복과 사회 통합을 위한 미래의 목적을 실현하기 위해서는 일방적인 방식의 지원의 프레임에서 비껴날 필요가 있다. 즉, 사회문화 교류협력 역시 상호 이익 혹은 상호 이해와 포용의 토대를 구축하는 것이어야 하며, 동시에 '통일문화'를 만들어 가는 것이어야 할 것이다.[39] 이런 점에서 '통일문화의 창출'은 곧 사회문화 교류협력의 발전의 바람직한 방향이 되어야 할 것이다.

이런 점에서 앞으로의 교류협력은 새로운 패러다임에 기초한 '이익의 공유'와 '통일문화의 창출'이라는 방향으로 전개되어야 할 것이다.

또한, 지금까지의 교류협력은 대체로 민족 중심적인 사고에 근거하여 진행되었다. 경제 협력은 민족 내부 거래로 간주되었고, 인도적 지원을 비롯한 사회문화 교류협력은 동질성 회복과 남북의 신뢰감 형성이라는 '우리' 의식의 확대를 위한 것에 우선적인 관심이 모아졌다. 그리고 이는 앞으로도 견지해야 할 원칙이라 할 수 있다. 그러나 현실의 여건에서는 여기에 국제적인 보편성의 원리가 추가되어야 할 것이다. 즉, '민족사회의 신뢰 회복'에 기반하되, '국제사회의 기준을 충족'하는 교류협력의 방향을 견지해야 한다. 따라서 앞으로의 교류협력은 〈민족〉에 〈국제〉를 더한 의미로서 확장되어야 하고, 그러한 방향으로 진행되어야 할 것이다. 이를 북한식으로 표현하면, '자주화와 세계화'의 결합이며, 우리 식으로 표현한다면 '세계 속의 통일 한반도'라 할 것이다. 이런 측면에서 교류협력의 원칙은 첫째, 남북의 신뢰 회복과 발전 그리고 상호 이익의 공동체를 지향하는 방식으로 전개되어야 하며, 둘째, 주고받기 식의 지원, 교류에서 발전하여 '공통의 통일문화를 창출'하는 과정이 되어야 하며, 셋째, 국제적인 보편성과 국제사회에서의 지위를 더불어 향상시키는 방식으로 진행되어야 할 것이다. 여기에 전체 국민의 공감대를 확산시키는 방식이 더해져야 할 것이다. 그러기 위해서는 교류협력이 중앙에만 지나치게 집중되어 있는 현재의 구조에서 탈피하여 중앙과 지방, 중앙과 시민사회가 유기적으로 협력하는 방식으로 변화되어야 한다. 사실, 지나친 중앙 집중형 교류협력은 정치적 변화에 취약성을 노정하게 되고, 교류협력의 지속성을 유지하기가 힘들게 된다. 따라서 '집중과 균형'의 원칙에 입각하여 교류협력이 진행되는 것이 바람직하며, 정치적 선택이 아니라 법적 규정에 입각하여 주체들의 자율적 판단과 결정이 최대한 존중되는 방식의 교류협력이 되어야 할 것이다.

경제 협력이 한반도의 통일을 위한 경제 공동체의 형성을 목표로 한다면, 사회문화 교류협력은 남북의 사람들이 더불어 살기 위한 '문화 공동체'의 형성을 목표로 한다. 즉, 사회통합이자 곧 사람의 통일을 위한 교류협력인 것이다. 지금까지 사회문화 교류협력은 남북의 인적 왕래로 대표되었다. 즉, 주로는 인도적 지원과 대북 지원을 위한 사람과 물자의 교류, 그리고 다양한 분야에서의 교류협력에 수반되는 인적 왕래 등이 주류를 이루고 있었다. 그러나 이러한 인적 왕래는 '남 → 북'으로의 일방향성을 띠고 있었다. 이는 현재의 남북한 처지에서 일견 당연한 현상이었고, 또 상당 기간은 이러한 모습을 지속할 것으로 예상된다. 앞으로의 사회문화 교류협력은 이러한 불균형을 어느 정도는 극복해야 할 것이다. 그러자면 남과 북이 공동으로 참여할 수 있는 의제를 발굴하고, 여기에 국제적인 지원까지 결합할 수 있는 방식이어야 할 것이다. 물론, 국제적인 지원과 결합이 가능하기 위해서는 그에 맞는 의제가 되어야 할 것이다.[40]

앞으로의 사회문화 교류협력이 이러한 방향으로 발전하기 위해서는 현재의 '지원 중심'의 프레임에서 벗어나는 것이 요구된다. 그렇다고 '지원'의 중단을 의미하는 것은 아니다. 대북 인도적 지원이 오늘날과 같은 남북한의 사회문화 교류의 활성화를 가져왔고, 그만큼의 성과를 내었다는 것은 부정할 수 없는 현실이며, 앞으로도 '인도적 지원'을 비롯한 지원 사업은 일관성 있게 추진되어야 한다. 또한, 앞으로도 지역적·층별 특성을 살펴 노동자 및 농민, 학생 그리고 직업별로 다양한 교류와 협력이 이루어지는 것은 계속해서 진행되어야 할 것이다. 문제는 이러한 사업의 방향에서 좀 더 나아간 사회문화 교류협력이 필요하다는 것이며, 이는 '통일문화'의 창출과 중앙과 지방, 시민사회의 창의성이 충분히 발양되는 방향으로 발전해야 한다는 것이다. 이를 위해서는 첫째, 사회문화 교류협력이 중앙 집중형의 방식에서 탈피해야 하고, 중앙과 지방, 그리고 시민사회의 적절한 역할 분담의 방식으로 진행되어야 한다. 사실, 사회문화 교류협력은 그 본래적 목표로서 '사람의 통일'을 위한 사람과 사람이 만나는 방식이어야 한다. 그러기 위해서는 중앙 집중형이 아닌 지방과 시민사회가 오히려 더 적극적으로 나서는 것이 바람직하다. 사실, 이렇게 될 때에만 지방의 창의성과 시민사회의 창의성이 발양될 수 있고, 그럼으로써 더욱 풍성한 사회문화적 교류와 협력이 가능해질 것이다. 따라서 앞으로의 사회문화 교류협력은 중앙이 뒷받침하고 법적·제도적으로 보장하는 것이 되어야 할 것이다. 특히, 법적·제도적 뒷받침은 사회문화 교류협력이 정치적 변화에 따라 종속되는 것이 아니라 '통일'이라는 누구도 부정하지 못하는 과정에 일관되게 추진되어야 할 사업이라는 점에서 매우 중요한 문제로 제기된다. 이미, 남북한은 2007년 정상회담에서 사회문화 분야의 교류를 논의할 〈남북사회문화협력추진위원회〉 구성에 합의하였지만 가동되지 못하였고, 법적으로는 2007년 통일부가 〈사회문화교류 진흥법〉 제정을 시도하였지만 현재까지 제정되지 못하고 있다.[41] 사회문화 분야는 그 특성상 지방과 시민사회의 자율성이 충분히 보장되어야 한다. 문제는 이러한 자율성의 보장이 오늘날 목도하고 있는 것처럼 자칫 정치 논리에 종속되어 정치적 판단에 따라 교류와 협력이 영향을 받을 수 있다는 점이다. 법과 제도의 구축은 자의적인 판단이 아니라 교류협력의 합법성과 정당성의 틀을 마련하고, 그 내에서의 자율성을 추구하기 위한 것이어야 할 것이다. 또한, 법과 제도의 마련은 사회문화 분야의 특성상 남북이 공동으로 공유해야 할 것이기도 하다. 즉, 사람과 사람이 만나는 사회문화 분야의 특성은 우발적인 사고와 남북 간의 접촉 과정에서 불거질 수 있는 문제에 대한 양측의 합리적 해결의 기준이 되어야 한다.[42]

둘째, 통일문화의 창출은 지금까지의 주고받기 식의 교류협력이 아니라 새로운 그 무엇인가를 창출하는 방식이어야 한다. 즉, 남한이 가진 것을 보여 주고, 북한이 가진 것을 소개하는 것은 사회문화 교류협력의 초창기에서 의미 있는 것이라 할 수 있다.[43] 이러한 소개와 주고받기를 뛰어넘어 남과 북이 만나 새로운 '통일문화'를 만들어 내는 과정은 곧 '더불어 살기'를 위한 훈련이

자, 모든 분야에서 남한이 가진 장점과 북한이 가진 장점을 드러내고 서로를 인정하고 포용하는 통일의 과정이 되는 것이다.[44) 이미 우리는 지난 시기에 부분적으로 이를 시도하기도 하였다. 방송 드라마의 공동 제작이나 영화 제작 등이 초보적인 경험이라 할 수 있다. 그리고 현재는 우여곡절을 겪고 있지만, 개성 지역에서의 역사 유적의 공동 발굴, 겨레말큰사전 편찬 사업 등은 단순히 양측의 결합이 아니라 남북 공동의 자산을 만들어 내는 작업이라고 할 수 있다. 앞으로는 이러한 식의 교류협력이 보다 더 많아져야 할 것이다. 셋째, 사회문화 교류협력은 다른 한편으로는 우리 사회의 통일 여론을 제고시키고, 통일 문제를 생활의 문제로 여기게 할 수 있는 중요한 사업이다. 현재 젊은 세대를 중심으로 점차 강해지고 있는 '체제에 대한 영향'과 '통일에 대한 무관심'은 교육을 통해 일정 정도 극복할 수 있지만, 통일 문제를 생활의 문제로 절실하게 느끼게 하는 것에는 매우 부족하다. 사회문화 교류협력이 보다 더 많은 사람을 포괄하고, 그리하여 현재의 반북-냉전적 의식의 잔재를 청산하고 보다 새롭고 '창의적인 사고'의 발현으로 나아가게 한다면, 이는 남북한 관계의 진전만이 아니라 우리 사회의 민주적 의식의 발전에도 크게 기여하게 될 것이다. 이런 점에서 사회문화 교류협력의 지속성과 일관성은 매우 중요할 수밖에 없다. 현장 체험을 통한 통일 교육으로서 사회문화 교류협력은 현재보다 외연을 보다 확대해야 할 요구를 제기하고 있는 것이다. 그리고 이 과정이 곧 통일의 '사회

통합'을 준비하는 든든한 토대를 마련하는 것으로 될 것이다.

결국 사회문화 교류협력은 지속성과 일관성을 갖추기 위한 법적·제도적 뒷받침, 그리고 중앙정부와 지방, 그리고 시민사회의 창의적 발상이 결합되는 방식, 마지막으로 통일 교육으로서의 역할을 강화하는 방향으로 전개되어야 한다. 그러기 위해서는 지방과 시민사회에서 제기되는 다양한 남북한 접촉과 교류를 활성화하고, 이를 지원하는 구조가 만들어져야 할 것이다. 예를 들어, 서울시가 제안하고 추진하려고 하는 '경평 축구'의 부활이 전통적인 역사의 재현을 통한 교류협력이라면, 경상남도가 생각하는 금난새 지휘자를 중심으로 한 오케스트라의 남북한 협연 등은 지방의 창의성과 장점을 사회문화 교류를 통해 극대화하는 방식이 될 것이다. 이처럼 지방이 가진 장점을 드러내고, 이를 장려하는 방식으로서의 사회문화 교류협력이 추진되는 것이 바람직할 것이다. 그리고 여기에 민족적인 교류와 협력이 세계에 드러낼 수 있는 것과 결합한다면 더욱 바람직할 것이다. 정명훈 지휘와 은하수악단의 협연은 이의 단초를 보여 주었다.[45] 사실, 국제무대에서의 남북한의 협력은 통일의 국제적 정당성을 확립하는 데서도 중요한 역할을 하게 된다. 시드니 올림픽에서의 공동입장은 전 세계에 '코리아'라는 브랜드를 널리 알린 중요한 계기가 되기도 하였다. 사회문화 교류협력의 구체적인 내용은 중앙과 지방, 시민사회의 각자의 영역에서 마련되어야 할 것이다. 인도적 지원에서부터 초보적인 교류와 협력, 그리고 중앙정부 간의 대규모 프로젝트 등이 서로 어울릴 수 있는 분야가 바로 사회문화 분야이다. 그러면서도 자율성이 저해되지 않는 방향에서 교류협력이 진행되어야 할 것이다.

Ⅳ. 나가며

지금까지 사회문화 교류협력은 많은 성과를 이루었음에도 적지 않은 한계를 노정했고, 또한, 앞으로의 발전의 과제를 안겨 주고 있다. 앞으로 사회문화 교류협력은 민족적 동질성 회복을 위해서도 더욱 발전해야 한다. 다만, 이러한 민족적 동질성이 과거 회귀적인 동질성 회복으로 이어져서는 안 될 것이다. 그러기 위해서는 남북한의 사회문화 교류협력이 통일의 정체성을 확립하는 과정임과 동시에 세계적인 보편성을 획득하는 것이어야 한다. 이로부터 민족적 가치와 국제적인 보편적 가치가 결합하는 방식의 교류협력으로 진행되어야 할 것이다. 또한, 사회문화 교류협력은 오늘날 우리가 목도하고 있듯이 남북한의 정치·군사적 논리에 따라 언제든지 뒤로 후퇴할 수도 있다. 이는 정경 분리 원칙에도 불구하고 사실상 정치에 종속된 교류협력으로부터 벗어나지 못하고 있음을 말해 준다. 완전한 정경 분리가 불가능한 것은 사실이지만, 다른 한편으로는 사회문화 교류협력의 논리에 따라 교류협력이 진행되어야 하는 것도 사실이다. 이를 위해선 중앙과 지방, 그리고 시민단체 간의 적절한 역할 분담이 있어야 하며, 법과 제도적 규범에 따라 교류협력이 진행되어야 한다. 즉, 자의적인 판단과 정치적 논리에 따라 교류협력이 추진되는 것이 아니라 교류협력의 발전 논리 그리고 법과 제도의 객관적 기준에 따라 추진되어야 함을 의미한다.

한편, 사회문화 교류협력은 단순히 남과 북의 '보여 주기'에서 벗어나 서로의 장점을 결합하여 새로운 '통일문화'를 창출하는 방향으로 진행되어야 한다. 지금까지는 주로 서로의 이해와 신뢰를 증진시키기 위한 소개와 부분적인 협력에 그쳤다면, 앞으로는 통일문화의 창출을 통해 한반도 구성원 모두가 공유할 수 있는 가치를 만들어 내는 방향의 협력이 되어야 한다. 이미 진행되고 있는 '겨레말큰사전 편찬'과 같은 것은 통일을 위한 남북한 언어 통합의 토대가 될 것이며, 남북 공동의 역사 유적 발굴은 전체 한반도의 역사를 복원하는 의미를 갖는다. 이처럼 모두가 공유할 수 있는 가치의 창출은 곧 국제적으로도 남북한의 교류협력이 보편성을 갖는 가치의 창출에 기여할 수 있음을 의미한다. 그리고 이렇게 될 때 교류협력이 더 많은 국민적 공감대와 정당성을 갖고 진행될 수 있을 것이다.

오늘날 사회문화 교류협력은 더욱 시급한 과제가 되었다. 남북한 관계가 경색 국면을 넘어서서 대화조차도 끊어진 상황에서 남북 간의 신뢰 회복과 관계 개선을 위해서는 우선 쉽게 접근할 수 있고, 정치적 부담이 적은 분야에서부터 다시금 시작할 수밖에 없다. 정부가 나서기 어려운 상황이라면 민간단체가 우선 앞장서서 남북 간의 신뢰의 끈을 형성할 수도 있다. 과거의 경험에 의하면, 민간단체의 사회문화 분야에서의 교류협력이 결국 정치적 신뢰로 이어진 사례를 얼마든지 찾을 수 있다. 이런 점에서 오늘날 사회문화 교류협력은 남북한 관계를 대결과 갈등의 국면에서 화해와 협력의 국면으로 전환시킬 수 있는 가장 좋은 분야라 할 수 있을 것이다.

과거 동·서독의 사례에서 확인할 수 있듯이, 통일의 길에 이르는 과정에서도 사회문화 분야에서의 교류협력이 중대한 역할을 했고, 이후 통일의 후유증을 지켜보면서도 사회문화 분야의 교류협력이 많으면 많을수록 좋다는 교훈을 얻었다. 이러한 교훈을 통해서 우리는 사회문화 분야의 교류협력이 통일의 길을 여는 중요한 매개체가 되어야 하며, 많으면 많을수록 그리고 깊으면 깊을수록 통일의 길에 가깝게 다가서게 됨을 깨달아야 할 것이다. 그 과정에서 많은 부작용이 뒤따를 수 있지만, 이는 '극복'해야 할 문제이지 '부정'해야 할 문제가 결코 아닌 것이다. 결국 통일은 정치·군사적 통일 못지않게 사회적 통일이 중요하며, 오히려 통일된 사회를 만들어 내는 것은 제도가 아닌 '사람과 사람의 관계'인 것이다. 그리고 사람과 사람의 관계를 형성하고, 발전시키는 것은 부단한 사회문화적 교류와 협력인 것이다.

| 필자 약력 |

정영철(鄭英喆)

서울대학교 섬유공학과 졸업. 서울대학교 사회학박사.
캐나다 British Columbia 대학 초빙연구원, 서울대학교 국제대학원 책임연구위원, 이화여자대학교 통일학연구원 객원연구위원 등을 역임했다. 현재 서강대학교 공공정책대학원 교수로 재직 중이다. 저서에 『북한의 개혁 개방-이중전략과 실리사회주의』(2004), 『김정일 리더십 연구』(2005)가 있다.

| 주(註) |

1) 정경 분리의 원칙은 이미 노태우 정부 시절부터 남북한 교류협력의 원칙으로 제시되었다. 멀리 거슬러 올라가면, 박정희 정권 시절부터 '기능주의'에 따른 정경 분리 원칙이 주장되었다. 기능주의적 접근의 기본 원칙은 정치와 분리된 경제 혹은 사회문화 분야의 교류협력을 통해 이를 정치적 교류협력으로 발전시키는 것이라 할 수 있다. 기능주의 접근의 대표적인 사례로는 오늘날 유럽연합을 들 수 있고, 독일 역시 70년대 이래 기능주의적 접근을 통해 동서독 관계를 관리해 왔다고 할 수 있다. 사실, '정경 분리'란 정치와 경제의 분리 이외에도 정부와 민간의 분리를 의미한다. 배성인·이경국, "남북한 사회문화 교류협력의 전개과정과 특징", 『북한연구학회보』 7권 1호(2003), p. 276.
2) 물론, 기능주의적 교류와 협력의 증진이 다양성을 증대시키고, 통합의 조건을 유리하게 만드는 것은 사실이지만, 이것이 정치·군사적 통합, 체제의 통합을 가져오는 것은 아니다. 전미영, "남북 사회문화교류 활성화를 위한 과제", 『북한학연구』 6권 1호(2010), p. 24.
3) 사실, 동·서독 통합의 밑거름은 사회문화적, 경제적 교류의 지속적인 진전이 있었기에 가능했다. 임현진·정영철, 『21세기 통일한국을 향한 모색』(서울대출판부, 2005), p. 291.
4) 이 숫자마저도 개성공단 방문을 제외하면, 약 4만 5천여 명에 불과하다. 2011년의 경우, 11만 6천여 명의 왕래 숫자 가운데 개성공단 방문을 제외하면, 약 1천 5백여 명에 불과하다. 이 숫자가 의미하는 것은 현재 남북한의 교류협력은 거의 중단되었고, 그나마 개성공단만이 힘겹게 숨을 쉬고 있는 상황이라 하겠다.
5) 이 대목에서 분명하게 지적할 것이 있다. 현 정부에서 일부 보수 단체 및 탈북자 단체의 '삐라 날리기'가 문제 되고 있다. 현 정부의 대북 정책과의 교감이라는 의심 속에 진행되었고, 진행되고 있는 '삐라 날리기'는 북한 체제에 대한 비판과 북한 주민들에게 북한 체제로부터의 속박에서 벗어나기 위한 '자유'의 행위로 평가된다. 전형적인 냉전 시절의 논리이자 행위이다. 그런데 과연 이것이 얼마나 효과가 있을까? 탈북자들에 대한 면접 조사의 결과는 실제 '삐라'를 보고 남한행을 결심한 이는 극히 소수에 지나지 않음을 보여 주고 있다. 남한에 정착한 탈북자들의 증언이라는 것을 고려해야 하겠지만, 정작 '삐라 날리기'는 북한에 대한 영향이기보다는 남한 내부를 향한 '정치적 행위'이자 동시

에 국제사회를 향한 '선전'에 가깝다. 여기서 잠깐 생각해 보자. 금강산 관광이나 개성 관광 혹은 대북 인도적 지원과 사회문화 교류협력을 통한 북한의 변화가 더 큰 영향력을 가진 것은 아닐까? '삐라 날리기'와 같은 행사가 오히려 정치적 행위로 인식되어 북한 사회 내부의 통제와 경각심을 높여 준다면, 금강산·개성 관광, 경제 협력의 증진, 인도적 지원과 사회문화 교류협력은 어느 정도 '일상의 접촉'을 만들어 내고, 보이지 않는 영향력을 미치는 수단이 되지 않을까? 오늘날 개성공단의 북한 근로자들의 변화는 분명 그러할 것이다. 이런 점에서 이들 수단은 수십만 장의 삐라와는 비교할 수 없는 〈그랜드 삐라〉라 할 것이다. 현 정부의 대북 정책과 '삐라 날리기'는 우리가 10여 년간의 노력 끝에 구축한 〈대북 그랜드 삐라〉를 완전히 부정한 것에 불과하다. 냉전의 의식 속에 갇혀서 '창조적 파괴'라는 탈냉전의 무기를 보지 못한 오류의 결정판이라 할 것이다.

6) 조한범, "남북한 이질화와 사회문화교류협력", 한국정치학회, 『남북한 관계의 분야별 현황과 과제: 쟁점과 대책』, 한국정치학회 자료집, 1997.

7) 전미영, 앞의 글, p. 22.

8) 전효관, "남북한 통일 과정에서 사회문화적 접근의 의의와 전망", 현대경제사회연구원, 『통일경제』, 1998년 10월호, p. 57.

9) 이러한 경험은 2000년 정상회담의 성사 과정, 2005년 6.17 면담 과정(정동영 특사의 김정일 면담)에서도 드러났다. 당시는 당국 간 대화가 단절된 상황에서 민간을 매개로 한 간접대화와 민간의 행사를 계기로 한 당국자 간 직접 접촉이 이루어짐으로써, 결과적으로 남북 간에 보다 더 높은 대화를 가능케 하였다.

10) 1990년대의 '북한 돕기 운동'이 대표적이다. 당시 많은 국민들의 북한의 심각한 식량난에 자발적인 인도적 지원에 참여하였다. 이러한 자발적인 참여는 민간 통일 운동의 활성화뿐만 아니라, 통일을 정치, 군사, 경제 등 어려운 것으로만 여기던 것에서 벗어나 누구나 쉽게 참여할 수 있는 국민 참여형 운동으로 발전시키는 데 큰 역할을 하였다. 그리고 이러한 국민적 뒷받침이 '통일 NGO'의 성장과 발전에 커다란 힘이 되었다. '통일 NGO'의 형성과 발전에 대해서는 정영철 "남북 관계 발전을 위한 NGO의 역할: 평가와 과제", 통일연구원·서울대 통일포럼, 『남북한 교류(화해)·협력과 NGO의 역할』, 2004.

11) 1990년대 이후, 남한이 북한을 바라보는 시선은 과거의 공포, 적대감 등에서 동정과 시혜의 대상으로 바뀌었다. 이에 대해서는 정영철, "남북 관계와 바라봄의 정치", 서울대 국제문제연구소 편, 『남북한관계와 국제정치이론』, 세계

정치 16권, 2011년 가을, 겨울.

12) 독일 통일의 이후 과정에서 보이는 오씨(Ossis)와 베씨(Wessis)로 상징되는 사회 갈등은 바로 이 같은 사회문화적 통합의 훈련이 시민사회 차원에서 활성화되지 못함으로써 발생했다고 볼 수 있다. 이들의 갈등은 단지 양독 사회의 구성원 상호 간에만 적용되는 것이 아니라 극단적인 외국인 배타성으로 표현되기도 하며, 젊은 층에서 유행하는 신나치 운동으로 표출되기도 한다. 독일 통일이후 청소년을 상대로 한 조사에서 대부분의 양독 청소년들이 서로에 대해 극단적인 배타적 감정을 표출하고 있으며, 일부는 신나치에 대해 지극히 우호적인 감정을 드러내기도 하고 있다. 위르겐 뵘 외(이학로 옮김), 『헤이, 오씨 안녕, 베씨』, 푸른나무, 1994.

13) 동·서독 통합의 경우에도, 서독의 '접촉을 통한 변화'라는 일관된 정책의 추진이 통일을 앞당길 수 있는 동력이 되었다고 할 수 있다. 서독은 동독에 대해 정치적 대응보다는 비정치적 차원, 즉 민간의 교류협력 강화를 통해 정치적 관계 개선을 모색하였으며 동독도 실리 추구 차원에서도 서독의 교류협력에 참여하여 왔다. 이러한 교류협력이 결국 '인간의 통일'을 앞당긴 동력이었던 것이다. 전미영, 앞의 글, p. 24.

14) 윤여령, "남북한 사회·문화 통합을 위한 과제", 평화문제연구소,『통일문제연구』 제10권 2호, 1998, p. 63.

15) 물론, 위의 회담 통계는 정부 당국 간 회담을 의미한다. 따라서 민간의 회담이나 접촉은 포함되지 않고 있음을 감안해야 한다. 그럼에도 위의 표는 정부 간 회담에서 사회문화 분야가 주된 의제로 다루어지지 않고 있음을 말해 준다. 이는 정부 스스로도 인정하는 것으로서, 2009년 통일부 관리과제 자체 평가에 의하면, 사회문화 분야의 교류가 최하위인 '미흡'의 평가를 받은 것으로 알려졌다. 이에 대해서는 전미영, 앞의 글, p. 31.

16) 2011년 개성공단의 왕래 인원을 제외하면, 약 1천 5백 명 수준이다.

17) 김대중 정부 때부터 활성화된 이산가족 상봉은 정부의 식량 및 비료 지원과 '사실상' 연계되어 진행되었다. 그러나 2008년부터 식량과 비료 지원이 중단됨으로써 이산가족 상봉도 2009년과 2010년 단 두 차례밖에 성사되지 못하였다.

18) 과거 1970년대의 남북 간 첫 접촉의 계기도 남북적십자회담을 통한 인도적 협력 분야였다. 이를 계기로 정치회담이 열리게 되었고, 1972년의 '7·4 남북공동성명'이 발표될 수 있었다. 또한, 적십자회담은 남북한이 곧바로 정치회담을 열기 어려울 때 간접적인 대화의 통로 역할을 해왔다.

19) 서해상의 충돌은 대표적으로 1999년, 2002년에 발생하였다. 당시의 이러한 충돌은 남북 당국에 의해 통제되었고, 서해 평화를 위한 필요성을 각인시켰고, 결국 2007년 정상회담에서 '서해평화경제특별지대'의 설치를 합의함으로써 충돌의 근본적인 원인을 제거할 수 있는 단계로까지 발전하였다. 그러나 이러한 합의가 이행되지 못하고 2009년과 2010년의 천안함, 연평도 사건이 발생하면서 남북 관계는 완전히 파탄 지경으로까지 몰리게 되었다. 이 시기의 서해상 충돌은 더 큰 합의로 이어지지 못하고, 결국 오늘날까지 남북한의 적대적 대결과 충돌을 부추기는 '사건'으로 작동하고 있다.

20) 남한 국민들의 북한에 대한 인식은 상황에 따라 변화를 보인다. 그럼에도 불구하고 기본적인 의식은 '동포'와 '적'이라는 이중적인 모습을 보인다. 다만, 남북 관계의 변화에 따라 '동포성'이 강화되기도 하고, '적성'이 강화되기도 하는 등의 의식의 변화를 보이고 있다. 이러한 의식의 변화에 대해서는 김갑식, "탈냉전기 동북아 질서와 북한의 남북 관계에 대한 인식", 『한국정치연구』19집 3호, 2010.

21) 남한이 지원한 쌀과 비료 등의 포장지를 '가방'으로 대용하는 모습을 볼 수 있다. 이러한 모습은 '대한민국'에 대한 적대감과 거리감이 상당 부분 해소되고 있음을 말해 준다.

22) 이에 대해서는 조동호, 『통일비용보다 더 큰 통일편익』, 통일교육원, 2011, 임현진·정영철, "'전환의 계곡'을 넘어: 통일편익, 통일비용 그리고 통일혜택," 『역사비평』 2001년 겨울호.

23) 1999년의 서해 교전 당시, 서해에서의 갈등에도 불구하고 금강산 관광의 지속과 민간 교류의 활성화는 2000년 정상회담을 성사시키는 데 중요한 역할을 하였다. 또한, 2002년의 서해 교전 당시에도 교류협력이 지속됨으로써 더 큰 갈등으로 확대되는 것을 방지할 수 있었다.

24) 현재 개성공단은 남북한의 거의 유일한 통로 역할을 하고 있다. 그리고 개성공단과 직접 관련된 문제 이외에도 민간단체들의 접촉이나 관련 대화 창구로서 개성공단이 역할을 하고 있다.

25) 이러한 '차이의 조화'에 의한 통일의 필요성에 대해서는 '또 하나의 문화' 팀이 선구적 역할을 하였다. 이에 대한 아마도 최초의 서적은 또 하나의 문화, 『통일된 땅에서 더불어 사는 연습』, 또 하나의 문화, 1996. 일 것이다.

26) 이 점은 심각한 고민과 성찰을 요구한다. 사회적 의제의 선점 효과는 정치적으로도 대단히 중요하다. 오늘날 '무상급식'의 의제를 보라. 소위 말하는 진보 혹은 개혁 진영의 의제 선점의 효과를 이처럼 분명히 보여 주는 사례는 찾

아보기 힘들 것이다. 통일 문제에서 의제의 선점은 일부 '보수'의 공격과 확산을 방지하고, 화해와 협력의 프레임을 고착·발전시키는 가장 중요한 일이다. 이런 점에서 오늘날 경제 및 사회문화 교류협력의 사회적 의제를 선점하기 위한 발굴과 모색은 가장 중요하게 주어지고 있는 과제라 할 것이다.

27) 전영선, "2000년 이후 남북 사회문화교류에 대한 평가와 전망", 『월간 아태지역동향』 2006년 2월호, p. 18.

28) 통일부가 제시한 대북 인도적 지원 통계에 바탕한 계산한 결과임.

29) 남남갈등에 대해서는 정영철, "남남갈등의 변화양상: 갈등의 전개양상과 특징을 중심으로", 제주평화연구원, 『대북 정책에 대한 소통증진 방안연구』, 제주평화연구원 연구사업보고서, 2009.

30) 사실, 남남갈등은 정치적 이해관계를 깊이 반영하고 있다. 따라서 단순한 합리적 논리만으로 상대방을 설득하거나, 합의에 이루기에는 어려운 것이 사실이다.

31) 물론, 남남갈등에 깊이 내재되어 있는 역사적 뿌리와 이데올로기적 편견은 '북한'을 둘러싼 근본적인 인식의 차이를 반영하고 있다. 따라서 충분한 국민적 공감대가 있다 하더라도 쉽게 사그라질 성격은 아니다. 그럼에도 국민적 공감대를 바탕으로 충분한 합의에 기반을 두고 교류와 협력을 진행한다면, 불필요한 갈등은 어느 정도 예방할 수 있을 것이다.

32) 이명박 정부의 대북 정책이 가지고 있는 전형적인 오류는 첫째, 주관적 희망에 기초한 객관적 상황의 무시에 근거한 대북 정책(즉, 북한의 붕괴 및 흡수라는 주관적 희망을 아무런 객관적 조건도 없이 정책화했다), 둘째, 뒤집힌 인과 관계에 기초한 정책 수립(비핵 개방 3000이 대표적이다. 원인과 결과를 완전히 뒤집어 놓았다), 셋째, 과거에 대한 맹신적 부정으로부터 출발한 '부정의 정책'(ABR – Anything But Roh) 등을 들 수 있다. 그리고 여기에는 한미동맹에 대한 맹신과 힘에 근거한 '네오콘'식 정책 추구가 바탕에 놓여 있다. 결과는 참혹한 실패였다.

33) 동서독의 경험은 미트라니(Mitrany)식의 기능주의로부터 출발하여 '부분 통합의 확장 논리(the expansive logic of sector integration)'에 따른 신기능주의로의 발전이라고 할 수 있다. 임현진·정영철, 앞의 책, 2005, p. 292, 박정희 정권의 1973년의 '6·23 선언'도 지금까지의 봉쇄 정책에서 '기능주의' 정책으로의 전환이라고 말할 수 있다.

34) 대부분의 여론조사는 북한에 대한 국민의식이 이중적임을 보여 주고 있다. 그러나 2008년 금강산 관광객 피격 사망 사건, 그리고 천안함·연평도 사건

이후, 북한에 대한 적대감이 높아지고 있다. 반면, 경제 협력과 사회문화 교류와 협력이 활발한 시기에는 북한에 대한 인식이 동포애적이며, 통일의 파트너로서 아주 높은 수치를 보여 주고 있다. 다른 한편, 북한에 대한 동정심과 시혜의 대상으로서의 인식은 1990년대 중반 이후부터 매우 높게 나타나고 있다. 이러한 인식은 한편으로는 '북한 돕기 운동'의 동력이 되면서도 동시에 '더불어 살기' 위한 대상으로서는 부정적인 것으로 나타나기도 한다.

35) 민족의식과 체제의식의 구분은 편의적인 것이다. 다만, 민족의식이 체제의 상이함에도 불구하고 '동류의식'에 기초한 통일 지향적인 태도로 나타난다면, 체제의식은 남북한의 상이한 체제로부터 발생한 의식을 의미한다. 특히, 남한의 경우, 젊은 세대에게서 체제의식은 체계적인 교육, 현실적인 남북한의 처지, 세계화의 영향 등에 의해 남한의 체제가 부과하는 기준과 가치를 '보편적인 것'으로 여기고, 이를 기준으로 북한을 바라보는 경향이 강해지고 있다. 이러한 경향은 남북 분단의 세월이 길어짐으로써 자연스럽게 형성된 것이자, 동시에 남북한의 교류와 협력이 미래의 통일 한반도를 만들어 내기 위해서도 시급하고 중요한 문제임을 말해 준다.

36) 북한은 2012년을 '강성대국의 대문을 여는 해'로 정하고, 총력을 기울였지만 결국 강성대국 선포를 사실상 유보하였다. 2012년 4월 김정일 사망 이후, 북한의 새로운 최고지도자로 등장한 김정은은 사회주의 강성국가 건설을 목표로 내걸었다. 아직 강성국가에 이르지 못하고 있음을 인정한 것이자, 동시에 여전히 그 목표가 유효함을 말한 것이다(김정은 연설, 2012년 4월 15일)

37) 김정은, "사회주의 강성국가 건설의 요구에 맞게 국토관리사업에서 혁명적 전환을 가져올 데 대하여(2012.4.27.)," 『조선중앙통신』, 2012년 5월 8일.

38) 북한의 소위 '6·28 조치'라는 것은 아직 문헌으로 확인되지 않고 있다. 언론매체에 의해 보도된 '6·28 조치'의 기본적인 내용은 기업의 자율성과 분권화의 강화 및 물질적 인센티브의 강화, 농업에서의 분조의 규모의 축소, 실질적인 내각책임제의 강화 등을 내용으로 하고 있다.

39) '이익의 공유'와 '상호 의존성'의 확대는 주로 경제 협력 분야에서 논의되었던 것들이다. 남북한의 경제 협력은 통일의 물질적 토대의 구축과 동시에 '상호 이익의 추구' 및 '상호 의존성'의 강화를 통해 남북의 경제적 연계를 튼튼히 하는 것에 중점을 두고 있다. 사회문화 교류협력 역시 이러한 방향에서 진행되어야 할 것이다. 그러나 사회문화 교류협력은 직접적인 물질적 이익을 추구하는 것이 아니라 공유하는 '문화'의 창출이어야 할 것이다.

40) 남과 북의 교류협력에 국제적인 지원과 결합의 예로 최근 프랑스에서 있었

던 정명훈 지휘와 평양 은하수악단의 협연을 들 수 있다. 물론, 이러한 방식은 아직까지는 예외적이지만, 앞으로는 남과 북의 교류협력과 동시에 이러한 국제적인 지원 혹은 남북이 공동으로 국제무대에서 공동으로 실현할 수 있는 의제와 사업을 찾을 수 있을 것이다.

41) 전미영, 앞의 글, p. 34.

42) 물론, 법과 제도의 구축이 이런 문제들을 완전히 다 해결할 수 있는 것은 아니다. 금강산 관광객 피살 사건의 경우, 남북이 합의한 사건 해결의 기준이 존재하지만 실제로는 정치적 판단과 입장에 따라 제대로 실행되지 못한 경우라고 볼 수 있다. 그러나 법과 제도의 공유는 최소한의 기준을 마련하고, 교류와 협력의 진전에 따라 점차 양측이 수용할 수 있는 객관적 기준으로서 기능할 수 있는 토대가 될 수 있을 것이다.

43) 물론, 이러한 주고받기 식 혹은 소개하기 식의 교류가 충분한 것은 아니다. 동·서독의 경우 800만이 넘는 인적 교류와 방송 개방 등을 통해 서로의 삶을 소개했음에도 불구하고, 정작 통일된 시점에서는 상대방에 대한 '이해 부족'의 문제에 시달려야 했다. 즉, 이는 소개를 통한 이해가 '사회문화적 통합'을 가져다주는 것은 아니며, 소개를 통한 이해를 넘어 '공통의 삶'을 만들어 내는 것이 곧 통합의 과정이어야 함을 의미한다.

44) 이 과정에서 반론이 제기된다. 즉, 북한의 태도가 문제라는 것이다. 물론 북한의 태도가 문제이다. 그러나 어떠한 교류협력도 이러한 초기 단계의 장애를 거치지 않는 것은 없다. 문제는 '신뢰의 구축'이다. 이는 경제 협력에서도 마찬가지이다. 또한, 북한의 책임을 묻는 것은 해결해야 할 과제이지, 그 자체로 교류협력의 발전을 포기할 근거로는 되지 않는다. 일종의 '전환의 계곡' 효과인 것이다.

45) 지난 3월 14일 북한의 은하수 관현악단과 프랑스의 라디오 프랑스 오케스트라가 협연을 했고, 이 연주의 지휘는 정명훈 감독이 맡았다. 이 합동 공연은 세계적인 관심을 모았으며, 정명훈 감독은 앞으로도 남북한의 합동 공연을 계속 추진하겠다고 했다. 〈한국일보〉 2012년 3월 15일 자.

| 참고문헌 |

김갑식, "탈냉전기 동북아 질서와 북한의 남북 관계에 대한 인식", 『한국정치연구』 19집 3호, 2010.

또 하나의 문화, 『통일된 땅에서 더불어 사는 연습』, 또 하나의 문화, 1996.

배성인·이경국, "남북한 사회문화 교류협력의 전개과정과 특징", 『북한연구학회보』 7권 1호, 2003.

위르겐 뵘 외(이학로 옮김), 『헤이, 오씨 안녕, 베씨』, 푸른나무, 1994.

윤여령, "남북한 사회·문화 통합을 위한 과제", 평화문제연구소, 『통일문제연구』 제10권 2호, 1998.

임현진·정영철, 『21세기 통일한국을 향한 모색』(서울: 서울대출판부, 2005).

임현진·정영철, "'전환의 계곡'을 넘어: 통일편익, 통일비용 그리고 통일혜택", 『역사비평』 2001년 겨울호.

조동호, 『통일비용보다 더 큰 통일편익』, 통일교육원, 2011.

조한범, "남북한 이질화와 사회문화교류협력", 한국정치학회, 『남북한 관계의 분야별 현황과 과제: 쟁점과 대책』, 한국정치학회 자료집, 1997.

전미영, "남북 사회문화교류 활성화를 위한 과제", 『북한학연구』 6권 1호, 2010.

전영선, "2000년 이후 남북 사회문화교류에 대한 평가와 전망", 『월간 아태지역동향』, 2006년 2월호.

전효관, "남북한 통일 과정에서 사회문화적 접근의 의의와 전망", 현대경제사회연구원, 『통일경제』, 1998년 10월호

정영철 "남북 관계 발전을 위한 NGO의 역할: 평가와 과제", 통일연구원·서울대 통일포럼, 『남북한 교류(화해)·협력과 NGO의 역할』, 2004.

정영철, "남남갈등의 변화양상: 갈등의 전개양상과 특징을 중심으로", 제주평화연구원, 『대북 정책에 대한 소통증진 방안연구』, 제주평화연구원 연구사업보고서, 2009.

정영철, "남북 관계와 바라봄의 정치", 서울대 국제문제연구소 편, 『남북한관계와 국제정치이론』, 세계정치 16권, 2011년 가을, 겨울.

김정은, "사회주의 강성국가 건설의 요구에 맞게 국토관리사업에서 혁명적 전환을 가져올 데 대하여(2012.4.27.)", 『조선중앙통신』 2012년 5월 8일.

통일부, 통계자료(http:/www.unikorea.go.kr).

남북 관계 발전을 위한 언론의 역할

이원섭

I. 언론의 사회적 기능과 책임

민주주의 사회에서 언론의 사회적 기능과 책임은 아무리 강조해도 지나침이 없을 것이다. 오늘날처럼 직접 경험을 통해 사회현상을 알기 힘든 대중사회에서 사람들의 사물이나 사회에 대한 인식, 이미지는 주로 매스미디어를 통해 형성된다. 사람들은 언론 보도를 통해 사회 현실을 이해하며, 특히 정보를 얻을 수 있는 통로가 제한된 영역에서는 언론의 영향력이 거의 절대적이다.

오랜 기간 분단 상태가 지속된 한국 사회에서 남북관계와 관련된 문제들, 정부의 통일 정책 방향이나 북한 사회의 실체 파악은 물론이고 한반도 정세, 통일 환경 변화 흐름 등 모든 분야의 정보 획득은 언론을 통해서만 가능하다. 남북문제 현안과 통일문제에 대한 국민의 의견을 수렴하고 국민적 공감대를 형성하는 것도 언론의 몫이다.

그런데 언론은 현실 세계의 다양한 실상들을 있는 그대로 보여 주는 것일까? 만약 그렇지 않다면 어떤 메커니즘에 의해 미디어 세계를 재구성하는 것일까? 저명한 언론인 월터 리프만(W. Lippmann)은 그의 책 『여론(*Public Opinion*)』에서 뉴스와 진실은 엄연히 별개의 것이며, 동일한 것으로 간주되어서는 안 된다고 주장하였다. 언론인이 아무리 좋은 의도를 가지고 있더라도 그는 고정관념과 편견에 사로잡혀 있을 뿐 아니라, 사건에 대한 시각을 일정한 방향으로 유도하는 정치 선전가들에 의해 이용당할 수 있다는 것이다. "뉴스의 본질은 상징화된 사건이며, 진실이란 사실의 숨겨진 측면을 밝혀내야 얻어질 수 있는 것"이라고 한 리프만은 언론의 보도 활동이란 마치 어둠 속에서 사물을 찾기 위해 이곳저곳을 번갈아 비추는 탐조등의 조명과 같다고 말했다.

언론학자 게이 터크만(G. Tuchman) 역시 저서 『뉴스 만들기(*Making News*)』 첫 문장에서 "뉴스는 세계를 향해 나 있는 창(News is a window on the world)"이라고 규정했다. 뉴스 제작진들이 일종의 틀을 가지고 뉴스를 제작하고 있으며, 그 틀의 특징에 따라 뉴스의 내용이 윤색된다는 것이다.

이처럼 언론이 현실을 있는 그대로 투영하지 않는다는 인식은 언론 현상을 연구한 대부분의 학자들에게서 나타난다. 미디어가 표현하는 현실은 객관적인 사실 그대로가 아니라 '구성된 현실'이라는 것인데, 달리 표현하면 언론은 가치중립적인 태도에서 현실을 진단하는 것이 아니라 미디어가 작동하는 사회 내의 가치 체계와 이데올로기의 틀 속에서 현실을 바라본다는 것을 뜻한다.

언론이 현실을 있는 그대로 보여 주지 않는다는 점은 우리가 일상적으로 보고 느끼는 경험을 통해서도 충분히 이해가 가는 일이다. 한정된 신문 지면이나 방송 보도 시간상 세상 모든 일을 보도할 수는 없기 때문에 어차피 언론의 '선택'은 불가피하다. 언론의 선택 과정은 각 언론이 나름의 선정 기준에 따라 뉴스의 가치를 판단하는 것을 의미한다.

흔히 언론인들이 뉴스 가치(news value)가 있다고 판단하는 선정 기준으로는 영향성, 시의성, 근접성, 저명성, 진귀성, 인간적 흥미성 등이 꼽힌다. 그러나 이는 필요조건일 뿐이지 충분조건은 아니다. 뉴스 가치는 사람에 따라 판단이 달라지기도 하고, 그날의 지면 사정에 따라 달라지기도 하며, 시대 흐름에 따라 가치가 달라지기도 한다.

같은 뉴스거리를 놓고 언론사마다 판단이 달라 크고 비중 있게 다루는 신문도 있고, 아주 작게 취급하는 신문도 있다. 한 언론사 안에서도 같은 기사를 놓고 일선 취재 기자와 국장, 부차장 등 간부진의 견해가 달라 큰소리가 나는 경우도 있다. 뉴스 가치는 그날의 지면 사정에 따라서도 달라져서, 큰 뉴스가 많은 날은 웬만한 기사는 줄어들거나 아예 실리지 못하기도 한다. 반대로 기사거리가 없는 날은 평소 같으면 크게 취급되지 않을 기사도 커지게 된다. 장기적으로는 시대 흐름에 따라 뉴스 가치가 변하기도 하는데, 농촌 인구가 전체 인구의 절반 안팎이 되던 시대와 10% 선으로 줄어든 시대에 농촌 관련 뉴스의 비중이 동등할 리는 없다.

그러나 현실적으로 언론의 사회적 기능 및 책임과 관련해 가장 큰 논란을 빚고 사회적 문제가 제기되는 것은 언론사 간의 뉴스 가치 판단의 차이이다. 국민들은 해당 언론사 편집진의 자의적 선택과 손질을 거친 일정한 정보를 전달받게 된다. 이 선택과 손질의 과정은 똑같은 사실이라도 아주 크게 다루어 중요성을 부각시키거나, 아주 작게 다루어 비중을 낮추거나 심지어 아예 무시해 빼버리는 등 여러 가지 형태로 나타난다. 똑같은 뉴스가 어느 신문에는 1면 머리기사로 실리고 방송 톱뉴스로 크게 보도되는가 하면 어느 매체에서는 어디에 실렸는지조차 알 수 없도록 주목도가 떨어지게 다루어지기도 하는 것이다.

기사 크기의 차이뿐 아니라 언론은 해설 기사를 통해 특정 사건이나 현상의 배경과 전망 등을 설명하면서 언론 편집자의 견해를 짙게 투영하기도 하고, 더 직접적으로는 사설이나 칼럼이라는 형태를 통해 언론사의 입장을 분명히 밝히기도 한다. 방송의 경우도 특정 주제에 대해 집중적인 특집 프로그램 편성 등을 통해 방송사의 시각과 의지를 적극적으로 반영한다. 언론이 막중한 사회적 기능에 걸맞은 사회적 책임을 져야 한다는 지적이 나오는 것도 이런 배경 때문이다.

II. 남북문제와 한국 언론의 보도 태도

한국 사회는 언론의 힘이 특히 강력한 나라로 손꼽힌다. 외국에서도 언론이 상당한 영향력을 발휘하지만, 우리나라와 같이 한쪽으로 쏠린 '편향된 여론'이 국민들에게 일방적으로 영향력을 행사하고 심지어 정부 정책까지 좌지우지하는 경우는 찾아보기 쉽지 않다. 이런 현상을 놓고 일부에서 '언론공화국'이라고 빗대는 말까지도 나온다.

이론적으로만 보면 시민 세력의 범주에 속하는 언론의 힘이 강력한 것은 권력의 독주를 견제하고 횡포를 감시할 수 있다는 측면에서 바람직한 일이다. 정부가 시민사회의 목소리에 귀를 기울이게 되고 항시 여론의 동향을 살피게 한다는 점에서 긍정적인 기능을 한다. 그러나 이는 언론이 민주적으로 운영되고 국민의 뜻을 굴절되지 않게 정확히 반영한다는 전제에서 옳은 말이다. 만일 언론이 의도를 갖고 특정한 방향으로 국민 여론을 오도한다면, 사회에 끼치는 역기능은 이루 말할 수 없을 것이다. 특정한 성향을 띤 몇몇 언론의 영향력이 과도하게 커짐에 따라 우리 사회의 여론이 한쪽으로 급격하게 쏠리는 편향성을 띠게 되고, 이로 인해 국민의 목소리가 온전히 반영되지 않는다는 비판이 나오게 되는 것이다.

우리 언론은 남북문제 보도에서 우리 사회의 가장 보수적인 세력의 목소리를 대변해 왔다는 비판을 받아 왔다. 언론사마다 각기 지향하는 이념이 있을 수 있다. 그것 자체로 비난받을 일은 아니다. 하지만 그것이 지나쳐 언론의 본령인 진실 보도를 훼손하거나, 진실 보도를 하라고 사회적으로 부여받은 언론의 힘을 특정 방향으로 과도하게 행사하는 것에 대한 변명이나 면죄부가 될 수는 없다.

남북문제에 대한 언론의 보수적인 태도, 북한에 대한 강경한 보도 자세는 단순히 사실 전달 보도에만 그치지 않는다. 자신들의 논지를 충실히 반영하고 뒷받침하는, 남북문제에 대해 강경론을 펴는 학자들이나 여론 주도층에 한정해 지면을 제공하여 자신들의 논리를 널리 전파한다. '여론'의 방향을 조율하는 것이다. 언론의 주장과 방향이 다른 인사들은 여간해서는 자신의 견해를 알릴 지면을 할애받기 힘들다. 어쩌다 자신들의 주장과 다른 생각을 가진 외부 필자를 등장시키기도 하지만, 이는 대개 구색 맞추기 용이거나 상업적 필요에 따른 것이 대부분이다.

남북문제에 대한 한국 언론의 보도 태도를 분석한 많은 연구들은 그동안 우리 언론 보도의 문제점으로 거의 비슷한 결론을 내놓고 있다.

첫째, 냉전적 시각에서 벗어나지 못한 이데올로기적 편향성을 가장 큰 문제점으로 꼽는다.

전 세계적인 변화 흐름과 미국, 중국, 일본, 러시아 등 한반도 주변 열강의 정책 변화, 대결 일변도에서 대결과 화해·협력을 병행 모색하는 남북 관계의 변화 흐름에도 불구하고 우리 언론은 냉전 시기 지녔던 반북 이데올로기와 대결적 시각에서 벗어나지 못하고 있다는 것이다.

우리 언론은 통일 지향적 보도를 하기보다는 분단을 부추기고 고착시키는 방향으로 보도해 왔다는 비판에서 자유롭지 못하다. 통일을 향한 도정에서 적대적 관계이면서 동시에 동반자 관계이기도 한 북한을 적대적 관계로만 파악하는 냉전적 시각으로 남북 대결 의식을 부추긴다는 것이다. 북한에 대한 일반 국민들의 불안감을 자극하고, 적대감을 불러일으켜 은연중 반북 정서를 유포시키거나, 심한 경우 노골적으로 국민감정을 부추겨 대결 쪽으로 몰아갔다는 비판을 받고 있다. 북한에 관한 모든 정보를 언론 보도에 의지해 알 수밖에 없는 국민 입장에서는 언론의 보도 행태에 알게 모르게 세뇌돼 왔다고 해도 지나친 말이 아니다. 그 결과 국민들의 북한에 대한 시각은 굴절되고 고정관념과 편견에서 쉽게 헤어나지 못하고 있다.

남북 사이에 무슨 문제가 터지면 일이 발생하게 된 배경이나 역사적 흐름 같은 심층적인 분석보다는 충격적 상황을 자극적으로 부각시키는 데 익숙해 있다. 언론의 냉전적 시각은 북한 사회의 부정적 측면을 부각시키고 남북 간의 이질감을 강조함으로써 통일이 되기도 어렵거니와, 통일이 되더라도 문제가 많다는 생각을 갖도록 끊임없이 유도한다.

남북이 평화적인 교류, 협력을 모색하는 것은 당장 통일을 이루지 못하더라도 서로 인내심을 갖고 자연스럽게 오고 가면서 상대방에 대한 이해의 폭을 넓히자는 뜻이 있다. 그래야만 오랜 기간 남북으로 갈려 상호 적대감을 키우고 냉전적 시각으로만 봐오던 타성에서 벗어나 민족 화합을 도모할 수 있기 때문이다.

남북문제를 슬기롭게 풀어 가기 위해서는 통일 도정의 동반자인 북한을 올바로 알고 이해하는 것으로부터 출발해야 한다. 언론은 변화하는 국내외 환경과 북한 사회에 대한 정보를 국민들에게 정확하게 알려서 남북 간 신뢰감 조성과 협력을 증대시키는 데 기여해야 한다. 오랜 분단으로 인해 발생한 남북 간의 이질성을 강조하기보다는 동질성을 강조해 친근감을 조성하고, 막대한 통일비용 강조보다는 분단과 대결 상황으로 인해 발생되는 분단비용이 훨씬 더 크다는 점을 바로 알리며, 통일 과정에서 발생할 혼란과 어려움보다는 장차 통일이 가져올 민족 공동체 건설과 한민족의 웅비 가능성, 그리고 시베리아를 통해 유럽 대륙으로 뻗어 가는 데 따른 실질적인 민족 이익 발생 등을 강조할 필요가 있다.

하지만 그동안 한국 언론은 권위주의 정권 하에서 반북 정서를 유포시키고 기득권 세력을 옹호하는 기제로 기능해 왔다. 남북 간 체제 대결이 가장 극심했던 시기, 권위주의 정권은 정치적 필요에 따라 북한의 군사적 위협을 강조하고 남북 간 대결과 증오를 부추기며, 정통성 결여와 비민주적 통치 행태 때문에 터져 나오는 국민적 불만과 반발을 무마하려고 했다. 정치적 반대 세력을 억압하기 위해 정권 반대 세력과 간첩단 사건을 교묘하게 연결시켜 공포 분위기를 조성하며 항의 시위를 억누르곤 했다. 박정희 정부 시절, 조작 발표된 이른바 인민혁명당(인혁당) 재건위 간첩단 사건이 대표적 사례다.

인혁당 재건위 사건은 유신 시절인 1975년 '정권의 시녀'로 평가받던 대법원이 도예종, 여정남 씨등 8명에게 내란 예비 음모 등의 혐의로 사형을 선고하고, 이후 18시간 만에 전격적으로 사형이 집행돼 '사법 살인'이라고 불리는 사건이다. 유신 체제에 대한 국민 반발이 거세지고 있던 1974년 중앙정보부(현 국가정보원)는 인혁당 재건위 조직이 대학생 조직인 전국민주청년학생총연맹(민청학련)의 배후에서 학생 시위를 조종하고 정부 전복을 노렸다고 발표했다.

언론은 고문에 의해 조작된 이들의 간첩 혐의를 정부 발표에 따라 대대적으로 보도하였다. 그리고 고문 조작 가능성을 제기하는 유족들과 민주 세력의 목소리에 대해 철저히 침묵했다. 사형이 집행된 뒤 27년이 흐른 2002년 이 사건을 재조사한 의문사진상규명위원회는 이 사건이 '고문에 의한 조작'이었다고 결론을 내고 사법부에 재심을 권고했으며, 2007년 서울중앙지법이 이들에 대한 재심에서 무죄를 판결했다. 우리 사법 사상 최대의 치욕스러운 판결로 기록된 이 사건은 국가가 재심 판결에 항소를 하지 않음으로써 무죄로 최종 확정됐다.

전두환 정부 말기 민주화 투쟁이 본격화되고 정국이 시끄러웠을 때 정부가 북한의 수공 위협을 과장해서 발표한 이른바 '평화의 댐' 사건도 정권의 필요에 의해 사실이 왜곡되고 위험성이 증폭된 대표적 사례다. 전두환 대통령은 1986년 난데없이 북한이 휴전선 북쪽 안변 지역에 저수용량 200만 톤 규모의 금강산댐을 건설할 계획이라며 만약 북한이 이 댐을 터뜨릴 경우 서울, 경기, 강원 등 한반도 허리 부분이 완전히 폐허가 될 것이라고 주장했다. 어처구니없는 발상이고 황당하게 부풀려진 주장이었지만, 냉전적 시각에 물든 언론의 과대 포장에 힘입어 북한의 수공 위협은 '진실'처럼 굳어졌다. 언론은 금강산댐이 터지면 여의도 국회의사당이 완전히 물에 잠기고 63빌딩의 허리까지 물이 들이찬다며, 가상적인 상황을 그림과 도표로 그려 보이는 등 무시무시한 시나리오를 TV 화면을 통해 방영했다. 신문도 연일 1면 머리기사로 북한의 수공 위협을 부풀려 보도했다. 온 국민이 공포의 도가니에 빠졌음은 물론이다. 금강산댐의 높이 추정이나 저수량 추정이 엉터리라는 학계의 반론이 제기됐지만 언론은 이를 철저히 묵살했다. 이성이 마비된 '집단 최면' 사태가 벌어졌다. 정부가 북의 수공을 막아낼 방어용 댐인 '평화의 댐'을 건설하겠다고 발표하자 언론은 앞다퉈 성금 유치에 나섰다. 전 국민을 상대로 모금 운동이 벌어졌고, 순진한 어린이들의 돼지저금통까지 털어내 성금이 무려 744억 원이나 걷혔다. 그러나 금강산댐이 그리 큰 규모도 아니고, 수공 위협을 가할 상황이 전혀 아님이 밝혀지면서 '평화의 댐' 건설은 기초 공사를 마친 상태에서 중단됐다. 막대한 돈의 낭비도 낭비지만, 북한이 '살인 댐'을 건설해 남쪽 동포들을 수공으로 몰살시킬 것이라는 끔찍하고 허무맹랑한 주장이 국민들의 마음을 얼마나 황폐화시켰을지는 굳이 설명할 필요가 없다.

노태우 정부 시절 남북 대화가 이뤄지고 남북의 총리가 서울과 평양을 오가며 회담을 할 때 취재차 평양을 다녀온 기자들이 쓴 '북한 방문기'들을 보면 얼마나 사실을 왜곡하고 악의에 가득 찬 보도를 했는지 여실히 볼 수 있다. 필자는 한겨레신문 정치부장으로 근무할 당시 정원식 총리가 평양을 방문해 고위급 회담을 할 때 공동취재단의 일원으로 평양을 다녀온 경험이 있어 당시 상황을 누구보다 잘 알고 있다. 평양에서 자유로운 취재활동이 원천적으로 봉쇄된 상황에서 취재단의 활동 폭 역시 극도로 제한된 상태였음에도 근거가 약한 '소설성 기사'들이 쏟아졌다. 남북 고위층이 사실상 처음으로 만나 대화를 나누는 시기에 대화를 격려하고 촉진하는 역할을 하기는커녕 북한 사회의 어둡고 부정적인 측면을 끄집어내며 위화감을 조성하고 대화 상대가 되지 못한다는 점을 지속적으로 부각시켰다.

한국 언론의 보수적이고 냉전적인 보도는 신문 지면과 TV 화면에 그대로 투영돼 국민들에게 부정적인 영향을 미친다. 그 결과 북한 사회에 대한 편견과 선입견이 알게 모르게 자리 잡는다. 북한이 호전적이고 억지 떼쓰기나 하는 집단으로 국민 사이에 뿌리 깊게 인상 박힌 것은 상당 부분 언론의 부정적 인식이 그대로 전달된 결과이다. 북한을 묘사할 때마다 생떼나 억지, 저의,

음모, 야욕과 같은 극도로 대결적이고 감정적인 표현들이 어김없이 등장하고, 북한을 막무가내로 몰아붙이는 보도와 논평 등이 여과 없이 전달됐다.

둘째, 선정주의, 안보상업주의에서 비롯된 왜곡 보도의 문제도 심각하다.

언론의 선정적 보도 행태는 단기적으로는 국민의 관심을 끌며 상업적 이익을 챙길 수 있지만, 장기적으로는 성공하기 힘들다. 독자나 시청자들이 얼마 지나지 않아 진실을 파악하게 돼 선정적 보도를 일삼은 언론을 외면하게 된다. 옐로저널리즘으로 한때 큰 인기를 끌던 황색 신문들이 독자의 외면을 받은 역사적 사례들이 이를 잘 보여 준다.

하지만 북한에 대한 우리 언론의 보도 행태는 지극히 선정적이고 자극적인 모습을 보이고 있고, 나라의 운명과 관련된 안보 문제를 상업적 이익에 이용하려 한다는 비판에서 자유롭지 못하다. 확인되지 않은 내용도 우선 쓰고 본다거나, 북한에 부정적인 기사일수록 크게 키워 놓고 보는 뻥튀기 식의 무책임한 보도가 판을 친다. 미확인 보도와 과장 보도, 왜곡 보도, 심지어 근거 없는 오보가 춤을 추지만 국민들은 이를 판단할 길이 없다. 필자의 언론인 경험에 비추어 보면 북한 관련 기사 중 "……한 것으로 알려졌다."라든지 "정통한 소식통에 따르면……한 것으로 전해졌다."라는 기사는 상당수가 부정확하거나 확인하기 어려운 추측성 보도일 경우가 많다. 취재원을 명확히 댈 수 없을 정도로 확

인이 어렵거나 풍문에 가까운 소식을 기사화할 때 흔히 쓰는 구태의연한 수법이기 때문이다

익명의 소식통을 인용한 부정확하고 선정적인 기사나 '작문성 기사'가 반복적으로 나오는 것은 북한 관련 보도는 설사 나중에 진실이 아님이 밝혀지더라도 이에 따른 직접적 불이익이 거의 없다는 점이 큰 몫을 한다. 북한에 대해 아무리 악의적으로 기사를 쓴다 한들 북한이 대놓고 항의할 방법이 있겠는가. 당장 진실 여부가 가려질 가능성이 적으니 선정적 보도 행태였다고 비판당할 위험성이 적다. 어쩌다가 후에 오보임이 밝혀지더라도 언론이 정정 기사를 내는 일은 거의 없다. 슬그머니 지나가 버리거나 눈에 띄지 않게 기술적으로 고쳐 쓰기 때문에 독자들의 머릿속에는 부정확한 앞의 기사만 또렷이 남게 된다.

선정적 보도가 문제 되는 것은 상업주의적인 발상으로 우선 눈길을 끌면서 자극적인 뉴스를 만들어내 많은 독자들을 확보하려 한다는 점이다. 첩보 수준의 신빙성이 약한 정보가 사실인 양 부풀려져 보도된다. 사실로 확인되면 커다란 특종을 하는 것이고 사실이 아니더라도 북한의 부정적 측면을 상징적으로 드러낸 것이기 때문에 직접적 불이익은 없다. 선정적 보도를 통해 '특정한 의제'를 부각시키고, 국민의 관심을 이끌어내 여론을 원하는 방향으로 유도할 수 있다. 보수 성향 독자들을 결집시키고, 보수적인 정책을 유도하는 데도 적절히 활용된다.

김영삼 정부 시절인 1996년 김정일 북한 국방위원장의 전 동

거녀인 성혜림 씨의 언니 성혜랑 씨 가족 '망명 사건' 보도 과정에서 우리 언론이 보였던 냉전적 시각과 안보상업주의에 찌든 선정적 보도 행태는 전형적인 황색저널리즘 사례로 꼽힌다. 1996년 2월 조선일보는 1면 머리기사로 '김정일 본처 서방 탈출'이라는 제목 아래 "북한 최고 권력자 김정일의 본처 성혜림 씨와 언니 성혜랑 씨, 혜랑 씨의 딸 이남옥 씨 등 3명과 성혜림 씨의 수행원 1명 등 4명이 모스크바를 떠나 스위스로 나온 후 잠적했으며 제3국으로의 망명을 타진하고 있을 가능성이 높다."고 '특종'으로 보도했다. 보도대로라면 엄청난 뉴스였다. 김정일의 '본처'가 서방으로 망명할 정도라면 북한 체제가 무너지기 시작한다는 징조가 아니겠는가.

이 기사가 나간 뒤 언론사 간에는 치열한 취재 경쟁이 불붙었다. 상황을 알 만한 위치에 있는 안전기획부(현 국가정보원)는 알쏭달쏭한 반응만 보였다. 안기부는 '성혜림 씨 일가 서방 망명설' 보도가 나간 뒤 보도 자료를 통해 "성혜림 씨 자매 일행이 도피 중에 있으나 언론 공개로 이들의 신변 안위가 크게 우려된다."고 밝혔다. 안기부는 그 뒤 각 언론에 성씨 일행에 대한 추측 기사가 마구 쏟아졌는데도 "확인해줄 수 없다.", "사실이 아니다."라는 태도로 일관했다.

이런 가운데 이들의 행방을 놓고 언론의 '작문 경쟁'이 벌어졌다. 어떤 신문은 미국에 갔다고 하는가 하면 다른 신문은 유럽의 어느 나라에 있다고 보도했다. '우선 써놓고 보자'는 식의 무책임한 보도가 지면을 압도했다. "김정일 전처 서울 온다", "정부, 성혜림 씨 망명 의사 확인", "성혜림 씨 일행 프랑스에 있다", "성혜림 씨 빠르면 내주 미국 갈 듯", "성혜림 씨 일행 LA 체류" 등등. 지금 시점에서 보면 너무도 터무니없는 엉터리 보도들이지만, 당시 신문 1면에 커다랗게 보도된 기사 제목들이다. 하나같이 정부 고위 관계자나 소식통의 말을 인용한 것으로 돼 있었으나 누구도 확인할 수 없었다.

이러한 가운데 어김없이 등장한 것이 김정일 주변의 스캔들이었다. 성혜랑 씨의 아들 이한영 씨가 쓴 수기 형식으로 김일성·김정일 부자의 무절제한 사생활이나 온갖 어두운 측면을 선정적으로 부각시키는 연재물들이 게재됐다. 훗날 이한영 씨는 자신의 이름으로 나간 수기들은 자신이 직접 쓴 적이 없다고 말했다.

몇 달 뒤 이한영 씨의 어머니 성혜랑 씨와 딸 이남옥 씨는 실제로 망명했으나, 성혜림 씨는 제네바에 잠시 머물다가 모스크바로 곧바로 돌아간 것으로 확인됐다. 안기부의 한 관계자는 "성혜림 씨가 지난 2월 모스크바를 떠나 제네바의 한 별장에 머물렀던 것은 사실이지만, 곧바로 다시 모스크바로 돌아가 지병인 심장병 치료를 받고 있는 것으로 확인됐다"고 말했다. 그러나 안기부는 언제부터 이 같은 사실을 알고 있었는지에 대해서는 "안기부의 정보 수집 능력이 외부에 노출될 우려가 있다"는 이유를 내세워 함구했다. 사건 보도 초기에는 다소 혼선이 있었을지 몰라도 미국 정보기관과 정보 교류를 하는 안기부가 몇 달간이나 몰랐을 리는 없다고 본다면 언론이 제멋대로 써대는 추측 기사에 대해 '나쁠 것 없다'는 태도로 방관했을 가능성이 높다.

뒤늦게 밝혀진 일이지만, 이 사건은 성혜랑 씨의 아들로 1982년 한국 정보기관의 '공작'으로 스위스에서 한국으로 '오게' 돼 성형 수술을 하고 숨어 지내던 이한영 씨가 잇따른 사업 실패로 돈이 궁해지자 모스크바의 어머니에게 전화를 해 도움을 요청하는 과정에서 언론에 불거진 것이었다.

성혜림 씨의 신분에 대해서도 설이 엇갈렸다. 영화배우 출신으로 이미 결혼한 적이 있으며 연상의 여인인 그가 김정일의 장남인 김정남을 낳은 것은 사실이지만, 정식으로 결혼을 한 사이는 아니라는 것이 정설이었다. 성씨는 이미 10여 년 전부터 모스크바에서 혼자 떨어져 살아왔다. '본처'와 '전 동거녀'는 신분상 보통 큰 차이가 아니다. 기자 단체인 기자협회 기관지 〈기자협회보〉는 사설란인 '우리의 주장'을 통해 이렇게 보도한 신문의 보도 태도에 대해 정면으로 문제를 제기했다. "유감스럽게도 우리는 이 '세계적 특종'을 더불어 축하하는 데 주저해야 할 중요한 문제점을 발견한다. 특종 못지않게, 그보다 더 중요한 언론의 본령은 진실 보도임을 유념하지 않을 수 없기 때문이다. 가령 '김정일 본처 서방 탈출'이라는 표제와 기사는 사실을 실제 이상으로 부풀리고 있다는 점에서 선정적이고 더 나아가 냉전적이라는 것이 우리의 판단이다. ……이미 10년도 훨씬 넘게 평양을 떠나 있던 배우 출신의 성혜림을 김정일의 본처로 규정하는 까닭이 선정적이거나 냉전적인 의도가 아니라면 무엇 때문인지 우리로서는 알 길이 없다.……" 이 사건으로 신분이 노출된 이한영 씨는 1년쯤 뒤인 1997년 누군가에 의해 권총으로 피격당해 숨졌다. 북한 소행이라는 정부 발표가 있었으나 납득할 만한 결정적 증거는 제시되지 않았다. 북한의 특권층으로 외국에서 제멋대로 생활하다가 예기치 않게 남한에 '오게' 되고 사업을 벌이다 실패해 옥살이까지 경험하다 비명에 숨진 그는 분단의 또 하나의 희생자였다고 할 수 있다.

셋째, 남북문제에 대한 언론의 획일적인 보도, 이른바 '떼거리식 보도'도 큰 문제다.

우리 언론 현실을 보면 어느 날 갑자기 북한 내부 사정에 관한 기사가 각 신문과 방송에 일제히 보도되는 경우가 많다. 대부분 부정적인 내용들이다. 앞에서 언급한 성혜랑 씨 망명 사건에서 여실히 드러나듯 북한 관련 보도는 어느 분야보다 정보의 폐쇄성이 강한 영역이다. 보도의 상당 부분이 정부나 정보기관에서 제공하는 자료에 의존할 때가 많다. 청와대 외교안보 수석비서관이나 통일부, 외교부, 국방부 고위 관계자가 출입 기자들에게 공개적으로 브리핑을 하면서 기사에 취재원이 누구인지 밝히지 말아 달라고 요구하는 경우도 있고, 남북문제를 공작적 차원에서 다루는 정보기관 관계자가 기자들에게 따로 연락해 정보를 제공하는 경우도 있다.

취재 관행 가운데 배경 설명(백그라운드 브리핑)으로 불리는 이러한 보도 형식은 브리핑한 내용은 보도를 하되, 취재원이 누구인지는 밝히지 않는 형태로 외국에서도 통용되는 형식이기는 하다. 다만 우리나라의 경우 너무 자주 남용되는 데다, 때로 취재원이 전하는 뉴스의 객관적 신뢰성이 담보되지 않고 특정한 방향으로 유도할 때가 많다는 데 문제가 있다.

더욱 헷갈리고 심각한 문제는 우리 언론이 취재원이 명확하지 않거나 신빙성이 떨어지는 뉴스를 보도할 때 흔히 쓰는 방법, 즉 취재원을 구체적으로 밝히지 않고 "……한 것으로 알려졌다."고 보도하곤 하는 추측성 기사와 뒤섞이면서 기사의 신뢰성을 담보하기가 더 어렵다는 점이다. 북한 최고위층의 사생활에 관해 종종 흘러나오는 각종 스캔들 보도가 그런 사례에 속한다. 매체에 따라서는 때로 기사의 신빙성을 확신할 수 없지만, 다른 매체들이 모두 달려들어 일제히 보도하는데 혼자만 외면할 수 없어 엉거주춤 따라가는 경우도 있다. 한 언론이 보도하면 너도나도 달려들어 쓰는 우리 언론의 '떼거리 식 보도' 행태는 북한을 자극하여 험악한 반응이 나오게 하고, 남북 대화나 교류에 부정적 영향을 끼치게 된다. 이런 '떼거리 식 보도' 행태는 누구도 책임을 지지 않는다는 데 문제가 있다.

이런 보도 행태는 외신 보도에 대한 지나친 의존 경향까지 겹쳐 북한 관련 소식이 외국 언론에 보도되면 제대로 확인도 않은 채 크게 인용해 보도하는 경향이 있다. 심지어 서울발 기사가 외신으로 전해졌다가 다시 국내 언론에 재인용되면서 애초의 정보

가치에 부가가치가 덧붙여져 기사가 커지며, 마치 여러 곳에서 확인된 사실인 양 받아들여지는 우스꽝스러운 현상이 나타나기도 한다.

넷째, 언론인의 전문성 부족에서 비롯되는 문제들이다.

일반적으로 북한 문제, 남북문제는 기자들 사이에 그리 큰 인기가 있는 분야가 아니다. 늘 접촉하고 취재할 수 있는 취재원도 그리 많지 않고 기사로 반영할 수 있는 뉴스거리가 적다 보니 기자로서 안면을 넓히거나 필명을 날릴 수 있는 기회가 한정된다. 개인적으로 회사 내에서의 인사 배치나 승진에서도 별 도움이 되지 않는다.

남북이 분단된 엄중한 현실에서 남북문제와 통일 문제의 중요성에 비춰 볼 때 이 문제를 오랜 기간 깊이 있게 공부하고 꾸준히 연구해 전문성을 지닌 기자들이 그리 많지 않다는 것은 심각한 문제다. 각 언론사마다 '통일부'나 '북한부'를 따로 두기도 하지만 소속 인원도 적은 데다, 한동안 뉴스거리가 뜸하면 슬그머니 통폐합돼 정치부로 편입되거나 팀으로 격하되기도 한다. 또 언론사의 순환 배치 근무 전통에 따라 이 부서 저 부서로 옮겨 다니다 보면 기자들이 전문적인 지식을 쌓을 기회가 주어지지 않는다.

언론사에서 당장 써먹을 생산물만 기대하지 긴 안목에서 역량 있는 전문 기자를 키우려는 자세가 부족하다. 그러다 보니 남북문제를 민족적 차원에서 깊이 고민하고 각종 현안들에 대해 면밀하게 분석하고 국민에게 설득력 있는 대안을 제시할 수 있는 실력 있는 기자가 드물다. 기자의 전문성 부족은 특정한 목적을 갖고 뉴스거리를 흘려주는 취재원의 언론 플레이에 쉽게 놀아날 여지가 크다.

사안의 성격상 취재원과의 접촉도 다소 제한돼 있지만 국가보안법의 존재 등 취재를 근원적으로 제약하는 요소도 적지 않다. 자신도 모르는 사이에 형성된 '자기 검열' 습관이 민족의 화합을 촉진하는 창의적인 기사를 쓰거나 프로그램을 제작하는 데 방해 요소로 작용한다.

III. 역사적 배경과 구조적 문제

남북문제에 대한 우리 언론 보도가 냉전적 시각과 선정적 보도 행태에서 벗어나지 못하고 통일 지향적 보도보다는 분단을 고착시키는 보도 행태를 보이는 원인은 두 가지 측면에서 나누어 분석할 수 있다. 하나는 역사적 배경에서 비롯된 문제이고, 다른 하나는 우리 언론계 내부의 구조적 문제다.

1. 역사적 배경에서 비롯된 문제

한국 언론의 냉전적, 선정적 시각이 굳어진 것은 남북 분단과 동족상잔이라는 극한적 대결 상황을 겪은 우리의 특수한 역사적 배경과 관계가 깊다. 남북 간 체제 경쟁에서의 승리를 최우선 목표로 삼은 이승만·박정희·전두환 대통령 등 역대 권위주의 정권 하에서 우리 언론의 남북문제 보도는 역대 정권의 대북 정책 테두리 내에서 결정될 수밖에 없었고, 반공 이데올로기를 일방적으로 유포하는 역할을 해왔다. '북진통일'을 외쳤던 이승만 정권 하에서 언론에 허용된 보도의 폭은 극도로 좁았고, 박정희·전두환 정부에서도 반공 이데올로기가 핵심적 지배 이념으로 자리잡아 언론의 보도들은 반공과 반북 분위기로 획일화될 수밖에 없었다.

남북문제를 정략적으로 이용해온 역대 정권의 태도는 남북 관계를 더욱 꼬이게 하고 국민들에게 북한에 대한 적대감을 부추기는 기능을 해왔다. 남과 북의 권위주의 정권이 상대방에 대한 비난과 적대적 정책을 통해 내부 체제를 공고히 하고 비민주적인 통치를 합리화하는 방편으로 이용해온 측면이 강했다. 이러한 상황을 두고 남북의 정권이 '적대적 의존 관계'를 유지해 왔다는 비판이 꾸준히 제기돼 왔다.

우리 언론의 남북문제 보도 태도에 다소나마 변화 조짐이 나타나기 시작한 것은 노태우 정부 때부터였다는 것이 중론이다. 냉전 체제의 와해라는 국제환경 변화에 힘입어 가시적인 남북대화가 진행되면서 북한에 대한 남쪽 언론의 인식에도 조금씩 변화의 싹이 트기 시작했다. 남북의 총리가 서울과 평양을 번갈아 방문하며 총리회담을 진행하고 있는 마당에 정부가 과거와 같이 반북 이데올로기를 강요할 수는 없었을 것이다.

국민의 높은 기대감을 고려할 때 언론도 과거처럼 노골적으로 북한 체제를 비난할 수는 없었다. 특히 해직 기자들이 중심이 돼서 1988년 국민 성금으로 창간돼 제도권 언론 매체로 발돋움한 한겨레신문은 다른 언론 매체와 전혀 다른 시각을 나타냈으며, 취재원 선택에서부터 획기적인 변화를 불러왔다. 그동안 취재 과정에서 철저히 제외되던 야당, 재야 및 운동권 인사들도 통일 관련 보도의 합법적인 취재원으로 등장하기 시작했다. 외신보도도 AP, 로이터 등 서방 통신사 일색으로 인용되던 국제 뉴스를 러시아 타스 통신이나 중국 신화사 통신과 같은 공산권 매체 보도도 인용해 충격을 주었고, 북한과 남북 관계에 대한 국제사회의 상반된 시각을 함께 보도해 균형 있게 살필 수 있도록 했다. 냉전적이고 맹목적인 반북주의에서 벗어나 보려는 보도 시각이 등장한 것이다.

그러나 언론계의 주류를 장악하고 있는 보수 성향 언론들은 여전히 냉전적 시각에서 벗어나지 못한 채 북한에 대한 은근한 비하와 경계심을 촉구하는 기사로 일관했다. 난생처음 평양을 방문한 기자들은 북한 사회의 어둡고 취약한 부분을 찾아내 보도하기에 바빴다. 전기가 부족해 해만 지면 암흑세계로 변하는 거리, 북한에서 생산한 상품의 조악한 품질과 그나마도 부족해 빈자리가 많은 국영 상점 모습, 거리를 지나는 평양 시민의 무표정 등 사회주의 체제와 북한 사회를 폄하하는 기사들로 채웠다. 서울에서 회담이 열릴 때는 북한 대표단의 경직되고 촌스러운 모습 등을 부각시키기에 여념이 없었다. 호화롭기 짝이 없는 백화점을 둘러보며 놀라는 대표단의 표정을 집중 조명하며 우리 체제의 우월성을 고취시켰다. 오랜 기간 단절돼 생활하면서 당연히 발생하는 이질적인 요소들을 집중적으로 보도하며 남북 간의 거리감을 확대 생산했다.

스스로 '문민정부'라 칭한 김영삼 정권 하에서 언론은 보도 자유의 폭을 크게 넓힐 수 있었다. 국가의 강압적 언론 통제력이 약화되면서 언론사가 누리는 자율성은 큰 폭으로 신장되었다.

김영삼 정부 5년간은 민족사를 냉전의 구렁텅이에서 건져 내야 하는 중요한 시기였으나, 대북 정책 기조는 취임 초기 반짝했던 민족 화해 흐름을 계속 유지하지 못하고 강경론이 득세해 냉탕과 온탕을 왔다 갔다 하면서 끝내 남북 관계 파탄이라는 최악의 결과를 낳고 말았다. 여기에는 남북 관계 개선 흐름을 가로막고 때로 용공 시비를 일으키는 등 남북 관계 악화를 초래한 냉전적 시각의 언론이 자리 잡고 있다. 보수 성향 언론은 남북 간 화해·협력을 추구하려 했던 정부 내의 개혁적 인사들을 집중적으로 공격해 낙마시키고, 그 자리에 보수적 인사를 앉혀 강경한 대북 정책을 펴도록 하는 데 큰 몫을 담당했다. 북한 핵 의혹 문제가 빌미가 되기는 했지만 집권 기간 내내 김일성 주석 조문 문제, 핵 문제, 잠수정 침투 사건 등이 겹치며 남북 관계는 대결로 치달았다. 근거가 희박한 북한붕괴론과 흡수통일론이 한때 힘을 얻었으나 강경 보수 세력의 일방적인 희망에 그쳤을 뿐이다.

우리 언론계에서 보수 성향 언론과 진보 성향 언론 사이의 이데올로기적 대립과 논쟁이 본격화한 것은 김대중 정부 들어서이다. 정권 교체와 함께 진보 세력의 각계 진출이 두드러지면서 한쪽으로 기울어져 있던 보수와 진보의 무게 추가 논쟁을 벌일 정도로 균형을 맞추게 된 것이다. 최초의 수평적 정권 교체를 이룬 김대중 정부는 과거 집권 세력과 기본적으로 성격을 달리했다. 지지 기반도 달랐고 정파적으로나 계층적, 지역적으로 완전히 차별화됐다. 김대중 정부는 대북 포용 정책(햇볕정책)을 통해 꾸준히 남북 대화를 추진했고 분단 후 처음으로 남북정상회담이 이뤄지는 등 급속한 화해·협력 흐름이 일었다. 금강산 관광으로 북녘 땅을 밟아 보는 국민이 늘어나고, 정기적인 이산가족 상봉이 이뤄졌으며 개성공단이 건설되는 등 남북 관계에 커다란 진전이 있었다. 이런 해빙 흐름에 힘입어 남북 사이의 냉전적 분위기는 크게 엷어지고 민족 화해를 강조하는 흐름이 지속되면서 우리 국민들의 대북 인식에도 점차 변화가 생기기 시작했다.

이런 상황에서 보수적인 언론과 새로 집권한 정치권력과의 충돌은 피할 수 없는 것이었다. 기득권 세력을 대표하는 보수 언론은 김대중 정부의 햇볕정책을 북한의 비위를 맞추는 정책이라고 폄하하고, 정부의 대북 지원에 대해서는 '퍼주기'라고 비난했다. 이에 한겨레신문, 경향신문 등 그동안 주변부 외곽에서 진보 세력의 목소리를 대변해 오던 언론들이 김대중 정부의 햇볕정책에 힘을 실어 주고 우호적인 여론을 형성해 가면서 보수-진보 언론 간의 논조 경쟁도 치열하게 전개됐다. 뒤를 이은 노무현 정부에서 정권 담당 세력과 보수 언론의 대결 양상은 더욱 노골화하고 감정적으로 돌이키기 힘들 정도로 악화됐으며, 보수 언론과 진보 언론 사이의 논쟁도 한층 격화됐다. 꾸준한 남북 교류로 북한에 대한 인식의 변화를 보이기 시작한 국민의 일반적 정서와 냉전적 시각을 고수하는 보수 언론 사이에 상당한 편차가 드러나면서 이제까지 압도적 지위와 권위를 누려 왔던 보수 언론의 자리가 한때 크게 위협당하는 모습도 나타났다.

김대중·노무현 정부 시절 대체로 균형을 이루던 우리 사회의 세력 판도는 이명박 정부 들어서 다시 보수 쪽으로 일방적으로 기울어졌다. 이명박 대통령이 압도적인 표 차이로 당선된 뒤 사회 각 부문에서 보수적인 정부 정책과 궤를 같이하는 보수적인 목소리가 분위기를 압도했다. 특히 정권 창출에 큰 공을 세운 보수 언론의 주도로 사회는 한쪽으로 급속히 기울어졌다. 이에 눌려 진보 진영과 진보 성향 언론들은 한동안 명맥만 간신히 유지하는 데 급급한 처지로 몰렸다.

2. 언론계 내부의 구조적 문제들

우리 사회에서 언론이 남북문제에서 가장 보수적이고 강경한 목소리를 내는 배경에는 역사적 맥락 외에도 언론계 내부의 구조적인 문제가 자리 잡고 있다. 언론계 의 비민주적인 풍토와 관행은 이를 더욱 촉진하고 있다.

언론의 뉴스 선택과 처리 과정에 영향을 미치는 요소로 크게 언론 외적 요소와 언론 내적 요소가 꼽힌다. 언론학자 슈메이커와 리즈(Shoemaker & Reese) 교수는 기사 내용에 영향을 미치는 요소로 다섯 가지를 들었는데, 첫 번째 언론인 개인 차원, 두 번째 미디어 관행 차원, 세 번째 언론 조직 차원, 네 번째 미디어 외적 차원, 다섯 번째 이데올로기 차원 등이 그것이다.

슈메이커와 리즈가 지적한 요소 중 첫 번째, 두 번째, 세 번째 요소는 모두 언론 내부 문제와 직접적으로 연결되는 내용들이다. 첫 번째 요소인 언론인 개인 차원은 일선 취재 기자가 어떤 특성을 지니고 있느냐, 어떤 교육을 받았느냐, 어떤 태도와 가치, 신념을 가지고 있느냐에 따라서 그가 쓰는 기사는 차이를 보이게 된다는 것이다. 취재 기자가 남성이냐 여성이냐, 백인이냐 흑인이냐 아시아계냐, 종교가 무엇이냐에 따라 기사 가치를 판단하는 눈은 각기 다를 터이다.

두 번째 요소는 미디어 관행 문제다. 미디어 관행은 미디어 종사자들이 그들의 일을 수행하는 환경을 형성하는데, 오랜 기간 근무한 간부들의 행태가 관행으로 굳어졌을 가능성이 크다. 언론은 그 자신의 관행에 의해 구속당하고 족쇄가 채워졌다고 은유된다. 흔히 자기 신문의 기자가 특종을 하면 크게 싣고 낙종을 해 뒤늦게 따라가는 기사는 가능한 한 작게 취급하려는 속성이나, 어느 유력한 언론이 특정 사안을 주요 의제로 부각시키면 우르르 따라가는 이른바 '떼거리 식 보도'도 미디어 관행과 관계가 있다.

세 번째 요소인 언론 조직 차원의 문제는 언론 내부 문제 가운데서도 가장 핵심적인 요소로 작용한다. 언론사는 각 부서마다 상하 관계가 형성돼 있으며 그 규율은 군대 못지않게 엄격하다. 빠른 시간 안에 뉴스를 처리해야만 하는 업무 속성과 관련이 있을 터이다. 조직 논리로 보면 기자는 정보를 다루는 기업에서 월

급을 받는 한 구성원이다. 조직 차원에서 보면 언론사의 궁극적인 힘은 기업의 소유주, 즉 사주에게 있다.

네 번째 요소인 미디어 외적 차원의 요소로는 정부 권력과 광고주의 압력을 꼽을 수 있는데, 정부 권력의 압력은 앞서 역사적 배경에서 살펴본 바와 같이 역대 권위주의 정권 시절 결정적인 영향을 끼쳤다. 광고주의 압력은 민주화가 진행되고 정부 권력의 직접적 압력이 줄어들면서 지속적으로 비중이 커지고 있다. 신문사 경영에 구독료(지대) 수입보다 광고료 수입의 비중이 압도적으로 커지면서 광고주인 대기업과 재벌의 입김은 갈수록 커지고 있다. 우리 언론뿐 아니라 세계적으로도 부끄러운 언론 탄압으로 기록되는 1975년 동아일보 '백지 광고 사태'는 정부 권력이 광고주를 동원해 언론에 노골적인 압력을 가하고 끝내 굴복시킨 사건이다. 동아일보 사주는 굴복에 반대하는 기자들을 대거 해직시키며 권력과 타협했다.

다섯 번째 요소인 이데올로기는 사회를 응집·통합하는 힘으로 작용하는 상징적 기제를 말한다. 자본주의 시장경제 체제, 사유재산, 자유민주주의 등의 가치는 언론을 통해 정당성을 획득하고 계속 확대된다. 언론은 그 사회를 이끌어 가는 주류 이데올로기의 영향에서 벗어날 수 없다.

진실 보도라는 언론의 본령을 위협하고 남북문제에서 민족 화합적 보도를 가로막는 언론계의 조직 논리와 비민주적 관행이 완강히 자리 잡고 있는 내부 문제를 들여다보자. 첫째, 언론을 소유하면서 사실상 언론 논조를 지배하는 사주들의 입장이 어느 집단보다 보수적이다. 이 사회의 최고 기득권층을 형성하고 있는 것이다. 둘째, 언론의 중추부를 구성하는 간부진들이 남북문제에서 보수적 사고에서 벗어나지 못하고 있다. 셋째, 젊은 기자들의 남북문제에 대한 인식이 옳거나 전문 지식을 쌓아 보도하려 해도 언론 구조상 온전히 반영되지 못하고 있다.

(1) 기득권층 대표하는 언론 사주

민주화가 진행되면서 권력의 직접적인 통제와 탄압이 줄어드는 등 언론의 자율성이 상대적으로 신장됐음에도 불구하고 내부의 비민주적 풍토와 전통이 이데올로기적 편향성을 여전히 짙게 하는 요인으로 작용한다는 주장은 깊이 음미할 대목이다. 전반적인 사회 민주화 흐름과 달리 비민주적인 조직 문화가 언론사 내부를 공고히 지배하고 있으며, 언론 사주의 편향된 이념이 보도 내용에 결정적 영향을 미치고 있다는 것이다. 유력한 신문들의 소유 구조가 사주 일가에게 집중돼 있는 현실과 무관하지 않을 터이다.

우리 언론계의 극심한 이념 편차는 보수와 진보로 양분돼 있는 국민 정서를 반영한 결과이기도 하지만, 더 결정적인 이유는 언론 사주들의 이념적인 차이가 신문 보도와 논조에 직접적으로 반영된 결과라는 주장이 설득력을 지닌다. 또한 신문 소유주와 집권 세력의 친소 관계에 따라 친여 또는 친야 성향의 보도 정책이 수립된다는 것이다. 사주의 성향에 따라 형성된 편집 정책이 가부장적인 사내 메커니즘을 통해 기사에 반영되는 것이라는 분석이다.

우리 사회의 기득권 세력을 대변하고 스스로 기득권층이 돼버린 언론사, 정확히 말해 언론 사주의 입장은 남북 간에 발생할 때마다 남쪽의 완승을 추구하는 모습으로 나타난다. 북한이라는 현실적인 상대가 있는 상황에서 한쪽의 완승 추구는 다른 쪽의 완패를 전제하는 것이기 때문에 상대방의 격렬한 저항을 유발할 수밖에 없다. 이는 양쪽이 대화를 통해 합리적으로 문제를 풀 가능성을 봉쇄하는 것과 같다. 완승을 외치는 목소리의 이면에는 남북 간의 긴장 관계를 온존시켜 적대적 의존 관계를 계속 유지하며 분단 체제에서 누려온 기득권을 손상받지 않겠다는 기득권 세력의 이기적 사고가 바탕에 깔려 있는 것 아니냐는 의심을 받는다.

'편집권 독립' 문제는 언론계에서 뿌리 깊은 논쟁이다. 신문이나 방송의 편집 방침을 결정하는 최종적인 권한이 누구에게 있느냐 하는 것으로, 학문적으로는 논란을 빚고 있지만, 한국 언론계에서는 이미 '답'이 나와 있다. 신문이나 방송 뉴스를 제작하는 기자들이나 편집국장·보도국장에게 편집권이 있다고 당위론적으로 주장할 수 있을지 몰라도, 현실적으로는 이들을 중요 직책에 임명하거나 면직시킬 수 있는 권한을 갖고 있는 사주나 대표가 절대적인 힘을 행사한다.

사주의 입장이 언론에 어떻게 반영되는가 하는 문제와 관련해서 워렌 브리드(W. Breed)는 〈편집국에서의 사회적 통제〉라는 논문에서 언론의 '편집 정책'이 신문의 내적 편집 질서의 구조에서 어떻게 관철되는가를 명쾌하게 설명하고 있다. 브리드에 따르면 신문 발행인은 신문 자본의 소유주로서 '편집 정책'을 결정하고 실행하는데, 여기서 '편집 정책'이란 신문이 어떤 문제에 대해 사설, 뉴스, 제목 등에서 보이는 특정한 방향을 의미한다. 의도적 생략, 차별적 선택, 선호적 위치 배정 등의 형태로 나타나는 편집 정책은 기자들의 반발을 살 우려 때문에 보통 은밀하고 간접적인 방식으로, 그리고 자발적인 동의를 유도하는 형태로 이루어지는 경우가 많다고 한다.

편집 정책의 내밀한 형태에도 불구하고, 기자들은 여러 경로를 통해 자사의 편집 정책을 배우게 된다고 한다. 그 경로란 첫째, 기자들이 어떤 종류의 기사가 중요하게 취급되고, 어떤 종류의 기사가 누락되거나 작게 취급되는가 하는 기사의 선택과 처리 과정을 보면서, 둘째, 어떻게 활동한 기자가 좋은 보직과 승진의 기회를 갖는가를 보면서, 셋째, 어떤 기자들이 활동과 관련하여 보상을 받거나 또는 징계를 받는가를 보면서, 넷째, 선배 기자들의 구체적인 행위를 관찰하면서, 다섯째, 기사 처리를 둘러싼 조직 내부의 갈등과 집단 행위의 존재 여부 등을 보면서 나름대로 '뉴스의 틀'을 터득해 나간다는 것이다.

신문은 때로 편집 정책에서 다소 이탈하는 기사를 싣는 등 느

슨한 모습을 보일 때도 있지만, 정치·경제·노동 등 사회계층의 민감한 이해를 반영하는 영역에서는 엄격하게 적용된다고 한다. 브리드는 "편집 정책이 유지되는 정도만큼 기존 권력 체제는 유지된다."면서 "편집 정책은 보통 사유재산과 계급 이해를 보호하며 따라서 이런 이권을 가진 계층과 집단은 이를 더욱 잘 누릴 수 있게 된다."고 주장했다.

브리드의 '편집 정책' 연구는 1950년대 미국 신문의 사례를 분석한 것이기는 하지만, 오늘날 한국 언론에 어찌나 잘 들어맞는지 언론에 종사하는 사람들은 피부로 느낄 수 있을 것이다. 한국 언론의 경우 편집 정책이 내밀한 정도가 아니라 노골적으로 드러나 있는 형편이다. 우리 언론인들은 남북문제나 노동 문제 등 이념과 직결되는 문제에서는 절대로 넘지 못하는 어떤 선을 느끼는데, 이를 언론사의 '편집 정책'과 관련지어 생각하면 이해가 빠를 것이다.

국내 유력 신문들은 사주 일가가 세습해 가며 경영권을 행사하는 반면, 국영방송이나 공영방송의 경우에는 역대 정권이 들어설 때마다 정권 창출에 기여했거나 평소 정권과 코드가 맞는 인물들이 대표로 선임돼 권력을 행사한다. 지상파 방송은 모든 국민들에게 무차별적으로 전달되기 때문에 끼치는 영향도 심대하므로 방송사 대표 선임은 정권 차원에서 매우 중요한 인사에 속한다. 방송사 대표로는 때로 구성원들의 의사를 존중하는 경우도 있지만 대부분 구성원들의 뜻보다는 정권의 입맛에 맞는 인사들이 낙하산식으로 투입돼 두고두고 갈등을 빚기도 한다. 이명박 정부가 들어서면서 YTN 사장 임명을 시작으로 KBS 사장과 MBC 사장이 정권 핵심부과 가까운 인사로 채워지고 이들이 정부에 비판적인 프로그램들을 없애거나 대폭 축소하면서 내부에서 극심한 반발이 일고, 장기 파업으로 이어지기도 했다.

(2) 간부진의 보수적 시각

신문사나 방송사에서 그날그날의 뉴스 크기와 보도 방향을 실질적으로 좌우하는 것은 언론계 간부진이다. 언론계에서 간부들의 '능력'은 임면권자인 사주나 대표의 견해, 즉 '편집 정책'을 뉴스 보도에 충실히 반영하되, 이를 얼마나 '세련되게' 표현해 대국민 설득력을 높이는가 하는 데서 평가를 받는다. 그 신문이 펴는 논조를 국민들이 거부감 없이 받아들이도록 객관성을 내세우며 포장하는 일은 이들 언론 간부들의 노련한 기술에 달려 있다. 이러한 편집 정책 전파는 기자들이 쓴 기사들을 눈에 띄도록 크게 다루어서 부각시키거나, 또는 작게 다루어서 묻히게 하는 등 일상적인 제작 과정을 통해 구현된다. 그날 지면 구성이나 뉴스 구성의 일차적 권한을 확실히 행사하는 것이다.

언론계의 내부 사정을 잘 아는 사람들은 언론사의 주요 간부들이 소속 회사의 '편집 정책'과 다른 견해를 갖기가 얼마나 어려운 일인지 잘 이해한다. 어쩌다 다른 견해를 가진 간부가 끼어 있기도 하지만, 이는 극히 이례적인 경우이며 이들은 중요한 직책을 맡아 조직적인 영향력을 발휘하는 데 한계를 갖는다. 남북문제처럼 정치·사회적으로 큰 영향을 미치고 이념적으로 민감한 사안에 대해서는 더욱 조심스러울 수밖에 없다.

체제 대결이 최우선 가치로 여겨지던 냉전 시대에 북한에 대해 진보적인 시각을 갖는다는 것이 얼마나 위험한 일인가는 언론의 수난사가 잘 말해 준다. 4·19 직후 창간돼 혁신계의 주장을 대변하며 남북문제에 전향적 시각을 보였던 민족일보는 5·16 직후 폐간됐고, 사장이던 조용수 씨는 간첩 혐의로 사형을 당했다. 역대 권위주의 정권이 자신들의 집권에 방해가 되는 언론인들을 강제 해직시키면서 내건 명분도 '용공 기자'나 '부패 기자' 척결이었다. 이런 상황에서 가장 안전한 '보신책'은 남북 분단 현실에 대해 눈을 감거나 정부에서 내세우는 냉전 논리를 그대로 수용하는 것이었다.

(3) 일선 기자와 조직 논리

정보 유통을 생명으로 하는 언론에서 정보를 직접 생산하는 편집국 기자들의 수준은 언론사의 경쟁력을 좌우한다. 일선 기자들이 어떤 생각을 하고 어떤 문제의식을 가졌느냐에 따라 기사의 방향과 깊이가 결정된다. 그러나 이는 일면의 진실만을 말한다. 언론의 내부 메커니즘을 꿰뚫는 사람이 아니더라도 누구나 이제는 기자들이 쓴 글이 신문에 그대로 실리거나 방송에 보도되지 않는다는 것쯤은 상식으로 알고 있다.

짧은 시간 안에 완벽한 기사를 써내야 하는 언론의 속성상 기자들이 쓴 글을 간부들이 손질하는 이른바 '데스킹(desking) 과정'은 필수적이다. 시간에 쫓겨 가며 작성한 기사이므로 때로는 거친 문장을 매만지기도 하고 때로는 지나친 표현을 부드럽게 다듬기도 하며, 경우에 따라서는 '문제가 될 만한' 내용을 삭제하거나 미흡한 부분을 보충하기도 한다. 이 과정에서 기자의 시각에 간부들의 시각이 진하게 덧칠된다. 때로는 기본 뼈대만 같을 뿐 방향이 전혀 다른 기사로 탈바꿈하기도 한다. 데스킹 과정 이전에 어떤 방향으로 취재하고 기사를 쓸 것인지를 지시하는 과정에서부터 간부진의 입김은 짙게 작용된다.

앞서 설명한 바와 같이 기사는 일반적인 뉴스 가치에 의해 선택되고 작성된다. 그러나 특정 사건이 일반적 뉴스 가치를 지녔다고 해서 모두 뉴스가 되지는 않는다. 언론에서 특정 사건이 뉴스로 채택돼 수용자에게 전달되기 위해서는 여러 관문을 거치게 된다. 그 과정에서 어떤 뉴스는 관문을 통과하고 어떤 것은 차단되며, 어떤 것은 변형되거나 왜곡되기도 한다. 이것이 언론학에서 말하는 게이트키핑(gatekeeping) 개념이다. 여기서 문제 되는 것이 게이트키퍼(문지기)의 성향이다. 특정 사건이 뉴스로 채택되느냐 여부를 결정하는 첫 번째 문지기는 기사를 작성하는 일선 취재 기자이지만, 최종적인 선택 여부를 좌우하는 문지기는 이른바 데스크로 불리는 언론사 간부진이다.

브리드의 논문에서 살펴본 바와 같이, 기사들이 선택되거나 탈락되는 과정을 지켜보며 일부 기자들은 회사가 요구하는 '편집 정책'을 자연스럽게 체득하고, 이에 맞춰 언론사 간부들의 '입맛에 맞는' 기사들만 골라서 보내는 경우도 적지 않다. 또 이런 기자들이 센스 있고 유능한 기자로 부각되기도 한다. '자기검열'의 최면에 빠져드는 것이다. 브리드는 "언론인의 보상이 독자보다는 동료나 상사들로부터 오기 때문에 언론인은 더욱 실용적인 편집국의 가치를 선호하게 되어 사회적·직업적 이상을 포기하게 된다."고 암울한 전망을 내렸다.

일선 취재 기자들은 자신이 보낸 기사가 합당한 이유 없이 탈락하거나 축소될 때, 혹은 자신이 의도했던 것과 달리 왜곡될 경우 간부진에 항의하거나 시정을 요구하기도 한다. 하지만 언론의 속성상 제대로 반영되는 경우는 드문 편이다. 편집자의 '고유권한'으로 여겨지는 데스크 기능에 대한 이의 제기나 침해는 용납되지 않기 때문이다.

언론사 특유의 취재 부서 간 격차와 선호도 차이도 개인적 항의를 주저하게 만드는 요소로 작용한다. 언론사는 기자들이 선호하는 부서와 그렇지 못한 부서가 뚜렷이 구분되는 경향이 있고, 같은 부서 안에서도 출입처별로 명암이 뚜렷이 구분되는 특성이 있다. 해당 부서와 출입처에 따라 취재 기자의 능력이 십분 발휘돼 유능한 기자로 빛을 보며 필명을 날리기도 하고, 원하지 않는 부서에서 근무하며 그저 그런 기자로 묻히기도 하기에 기자들은 자신의 인사권을 쥐고 있는 간부들을 크게 의식하지 않을 수 없다. 물론 간부들의 인사권은 언론 사주가 최종적으로 쥐고 있다.

개별적 항의나 시정 조치 촉구가 어려운 이러한 사정 때문에 각 언론사마다 노동조합을 결성해 자구책을 찾고, 공정보도위원회 등에서 구조적으로 시정 노력을 기울이고 있지만, 적절한 해결 방안을 찾지 못하고 있다. 때로는 개별 언론사 차원을 넘어 전체 언론인들이 힘을 모아 전국언론노조를 결성하고 여기서 지원에 나서기도 하지만 한계가 있다. 2012년 MBC 노조를 필두로, KBS 노조, YTN 노조, 연합뉴스 노조, 국민일보 노조 등이 공정보도를 촉구하며 유례없이 장기간 연대 파업을 벌이기도 했으나 회사 측의 버티기로 결국 목표했던 성과를 거두지 못하고 회사로 복귀했다.

남북문제나 통일 문제를 다루는 일선 기자들이 북한 사회나 남북 관계, 한반도를 둘러싸고 있는 주변국들의 정세 등 총체적 상황에 대한 전문적인 지식을 쌓고, 폭넓은 시야를 확보할 여건이 마련돼 있지 않다. 전문성을 바탕으로 민감하고도 미묘한 문제에 대해 정확히 분석하고 설득력 있는 대안을 제시할 만한 실력을 갖추기가 쉽지 않다. 과거 관행에 얽매여 있거나 보수적인 시각에서 벗어나지 못하고 있는 간부진을 충분히 설득시켜 자신의 의지를 기사를 통해 펼칠 소양과 소신을 두루 갖춘 기자를 찾기가 쉽지 않다.

우리 사회 흐름이 바뀌면서 언론인을 지망하는 기자 후보생들의 의식이 바뀌는 경향도 보인다. 전통적으로 '사회의 목탁'으로 상징됐던 언론인상이 점차 퇴색하고 기능인, 생활인으로서의 언론인상이 부각되고 있다. 실제 직업인으로서 선망의 대상이 될 만큼 언론인의 사회적인 대우도 높아져 여느 대기업 못지않게 높은 급여를 보장하고 있다. 언론사에 입사하기 위한 경쟁도 치열해졌다. '언론고시'라는 말이 나돌 만큼 언론사에 입사하기 위해 따로 시험 준비를 하는 지망생들이 많을 정도로 인기 있는 직종에 속하게 된 것이다. 그러나 사회적 약자를 돕고 권력을 감시하며 진실보도를 지향하는 언론의 본령에 얼마나 더 가까이 다가갔는지는 의문이다.

IV. 진영 논리에 앞장서는 언론

남북문제나 노사 문제, 복지 문제, 여성 문제, 환경 문제, 교육 문제, 지역 문제 등 사회 각 분야의 주요 쟁점들에 대한 언론 매체의 시각을 보면 그 언론사가 지향하는 가치를 추정할 수 있는데, 그중에서도 그 매체가 지니고 있는 이데올로기 성향을 가장 극명하게 드러내는 분야가 바로 남북문제에 대한 보도 태도다. 남북문제는 분단된 지 60년이 넘어가면서 우리의 삶 곳곳에 깊은 궤적을 남기지 않은 곳이 없을 정도로 끼친 영향이 큰 데다, 다른 문제처럼 사람들을 두루 만족시키기 위해 적당히 속성을 감추거나 겉치장을 할 수 없는 본질적 문제로 꼽힌다.

우리 언론은 보도의 객관성을 내세우면서도 내용적으로는 특정한 지향성을 확실히 보여 왔다는 평가를 받는다. 특히 남북문제처럼 이념적으로 첨예한 사안을 보도할 때 우리 언론은 객관적 전달자로 머물지 않는다. 우리 언론계에서 보수 성향 신문과 진보 성향 신문 사이의 논조 다툼이 가장 날카롭게 벌어지는 영역도 바로 남북문제를 보도할 때이다.

우리 언론은 각기 보수나 진보를 대표하는 특정 정파와 우호적 관계를 유지하는 경향을 보여 왔다. 보수 성향의 조선일보, 중앙일보, 동아일보 등이 보수 정파인 새누리당(한나라당)과 지속적으로 우호 관계를 맺어 왔다면, 진보 성향의 한겨레신문, 경향신문, 오마이뉴스, 프레시안 등은 민주통합당이나 통합진보당 등 진보층을 아우르는 정파와 우호적인 관계를 형성해온 것으로 평가된다. 이런 긴밀한 관계는 자신의 논조를 뚜렷이 드러내는 유력한 신문사일수록 강해서, 선거를 통해 정치권력이 교체되고 여야 간에 역할이 바뀌더라도 기존의 각별한 관계는 큰 틀에서 꾸준히 유지되는 것으로 보인다. 언론사마다 각기 지향하는 이념이 있고 선호하는 정치 세력이 있을 수 있다. 하지만 그 정도가 지나쳐 사실을 왜곡하거나 국민 여론을 호도하려 해서는 안 된다. 더욱이 언론이 진영 논리에 깊이 빠져 보수 진영이나 진보 진영의 싸움에 앞장서는 선봉대 구실에 몰입한다면 문제가 심각하다.

남북문제에 대한 한국 언론의 보도 양태를 분석하는 데 언론학자 할린(Hallin)의 분석 틀은 깊이 음미할 만한 가치가 있다. 할린은 뉴스에서 사회적 가치가 수용되고 배제되는 원리를 '합법적 논쟁의 영역', '합의의 영역', '일탈적 영역'으로 구분해 설명하면서, 미디어의 이데올로기적 대립이 첨예하게 나타나는 곳은 '합법적 논쟁의 영역'이라고 지적했다.

할린의 분류에 따르면, '합법적 논쟁의 영역'은 정치·사회적으로 주요한 논쟁들이 벌어지는 영역으로서, 사회의 합법적 질서를 무너뜨리지 않는 한 다양한 시각과 가치들이 헤게모니적 갈등을 벌이는 영역이다. '합의의 영역'은 누구나 자연스럽게 인정하는 보편적 가치의 영역으로, 언론은 합의된 보편적 가치를 확인하고 강화하는 옹호자가 된다. '일탈적 영역'에는 사회의 주류 밖에 존재하는 사람이나 지배적 가치와는 다른 아이디어들이 존재하는데, 이 영역에서 언론의 역할은 '일탈'을 노출하거나 비난하는 것이라고 한다.

박정순 교수는 할린의 모델을 이용해 우리 언론의 북한 관련 보도의 이데올로기적 지형 변화를 분석하면서, 김대중 정부의 대북 포용 정책(햇볕정책) 이후 북한 체제 찬양이나 안보 위협적 뉴스는 여전히 '일탈적 영역'에 있고, 평화통일이나 평화공존, 화해협력은 '합의의 영역'에 있으나, 평화통일 방법론이나 북한의 정치·경제·사회·문화 부문에 대한 뉴스, 국가보안법, 반공 이데올로기는 '합법적 논쟁의 영역'에 진입해 치열한 논쟁이 이뤄졌다고 주장했다. 과거 권위주의 정권에서 '일탈의 영역'에 속했던 많은 사안들이 '합법적 논쟁의 영역'으로 진입했다는 것이다. 일단 '합법적 논쟁의 영역'에 들어온 의제들을 과거의 영역으로 되돌리기는 쉽지 않다.

김대중 정부 들어 '합법적 논쟁의 영역'이 넓어지고 이데올로기적 갈등 양상이 특히 심해진 배경에 대해 송용회 교수는 "김대중의 집권으로 진보적 성향의 인사들이 권력 전면에 나서면서 그동안 한국 사회에 오랫동안 뿌리를 내리고 있던 보수 성향의 기존 엘리트들과의 갈등과 충돌이 빈번해졌기 때문"이라고 주장했다. 그는 일부 유력 언론사들은 이데올로기적 색채를 보다 분명하게 드러내고 있어, 정치권력 등 지배 엘리트의 일원이라고 해서 언론사로부터 항상 '1차 규정자'의 지위를 보장받는다고 할 수 없다며 "보수적 유력 종합 일간 신문들은 김대중 정부와 진보 진영에 대해 공격적 보도 태도를 지속적으로 유지하는 반면, 한겨레신문과 일부 인터넷 언론은 정반대의 보도 태도를 보이고 있어 언론사 간 분열 또한 깊어지고 있다."고 주장했다. 주류 언론의 보도 대부분이 정치권력 등 사회의 지배 엘리트에 대한 것이지만, 언론이 이들의 말과 행동을 항상 두드러지게, 그리고 우호적으로 전달하는 것만은 아니며, 개별 언론사의 편집 방향에 따라 우호적으로 묘사될 수도, 비판적으로 묘사될 수도 있다는 것이다. 위 연구는 언론이 정보 전달을 주로 하는 스트레이트 기사를 쓰며 자신의 편집 정책을 전파하기 위해 취재원의 진술을 자의적으로 취급한다는 점을 중심으로 분석한 것이지만, 언론 관행상 객관 보도 강령에 얽매일 필요가 없는 사설이나 칼럼의 경우에는 신문의 색깔, 지향성이 더욱 두드러지게 직설적으로 나타난다고 할 수 있다.

김대중·노무현 정부 시절 보수 진영과 진보 진영 사이에 대체로 균형을 이루던 우리 사회의 세력 판도는 이명박 정부 들어서 다시 보수 쪽으로 일방적으로 기울어졌다. 김대중·노무현 정부 시기 선거에 의해 정권 담당 세력은 교체되었으나, 공무원 조직이나 검찰, 경찰, 군대 등은 수십 년 동안 권위주의 정권에서 길들여진 체질에서 벗어나지 못해 여권 지도부와 미묘한 갈등을 보였다. 더욱이 재벌 중심으로 틀이 짜인 경제계나 언론계, 교육계, 종교계, 문화계, 사법부 등 사회 전반 곳곳에서는 오랜 기간 기득권을 누려 왔던 보수 성향 인사들이 여전히 막강한 힘을 보유하고 맞서 있었다. 보수 언론은 이들 보수 진영의 선두에 서서 정부 정책과 정권의 주요 인사들을 집중 공격하고 보수층의 결집을 도모하는 데 앞장섰다.

이명박 대통령이 한나라당 후보로 대선에서 압도적인 표 차이로 당선된 뒤 우리 사회 각 부문에서는 정부 정책과 궤를 같이하는 보수적인 목소리가 다시 힘을 얻고 분위기를 압도하기 시작했다. 특히 정권 창출에 혁혁한 공을 세운 보수 언론이 사회의 보수화를 앞장서 이끌었다. 신문의 경우 막대한 자본력과 월등한 독자 수에서 줄곧 유리한 위치를 점하고 있던 보수 신문들이 사회적 의제를 만들어 내며 여론을 주도했다. 여기에 새로 집권한 정권에서 임명한 방송 대표들의 입김에 의해 보수적 분위기로 되돌아간 방송 보도는 사회의 보수화 흐름을 더욱 부추겼다.

PD수첩이나 미디어 비평 등 정부에 비판적이거나 개혁적 목소리를 내던 프로그램들이 대폭 축소되거나 폐지되는 등 보수화 바람이 언론계를 휩쓸었다. 이런 보수화 바람은 사회 전 분야에 걸쳐서 나타났지만, 특히 남북 관계에서 더욱 심해져 이명박 정부 내내 대결 상태를 보이며 악화일로를 걷다 종국에는 파탄지경에 이르렀다.

이명박 정부는 10년 전의 김영삼 정부 때와 마찬가지로 '핵폐기 우선' 원칙을 세우고 강경한 대북 자세를 보였다. 김대중·노무현 정부 때 원칙 없이 북한에 끌려다녔다며 북한에 대한 엄격한 상호주의 적용을 내세웠고 남북 관계는 냉랭한 상태로 떨어졌다. 출범 초부터 북한이 스스로 붕괴하기를 재촉하듯 몰아붙이고, 김대중·노무현 정부 시절 북한과 어렵게 이룬 합의들, 6·15 남북공동선언, 10·4 남북정상선언 등을 무시하며 합의 사항을 이행하지 않아 불신을 자초했다.

남북 간 대결 양상은 천안함 침몰 사건, 연평도 피격 사건 등을 겪으며 더욱 날카롭게 고조됐고 감정적 앙금은 되돌릴 수 없을 정도로 깊어졌다. 2010년 3월, 서해 백령도 부근에서 훈련하던 해군 초계정 천안함이 침몰돼 40명이 숨지고 6명이 실종된 천안함 사건은 남북 관계를 최악으로 몰아갔다. 정부는 외국 전문가들까지 포함된 합동조사단을 구성해 천안함이 북한군의 어뢰 공격에 의해 침몰했다고 발표했으나 북한은 자신의 소행이 아니라고 완강히 주장했다. 정부가 어뢰 공격의 증거로 제시한 물증에 대해 국내외에서 의문을 표명하는 반론들이 제기되면서 남한 사회 내부에서 정부 발표를 받아들이는 데 미묘한 온도 차가 드러났다. 남북 간 감정의 골은 더욱 깊어졌고, 북한군의 연평도 포격 사태로 이어지면서 돌이키기 힘든 앙금을 남기게 됐다.

천안함 사건 후 정부가 취한 5·24 대북 제재 조치로 개성공단 사업을 제외한 모든 남북 경협은 중단됐다. 관광객 총격 사망 사건으로 진작 중단됐던 금강산 관광 사업 재개 가능성도 사라져 남북을 잇는 끈은 끊어졌다. 신 냉전 구도가 펼쳐지고, 한반도 평화는 멀어졌다. 지난 정권과 차별화하는 수준을 넘어 남북 대화를 전면적으로 부정했던 편협함과 근시안이 자초한 결과였다. 이명박 정부는 북한이 스스로 붕괴할지도 모른다는 헛된 기대에 빠져 임기 내내 "때로는 기다리는 것도 정책"이라고 강변하며 압박 일변도로 올인했다. 정부의 대북 압박·봉쇄 정책은 그러나 북한 정권 붕괴로 이어지지 않고 북한의 중국 의존 심화로 나타났다. 남북 경협이 끊긴 사이 북한의 대중국 교역량은 엄청나게 늘어났고 중국에 기대는 종속도도 이에 비례해 깊어졌다.

보수 언론들은 수구적인 기득권 유지 세력을 앞장서 대변하며 정부의 대북 정책을 강경 일변도로 몰아가는 데 큰 몫을 담당했다. 남북 사이에 민감한 문제가 발생할 때마다 보수 언론들은 강경 대처를 촉구하거나 지지했고, 혹시라도 정부 정책이 흔들리거나 대화를 모색하려는 움직임을 보이면 강하게 비판하며 제동을 거는 모습을 보였다.

보수 일색으로 치닫는 상황에서 진보 성향 언론들은 남북 간 대화를 촉구하며 정부의 강경 드라이브에 반대 논리를 폈으나 별다른 영향을 끼치지 못했다. 보수 언론과 진보 언론은 사안마다 부딪치며 첨예한 논쟁을 벌였다. 북한 핵 문제와 탈북자 문제, 북한 인권 문제, 북한 권력 세습 문제 등은 남북문제 가운데서도 가장 민감한 사안이며, 남한 사회 내부에서 이런 문제들을 바라보고 대응하는 태도를 놓고 '종북 논란'이 벌어졌다. 보수 진영과 보수 언론의 거센 이념 공세에 진보 진영과 진보 언론이 반격에 나서면서 치열한 논쟁과 힘겨루기가 벌어진 것이다.

북한 핵 문제를 대하는 이명박 정부의 기본 시각은 임기 초부터 남북 관계를 어긋나게 했다. 이명박 대통령은 대선 공약으로 '비핵·개방·3000' 구상을 밝히며 북한을 압박했다. 북한이 핵을 완전히 포기하고 개방하면 10년 안에 국민소득 3000달러가 되도록 경제적 지원을 하겠다는 것이었다. 그러나 이 구상은 북한 입장에서 보면 받아들이기 힘든 전제가 깔린 제안이었다. 핵무기 개발을 체제를 지키기 위한 자위 수단이라며 합리화하고, 핵 문제는 남한보다 미국 정부와 풀어야 한다는 인식을 가지고 있는 북한으로서는 남한의 약속만 믿고 핵을 포기한다는 것은 득보다 실이 많다고 판단했을 개연성이 크다. '개방' 역시 체제 유지를 위해 극도로 꺼리고 있는 상황에서 쉽게 받아들일 가능성이 적다. 그런 상황에서 북한 핵 문제가 해결되지 않으면 대화를 하지 않겠다는 정부의 완강한 태도는 북한의 반발을 부르며 대화 자체가 단절됐다. 보수 진영은 북한이 결국 핵을 포기할 수밖에 없도록 지속적으로 압박을 가해야 한다는 주장을 폈고, 진보 진영은 먼저 남북 간에 대화와 교류를 진행해 신뢰를 쌓아 가면서 북한이 핵을 포기하도록 설득해야 한다는 주장을 폈다. 보수 언론과 진보 언론은 양 진영의 선두에서 논리 싸움을 펼치는 데 앞장섰다.

탈북자 문제는 사안 자체도 민감한 데다 중국이 직접 개입돼 있어서 해결이 더욱 어려운 사안이다. 중국 각지를 떠돌며 언제 붙잡힐지 몰라 불안과 공포에 떠는 탈북자들의 심각한 상황을 생각하면, 송환 여부의 열쇠를 쥔 중국 정부에 본인 의사에 반한 강제 송환을 하지 말도록 촉구해야 한다는 주장의 당위성은 두말할 나위가 없다. 하지만 중국이 이런 요구를 얼마나 무게 있게 받아들여서 문제 해결에 실질적 도움이 되느냐 하는 것은 별개의 문제다. 사실 탈북자 문제는 어제오늘 생긴 일이 아니다. 1990년대 후반부터 오늘까지 20년 가까이 계속된 사안이다. 탈북자들을 난민으로 봐야 하며 '난민지위협약'에 따라 인도적으로 처리해야 한다는 우리 쪽 주장과 이들을 '조선 불법 입경자(入境者)'로 간주하며 중국 국내법과 북한과 맺은 협정에 따라 송환하겠다는 중국 정부의 주장은 그동안 팽팽히 맞서 왔다.

문제는 정부가 왜 이 시점에 '조용한 외교'로 그때그때 대처하던 탈북자 정책을 바꿔서 정색하며 거론하고 국제적 압력까지 동원하겠다는 태도로 바뀌었느냐 하는 점이다. 정부는 기존 정책이 한계에 부닥쳤기 때문이라고 주장했다. 하지만 정부의 '태도 돌변'에는 보수 언론의 강력한 문제 제기와 압박이 큰 몫을 했다는 분석이 나왔다. 실제 탈북자 문제는 어느 날 갑자기 '새삼스럽게' 불거졌다. 동아일보에서 중국 정부가 탈북자들을 체포해 강제로 북한에 송환하고 있다는 점을 부각하고 연일 1면 머리기사로 탈북자 문제의 심각성을 제기하면서 사회적 반향을 일으켜 '민감한 사회적 의제'로 떠올랐다. 평소 탈북자 문제에 관심을 쏟던 한 의원이 항의 단식에 나서고 국내 연예인들이 송환 중지 촉구 대열에 참여하면서 탈북자 문제는 갑자기 국민의 관심이 집중되는 민감한 의제로 부상했다. 보수 언론들이 일제히 보도 경쟁에 나서 '떼거리 식' 보도가 이어지고, 중국 정부에 대한 우리 정부의 공개적인 문제 제기가 나오면서 중요한 외교 문제로 떠올랐다. 진보 성향 언론들도 더는 외면할 수 없는 상황이 전개되면서 뒤늦게 따라가며 기존 보수 언론의 보도 태도와는 다른 시각을 제시하기 시작했다.

진보 언론들은 탈북자들의 심각한 처지는 우리 민족 누구도 외면해선 안 될 중요한 사안이고, 중국을 떠도는 탈북자의 열악한 인권 침해 상황에 비추어 개선 노력이 절실하다는 점은 이론의 여지가 없지만, 그러나 중국 정부와 대립각을 세워서 정치적으로 몰아붙인 결과는 문제된 탈북자들의 전원 북송과 중국 당국의 철저한 탈북자 색출 등으로 나타났다고 부작용을 지적했다. 진보 언론들은 탈북자 문제 해결의 핵심인 중국과의 협조 문제가 풀리지 않는 배경으로 한국 정부와 중국 정부 간의 신뢰에 결정적 금이 간 것이 상황을 더 악화시켰다는 점을 부각시켰다. 이명박 정부가 미국 일변도 외교로 가면서 중국과의 관계는 점차 멀어지고 서먹해졌으며, 정작 꼭 필요할 때 정상 간 핫라인 전화조차 연결되지 않는 냉랭한 사이가 됐다는 것이다.

보수·진보를 떠나 우리가 냉정하게 짚어야 할 대목은 탈북자 문제는 이 문제만 따로 뚝 떼어내 볼 수 있는 문제는 아니라는 점이다. 한반도 평화 문제를 논할 때 기본적으로 고려해야 할 여러 핵심 문제 중에서 어느 한 요소만 딱 떼어 내서 거두절미해 강조하면, 부분적으로는 맞지만 전체적인 문제 해결을 어렵게 한다는 것이 현실이다.

북한 인권 문제도 매우 민감한 사안이다. 반체제 인사들을 수용하고 있다는 강제수용소의 존재와 이곳에서의 열악한 인권 상황에 대해 탈북자들의 다양한 증언이 나오고 있다. 보수 언론은 이들의 증언에 의지해 북한 정권의 비인도적 처사를 강도 높게 비판하고 나섰다. 강제 송환된 탈북자들에 대한 북한 정권의 비인간적 처벌에 관한 소식도 대부분 탈북자들의 증언에 따른 것이다. 하지만 이들의 증언을 어디까지 신뢰할 수 있는지, 탈북자들의 개인적인 사정이나 감정에 따른 과장은 없는지 등을 확인하는 데는 한계가 있다. 통일연구원에서 매년 작성하는 북한 인권백서 내용도 남한에 온 탈북자 중 일부를 표본 추출해서 조사를 하는 식이어서, 완전히 신뢰하기는 어렵다는 지적이 나온다.

반북 성향을 노골적으로 드러내는 단체들이 북한 인권을 빌미삼아 북한을 자극하는 행태를 보이는 상황과도 맞물리며 큰 파장을 일으키기도 한다. 북한은 이명박 정부가 이들 단체들을 뒤에서 부추기거나 지원하고 있다고 의심한다. 진보 진영은 정부의 '철저한 상호주의' 고수 정책에다 북한 지도층보다는 북한 주민들을 상대해야 한다며 북한 정권이 빨리 붕괴하도록 촉진하는 정책을 펴야 한다고 주장하는 일부 강경파들의 '북한 민주화' 논리가 더해지며 현실적으로 북한 주민들에 대한 인도적 지원마저 가로막고 있다고 비판한다. 북한에 대한 식량 지원을 인권 상황에 연계시켜야 한다는 주장은 식량 부족으로 기아선상에 있는 북한 주민들의 처참한 상황을 더욱 악화시키는 역할을 한다는 것이다. 대북 전략의 지렛대로 삼겠다며 넘쳐 나는 쌀을 몇 년째 창고에 쌓아 놓고 묵히는 모진 마음으로는 민족 화해의 첫걸음도 떼기 어렵다는 지적이다.

진보 언론은 보수 언론이 북한 주민의 참담한 기아 상황에 대해 감성적으로 보도하면서도 지원하는 식량이 주민들에게 제대로 배분되는지, 쌀 지원이 혹시 군량미로 전용되지는 않는지 투명하게 확인해야 하며 그 전에는 지원해선 안 된다고 주장한다며 이중적인 행태를 집중적으로 비판했다. 북한 인권 문제나 탈북자 문제 등 보편적 가치인 인권 문제에 대한 문제 제기는 필요하지만, 박정희·전두환 정부 등 역대 권위주의 정부 하에서 벌어졌던 인권 탄압에는 입을 닫거나 심지어 미화하는 모습을 보이던 언론이 한마디 반성도 없이 북한에 대해서는 가혹한 잣대를 들이대며 엄중하게 비판하는 모습은 앞뒤가 맞지 않는다는 것이다.

국회에서 논란이 되는 '북한인권법'이 북한 주민들의 인권을 개선하는 데 현실적으로 기여하기보다는 반북 활동에 앞장서는 일부 강경 단체들 지원에 초점이 맞춰져 있다는 진보 진영의 비판도 같은 맥락에서 비롯된 것이다.

북한 체제에 대한 평가, 특히 권력 세습 문제는 가장 다루기 껄끄럽고 민감한 문제다. 국민의 선거로 지도자를 뽑는 민주주의 사회에서 자신의 아들에게 권력을 이양하는 북한의 권력 승계 문제, 더구나 3대에 걸친 권력 세습은 상식적으로도 납득하기 어렵고 당연히 비판의 대상이 된다. 그러나 남북이 군사적으로 대치하고 있는 상황에서 상식적 판단에 기초한 일반인의 도덕적 비판과 그런 체제의 북한을 상대해야 하는 정부의 현실적 정책 집행 사이에는 괴리가 생기게 마련이다. 북한에서도 신경을 곤두세우며 가장 날카롭게 신경질적인 반응을 보이는 문제다. 도덕적 차원의 비판이 지나쳐 대화의 상대로조차 인정하지 않겠다는 완고한 태도는 북한을 자극하고 대화를 중단시키며 결과적으로 남북 간의 군사적 대결 상황을 가속화한다. 상호 간 내정에 대해 간섭하지 않기로 한 남북 간 '약속'에도 어긋나는 것이다. 보수 진영에서 주장하듯이 북한 체제의 비민주성을 지속적으로 지적하고 권력 세습 문제를 비판해야 한다는 견해와 현실적으로 북한의 바람직한 변화를 이끌어 내기 위해서는 남북 사이의 화해와 교류·협력이 절실하므로 대화를 우선으로 해야 한다는 진보 진영의 견해는 평행선을 긋는다. 정부와 민간 부문의 현명한 역할 분담이 거론되지만 말처럼 쉽지 않다. 현실적으로 상대방의 잘못과 체제 결함을 규탄하고 대화 상대로 여기지 않거나 만나는 기회가 생길 때 상대방의 경직성을 탓한다고 문제가 해결되지 않는다는 데 딜레마가 있다.

우리 사회의 진영 논리가 가장 첨예하게 부딪치고, 문제점이 가장 적나라하게, 그리고 집약적으로 나타난 것이 이른바 '종북 논란'이다. '종북 논란'은 가장 민감한 사안인 북한 핵 문제와 탈북자 문제를 포함한 북한 인권 문제, 3대 세습 문제 등에 대해 진보 진영이 정치적 견해와 비판적인 태도를 보다 명확히 밝혀야 한다는 보수 진영의 압박 공세가 여론몰이 형태로 매우 극적으로, 그리고 가장 거칠게 표출된 사례다. 따라서 보수 진영과 진보 진영, 보수 언론과 진보 언론의 논리 대결과 힘겨루기가 총체적으로 벌어졌다. 이명박 정부 임기 말 온갖 비리와 실정이 노출돼 인기가 떨어지면서 그동안 보수 세력에 일방적으로 눌렸던 진보 세력의 목소리가 다시 힘을 얻으며 팽팽히 맞섰다.

2012년 4월 총선을 앞두고 통합진보당 내 비례대표의원 후보 경선 과정에서 불거진 선거 부정 사태가 보수 언론의 문제 제기로 통합진보당 내 일부 세력을 겨냥하는 '종북몰이'로 이어지더니, 급기야 진보 진영과 야권 전체에 대한 이념 공세로 확산됐다. 보수 진영은 통합진보당 선거 부정 문제가 불거지자마자 이 문제를 '선거 부정 문제'가 아닌 '종북주의자들의 문제'로 몰아갔다. 보수 언론은 해당자로 집중 거론되는 인사들이 과거 간첩단 사건과 관련해 국가보안법을 위반했던 사실을 들어 이들의 사상을 검증해야 한다고 목소리를 높였다.

'종북' 논란은 통합진보당을 넘어 야권 전체로 확대됐다. 통합진보당과 야권 연대를 한 책임을 들어 민주통합당을 겨냥하더니, 때마침 불거진 임수경 민주통합당 의원의 취중 폭언을 빌미삼아 민주통합당 전체를 싸잡아 공격했다. 임수경 의원이 한 식

당에서 탈북 대학생과 말싸움을 하면서 "어디 근본도 없는 탈북자가 굴러와 대한민국 국회의원한테 개기냐"라고 폭언하고 과거 운동권에서 함께 활동하다 새누리당에 들어간 하태경 의원에 대해서 '변절자' 운운한 것을 정색하며 문제 삼은 것이다. 탈북 학생이 지나치게 임 의원에게 시비를 걸기는 했지만 국회의원으로서 적절한 언행은 아니었고, 임 의원도 곧바로 공식 사과했다. 그러나 보수 언론은 임수경 의원이 1989년 6월 평양 세계청년학생축전에 전국대학생대표자협의회(전대협) 대표 자격으로 참가해 '통일의 꽃'으로 불리고 귀국 후 국가보안법 위반으로 3년 5개월을 복역한 사실을 상기시키면서 그의 사상을 검증해야 한다고 '종북 공세' 고삐를 늦추지 않았다.

심지어 당 대표 경선에 나선 이해찬 민주통합당 의원이 '북한인권법'에 반대하는 목소리를 내자 앞뒤 맥락을 잘라 버리고 마찬가지로 '종북'이라고 몰았다. 이해찬 의원이 한 라디오 방송에 출연해 "북한인권법의 국회 상정은 국가 간 내정 간섭이자 외교적 결례다"라고 발언한 것에 대해 색깔론으로 대응한 것이다. 과거 총리를 지낸 인사라 할지라도 북한을 조금이라도 감싸는 듯한 의견을 제시하는 사람은 모두 '척결 대상'인 종북 세력으로 몰아갔다.

사실 보수 언론의 '종북(從北)'이라는 용어 사용부터가 논란을 불러일으키기에 충분했다. 과거 좌파 세력, 좌익 세력으로 지칭하다가 한걸음 더 나아가 친북(親北) 세력, 친북 좌파 세력이라는 용어를 써가며 비판하기는 했지만, '북한을 맹목적으로 추종한다'는 의미의, 매우 부정적이고 음습한 이미지를 풍기는 '종북 세력'이라는 용어를 반복적으로 사용해 일반화시키고, 특정 세력에게 자의적으로 이런 '딱지'를 붙이는 것은 고도의 노림수가 있는 정치 선전 행위라 할 수 있다. 남북이 대치하고 있는 분단 상황에서 상대방을 정치적으로 파멸시키고 매장시키려는 행태다.

분단된 한반도의 제 문제를 평화적으로 풀기 위한 해결책을 자주적으로 모색하겠다며 스스로를 '평화 세력'으로 자리매김하는 진보 진영에 대해 명확한 기준도 없이 '종북'이라는 추상적 이념 굴레를 덧씌워 공격하는 것은 정상적 궤도를 벗어나도 한참 벗어난 것이었다. 보수 진영은 특히 진보 진영을 정조준해 북한 인권 문제, 3대 세습 문제, 북한 핵 문제에 관해 공개적으로 단호하게 비판하지 않을 경우 '종북 주사파'라는 딱지를 붙이며 사상 검증을 해야 한다고 압박했다.

보수 진영이 이처럼 이념 공세에 열을 올린 것은 선거 부정과 폭력 사태로 이미 도덕적으로 큰 타격을 입은 진보 세력을 차제에 궁지로 몰아넣어 이미지에 깊은 상처를 주고, 이를 통해 보수 세력의 결집을 겨냥한 측면이 크다. 실제 선거부정 논란으로 큰 타격을 입고 내홍에 빠진 통합진보당은 구 당권파를 비판하는 세력이 집단 탈당해 진보정의당을 창당하는 등 세력이 크게 위축되기에 이르렀다. 보수진영의 이러한 파상적 이념공세는 임기

말 터져 나온 이명박 정권의 각종 악재를 덮기 위한 것으로도 해석됐다. 실제로 민간인 불법 사찰과 BBK 의혹, 내곡동 사저 의혹, 언론 장악 음모, 저축은행 사건 등 각종 비리가 '종북몰이' 홍수 속에 묻혀 버렸다는 지적이 나왔다.

이렇듯 과도한 '종북몰이'에 대한 비판의 목소리가 커졌으나, 보수 언론은 '종북' 행태를 규탄하는 것에 대해서 '색깔론'이라고 비판하는 것이야말로 주사파들이 항상 써먹던 수법이라고 역공을 펴며 여론을 앞장서 이끌어 갔다.

진영 논리에 앞장서는 것은 보수 언론에만 국한된 것은 아니다. 진보 성향 언론도 진보 진영의 논리를 대변하고 우호적 여론을 조성하기 위해 적극적으로 나섰다. 한겨레신문, 경향신문, 오마이뉴스, 프레시안 등은 일정 부분 차이는 있지만 통합진보당 경선 과정에서 불거진 부정·부실과 그 후 폭력으로 얼룩진 진보의 타락을 비판하면서도 통합진보당 사건의 본질은 민주주의 기본 원칙인 정당성의 훼손 문제이지, 이를 북한과 연결지어 '종북좌파'라고 비판하는 것은 본질을 벗어난 것이라고 강조했다.

진보 진영의 대항 논리를 앞장서 제시한 한겨레신문은 보수 언론이 진행하는 '종북몰이'는 3단계로 이루어지고 있다며, 이들의 왜곡 과정은 과거 색깔 공세와 조금도 다름이 없다고 비난했다.

한겨레 주장에 따르면, 그 1단계는 '쟁점 바꿔치기'로, 통합진보당 문제의 출발점은 선거 부정과 이를 가능하게 했던 당내의 패권주의, 그리고 민주주의 절차의 문제였으나 보수 진영이 이 문제를 종북 논란으로 끌고 갔다는 것이다. 북한의 전근대성, 적대적 기억, 낡은 이념 등의 이미지가 묻어 있는 '종북'이라는 어둡고 부정적인 느낌이 드는 단어를 차용했다는 것이다. 종북 논란이 벌어지는 가운데 '경선 부정과 민주주의적 절차'의 원래 문제는 온데간데 없어졌으며, '이념 투쟁'의 구도로, 색깔 논쟁으로 치환해 버렸다는 것이다

한겨레는 종북 공세의 2단계는 이번 기회에 민주당에도 붉은 색칠을 하며 전선을 넓힌 것이라고 주장했다. 한겨레는 '과거를 소환하는 왜곡의 2단계'라며 임수경 민주통합당 의원이 타깃이 됐다고 주장했다. 한겨레는 '종북' 공세의 3단계는 '무차별적 덧씌우기'라며 '북한을 추종하는 세력'이라는 애초 개념에 전혀 해당하지 않는 이들에게도 종북이라는 '딱지'를 붙이는 것이라고 주장했다. 북한인권법의 문제점을 지적한 것을 빌미로 이해찬 민주통합당 의원을 공격한 것이 대표적이라는 것이다.

보수 언론의 주도적인 '의제 설정'과 편향된 여론몰이에 따라 일방적으로 진행된 '탈북자' 논란이나 북한 인권 문제, 특히 공세적으로 거칠게 진행된 '종북' 논란 등을 겪으며 진보 진영 내부에서는 그동안의 태도에 대한 자성과 성찰의 움직임이 일기도 했다.

보수 언론에 의한 '종북' 색깔론 프레임이 커다란 영향력을 발휘하고 진보 진영 전체가 이미지에 큰 상처를 입는 수세 국면으

로 몰리면서, 진보 성향 언론이나 학계, 시민사회에서 보수 언론의 일방적인 종북 프레임에 왜 끌려갈 수밖에 없는지에 대한 분석과 대안 마련이 시급하다는 목소리가 나왔다. 진보 매체의 프레임 설정 능력 부족에 대한 지적과 함께 진보 언론이 그동안 방어적인 태도로 북한 인권 문제를 외면해온 것을 전면 재검토할 필요가 있다는 지적이 제기됐다. 인류의 보편적 가치로 인식되는 북한 인권 문제 등에 대해 종전처럼 언급하기 껄끄럽다고 해서 관심권 밖에 두거나 외면한다면 점점 더 색깔론 공세의 빌미를 줄 수 있다는 위기의식이 표출된 것이다. 객관적 신뢰성에 다소 문제가 있더라도 큰 틀에서 심각한 인권 유린 문제가 있는 것이 사실이라면 좀 더 적극적으로 대응해야 한다는 주장도 제기됐다.

탈북자 문제만 해도 진보 진영이 다분히 방어적이고 소극적 자세로 대응해 왔다는 반성이 나왔다. 탈북자들의 처참한 처지에 마음이 아프긴 하지만, 뾰족한 해결책을 찾기가 마땅치 않은 점이 소극적으로 만들었다는 측면이 있다. 하지만 그 밑바탕에는 탈북자 문제를 빌미 삼아 북한에 대한 국민의 증오심을 부추기고, 정부의 대북 강경책을 정당화하는가 하면, 진보 진영의 소극적 태도를 트집 잡아 마치 인권이라는 보편적 가치를 외면하는 것처럼 몰아가는 보수 세력의 졸렬한 행태에 휘말려 들기 싫다는 이유도 있었던 것이 아니냐는 것이다. 보수 언론에서 의제를 선점해서 집중적으로 여론몰이에 나서니까 프레임에 말려들기 싫고, 일일이 대응 논리를 설명하기가 곤혹스러워서 방어적으로 다룬 것 아니냐는 반성과 비판이 나온 것이다.

보수 진영의 압박 때문이 아니라 진보 진영의 자체적 판단에 따라 북한 인권 문제나 체제 문제, 권력 세습 문제에 대해 비판할 점은 비판하는 것이 보수 진영의 '종북' 공세를 사전에 차단할 수 있을 뿐 아니라, 진보 진영의 따끔한 비판이 궁극적으로 북한의 변화를 이끌어 내는 데도 도움이 될 수 있다는 반성적 성찰론이 제기됐다.

V. 바람직한 남북문제 보도 방향

앞에서 다각도로 살펴본 대로 우리 언론의 남북문제 보도는 시대에 뒤진 냉전적 시각과 선정적 보도, 안보상업주의, 획일적인 보도 양상, 전문성 부족 등이 문제점으로 지적된다. 남북 관계 발전을 위한 우리 언론의 바람직한 보도 방향은 이런 문제점들을 극복하고 언론이 민족 동질성 회복과 민족 공동체 형성에 적극적으로 기여해야 한다는 것으로 집약된다.

우리 언론은 민족 구성원들이 한반도 정세와 남북문제에 대해 정확히 인식하고 통일을 준비하는 자세를 갖도록 선도해야 할 필요가 있다. 이를 위해서는 언론계 스스로의 성찰과 꾸준한 노력이 필요하다. 언론 내부 여건을 조성하고 외부 환경을 개선해야 한다. 남북 간의 의미 있는 대화와 교류·협력을 촉진하는 데 기여하기보다는 단절을 심화시키고 분열을 초래하는 이념적 폐쇄성을 우선적으로 극복해야 한다. 시대 흐름을 앞장서 이끄는 열린 자세와 열린 마음가짐이 필요하다.

언론 민주화에 대한 언론인 스스로의 자각과 다짐이 중요하다. 언론계의 비민주적인 관행과 풍토가 시정되지 않은 채 신문사주의 이해에 따라 논조가 좌우되고 편향적인 주장이 여론을 일방적으로 주도하는 상황을 바꾸도록 해야 한다. 언론의 공익성이 근원적으로 의심받는 상황을 해소해야 하는 것이다. 방송의 경우도 민주적 관행이 확고히 제자리를 잡도록 해야 한다. 정권이 바뀔 때마다 국영방송이나 공영방송 대표가 낙하산으로 임명되고 정권의 정책 방향에 궤도를 맞춰 보도 방향이 정해지는 양상이 되풀이돼선 안 된다. 민영방송이나 종합편성채널도 스스로 품위와 자율성을 지켜야 한다.

언론인들이 남북문제와 한반도 문제에 대한 전문성을 키워서 민감한 상황이 벌어질 때 설득력 있는 대안을 제시할 수 있어야 한다. 전문 인력 양상과 체계적인 정보 축적, 그리고 민족 화합에 기여하는 각종 프로그램 개발에 능동적으로 나서야 한다. 정부도 언론이 통일 과정에 적극적으로 참여할 수 있도록 환경을 조성해 줘야 한다. 남북 관련 뉴스의 일차적 정보원은 정부 쪽이 될 수밖에 없기 때문에 정부가 정보를 적극적으로 제공하고, 자유로운 취재가 보장될 수 있도록 해야 한다.

언론계에서 그동안 우리 언론의 남북문제 보도 태도에 대한 반성과 성찰이 없었던 것은 아니다. 1995년 8월 15일, 해방과 분단 50주년을 맞아 한국기자협회, 전국언론노동조합연맹, 한국방송프로듀서연합회가 공동으로 발표한 '평화통일과 남북화해·협력을 위한 보도·제작 준칙'에 이런 뜻이 잘 나타나 있다. 전문과 총강 5개 항, 보도실천요강 10개 항, 제작실천요강 10개 항으로 구성돼 있는 이 준칙은 전문에서 "지금까지 우리 언론은 남북관계 및 통일 문제 보도 제작에서 화해와 신뢰 분위기 조성에 기여하기보다는 불신과 대결의식을 조장함으로써 반통일적 언론이라는 오명을 씻어내지 못했다."고 반성하고 "남과 북의 평화

공존과 민족 동질성 회복에 힘쓰며, 민족 공동의 이익을 증진하고 궁극적으로는 남과 북이 단결하여 자주적 평화적으로 통일을 이루도록 노력한다."고 선언했다.

'보도·제작 준칙'은 총강으로 다음과 같은 5가지를 제시했다. ① 상대방의 국명과 호칭의 사용 ② 냉전 시대의 선입관과 편견을 벗어난 객관적 보도·제작 ③ 자유로운 남북 관계 보도·제작을 가로막는 법적, 제도적 장애 타파 ④ 민족 문화유산의 공유와 민족의 공동 번영을 추구하는 기사 및 프로그램 개발 ⑤ 통일 문제에 관한 민주적인 여론 형성 등이다. 상대방의 국명과 호칭을 사용하는 문제, 즉 '북한'이 아니라 '조선민주주의인민공화국'이나 줄여서 '조선' 또는 '북조선'이라고 부르자는 내용은 현실적으로 이미 굳어진 습관과 혼선 우려 때문에 당장 적용하기 힘들지만, 나머지 규정은 당장 지켜야 할 내용들이다.

준칙은 구체적인 보도실천요강으로 ① 남북 긴장 해소에 노력 ② 인물, 호칭, 직책의 존중 ③ 관급 자료 보도에 유의 ④ 내외통신의 인용에 책임 ⑤ 외신 보도의 신중한 인용 ⑥ 1차 자료의 적극 활용 ⑦ 각종 추측 보도의 지양 ⑧ 사진과 화면 사용의 절제 ⑨ 희화적인 소재의 지양 ⑩ 망명자 증언의 신중한 취사선택 등 10가지를 채택했다. 또한 제작실천요강으로 ① 정보 제공 프로의 적극 편성 ② 통일 지향의 가치 추구 ③ 냉전 시대의 관행 탈피 ④ 상업 선정주의 경계 ⑤ 다양한 의견의 반영 ⑥ 북한 보도를 활용한 제작에 신중 ⑦ 생활문화의 적극적 소개 ⑧ 능동적인 자료 접근 ⑨ 남북 차이의 이해를 위한 노력 ⑩ 남북 동질성의 부각 등 10가지를 제시했다. 내외통신이 이미 연합뉴스로 바뀌었으므로 이 부분을 제외하고, 나머지는 모두 언론인들이 마음속에 깊이 새기고 보도와 제작 과정에서 반드시 지키도록 명심해야 할 내용들이다.

2000년 6월 김대중 대통령과 김정일 북한 국방위원장 사이에 역사적인 남북정상회담이 처음으로 열리고 6·15 남북공동선언이 발표되기 전에 이미 이처럼 높은 수준의 보도·제작 준칙이 채택됐다는 의미가 깊다. 우리 언론의 고질적인 문제점에 대한 인식이 언론계에 두루 퍼져 있음을 방증하는 것이며, 이를 시정하겠다는 언론계의 고민과 다짐이 깊음을 엿보게 하는 대목이다.

이 준칙 외에도 각 언론사별로 별도의 보도 가이드라인을 마련하는 등 민족 화해와 공동체 건설에 기여하려는 언론계의 노력은 지속돼 왔다. 문제는 어렵게 준비하고 채택한 이런 준칙들이 보도·제작 현장에서 제대로 지켜지고 있는지 의문이라는 점이다. 스스로 채택한 보도·제작 준칙을 반드시 실천하겠다는 언론인들의 굳은 의지가 있어야 현실적으로 기사와 프로그램에 반영할 수 있다. 그리하여 '전문'에서 밝혔듯이, 우리 언론이 남과 북의 평화공존과 민족 동질성 회복에 힘쓰며, 민족 공동의 이익을 증진하고 궁극적으로는 남과 북이 단결하여 자주적·평화적으로 통일을 이루도록 명실공히 언론이 앞장서야 한다. 진실 보도에 가장 큰 걸림돌로 작용하고 있는 언론계 내부 문제를 깊이 성찰하고 언론 민주화를 앞당기는 데 힘써야 한다.

| 필자 약력 |

이원섭(李元燮)

서울대학교 외교학과 졸업. 서강대학교 언론대학원 졸업.

조선일보 사회부, 정치부 기자와 한겨레신문 정치부장, 통일문화연구소장, 논설위원실장 등을 역임했다. 현재 가천대학교 언론영상광고학과 교수로 재직 중이다. 저서에 『새로운 모색』(1997), 『햇볕정책을 위한 변론』(2003)이 있다.

새로운 통일외교의 모색: 글로벌 거버넌스의 재편을 계기로

이동휘

I. 들어가는 말

2008년 9월 미국에서 촉발된 금융 위기는 이후 전 세계적인 차원의 문제로 확산되어 세계 경제 위기 가능성에 대한 우려를 지속적으로 고조시키고 있다. 이러한 사태의 배경에는 단순한 경제 관리 및 운용의 실패만이 아니라, 제2차 세계대전 이후 유지되어온 국제 정치·경제 질서가 더 이상 효율적으로 작동하지 못하게 된 구조적 변화가 존재하고 있다. 중요한 변동 요인들로는 힘의 분포 변화와 이에 따른 세력 전이 현상, 세계화의 급속한 진전과 이와 연관되어 확산되는 새로운 안보 위협의 대두 등을 들 수 있을 것이다. 이렇게 볼 때, 최근 국제환경은 국제사회가 현실의 심대한 변화를 반영할 수 있는 새로운 국제 질서를 모색하는 전환기적 양상을 보여 주고 있다고 하겠다. 국제 질서의 변화 움직임은 국제 관계의 유지 방식을 양자는 물론 다자 차원에서도 변경시키게 되며, 이는 현상을 타파하는 동력으로 작용하게 된다.

국제 질서의 변화에 따라 나타날 수 있는 이러한 역사적 변동의 대표적인 사례를 꼽는다면, 첫째로는 1990년 성취된 독일의 통일을 들 수 있을 것이다.

독일 통일 과정은 고르바초프 집권 이래 가속화된 구소련의 변화로 동유럽은 물론 전 세계적 차원에서 증폭된 국제 질서의 변화 속에서, 인권 및 경제 상황의 개선 등을 요구하는 구동독 내부로부터의 요구가 정치적 민주화에 대한 압력으로 발전됨에 따라 급진전되었음은 주지의 사실이다. 이러한 변화의 배경에는 우선, 구소련이 미·소 간의 군비 경쟁에서 체제의 취약성을 노정하는 한편, 아프가니스탄에 대한 군사적 개입에도 실패하는 등 제2차 세계대전 이후 유지되어 왔던 미·소 양 초강대국 간의 힘의 균형이 구소련의 약화로 무너지는 상황에서 국제 정치 질서의 변경이 불가피하게 되었다는 점이 작용하였다.

둘째는, 1970년대 중반 중동의 석유 수입(收入) 급증을 배경으로 하는 유로 달러의 출현으로 국제 경제의 세계화가 가속화되는 가운데 유럽 통합이 진전되는 한편 일본을 중심으로 하는 아 · 태 지역 경제권의 부상이 가시화되는 등 세계 경제 구도의 재편 양상 또한 국제 경제 질서의 변경을 요구하게 되었다는 점이다. 그 과정에서 경제력의 국제 정치적 중요성 또한 증대되면서 괄목할 만한 경제 성장을 이룬 서독의 위상이 제고되는 한편

동·서독 간의 경제 격차는 확대되어 동독 주민들의 경제적 불만 또한 점차 고조되는 상황이 전개되었다.

셋째는, 1975년 발족한 CSCE가 합의한 '헬싱키 최종 의정서(Helsinki Final Act)'의 10개 원칙(Decalogue)들이 양자 관계만이 아니라 다자 합의도 국제 질서 관리의 주요 기제로서 작용할 수 있음을 보여 줌으로써, 한편으로는 유럽의 안보 상황을 안정적으로 관리할 수 있는 토대가 마련되는 한편, 특히 제8원칙인 인권 조항이 동유럽 국가들 내부에서 자유와 민주주의의 요구 확대를 초래함으로써 공산권 국가 내에서 기존 사회 질서에 대한 변경 요구가 나타나게 되었다는 점 등을 들 수 있을 것이다.[1)]

이렇게 볼 때, 독일 통일의 배경에는 국제 정치 및 경제 질서의 변화로 현상 타파의 동력이 작용하는 가운데 구동독 내에서 점증된 사회 질서 변혁에 대한 요구가 맞물리면서 아무도 쉽게 예상치 못하였던 정치적 격변이 나타나게 되었음을 인지할 수 있을 것이다.

한반도를 둘러싼 동북아 국제환경도 이제 국제 질서의 변화와 미국, 중국, 일본 및 러시아 등 주변 강대국의 전략 변화 등으로 지난 수세기 동안 지속되어 왔던 현상 유지의 정학(statics)이 현상 타파의 동학(dynamics)으로 대체되어 가는 전환기적 국면에 진입하고 있다. 새로이 등장한 지도 체제 하의 북한 또한 체제 유지를 궁극적인 목적으로 하고 있기 때문에, 한편으로는 핵무기 개발·보유에 천착하면서도, 또 다른 한편으로는 협상을 통한 핵 포기로 경제 회생의 계기를 마련해야 한다는 딜레마 속에서 전략적 결단이 불가피할 정도로 경제난의 심화가 구조화되고 있다. 이러한 한반도 대내외 환경의 변화는 마치 독일의 통일이 사전에 예견되지는 못했으나 국제 질서의 재편과 독일 내부의 변화로 그 필연성이 사후에 인정된 바 있는 것처럼, 한반도의 통일을 위한 대내외 환경의 변화도 충분히 감지되지 못한 채 이미 시작되고 있을 가능성을 배제할 수 없음을 암시하고 있다.[2)]

지난 반세기를 넘는 기간 동안 꾸준히 지속되어 왔던 한국의 통일외교 노력은 한편으로는 전쟁의 재발을 방지하면서 다른 한편으로는 통일의 기회를 확대하려는 일련의 국제적인 노력으로 이루어져 왔다. 이러한 통일외교는 안보외교, 경제외교 및 문화외교 등 다기한 외교의 영역에서 이루어져 왔으나, 지난 시기 국제환경이 지닌 현상 유지적 성격으로 인해 통일을 향한 기회의 창을 과감히 열기보다는 개별 영역에서의 진전에 만족해야 하는 부분적 접근이라는 한계를 지닐 수밖에 없었다. 그러나 전술한 바와 같이 전후의 국제 질서가 또다시 큰 폭으로 재편될 수밖에 없는 작금의 시대적 변화는 통일의 가능성이 커지고 있음을 감지케 하고 있으며, 이러한 기회를 통일의 실현으로 이어갈 수 있는지는 국제 질서의 재편 과정에서 여하히 효율적으로 통일 여건을 조성할 수 있는가에 달려 있으며, 이는 새로운 통일외교의 주요 과제가 되고 있다.

기존 통일외교와 관련된 또 다른 관찰은 지금까지 통일 문제를 보는 주요 시각이 남북한 간의 관계에 일차적으로 머물러 왔으며, 최근에 이르러서야 중국의 부상으로 한반도를 벗어난 지역적 시각이 추가되었다는 사실이다. 그러나 통일에 영향을 미칠 것으로 간주되고 있는 동북아 지역 차원에서의 미·중 관계도 사실상 세계적인 차원에서 벌어질 미·중 간의 협력과 경쟁의 틀 속에서 결정되리라고 볼 때, 새로운 통일외교는 기본적으로 기존의 남북한 차원의 시각을 넘어 전 세계적(global)인 차원에서의 변화를 주목하면서 수립되어야 한다는 점이다. 이러한 문제의식에 입각하여 이 글에서는 최근 국제환경의 변화를 국제 질서의 재편이 시작되어 새로운 글로벌 거버넌스(global governance)가 구축되게 되었다는 관점에서 파악하고, 그 과정에서 한국 외교의 지평을 확대할 수 있는 최적의 방안으로서 중견국 외교의 역할을 검토해 봄으로써, 제반 분야에서의 외교 노력이 집적되어야 하는 종합적인 영역으로서의 통일외교에 대한 새로운 접근을 모색해 보고자 한다.

II. 최근 국제환경의 변화[3)]

1. 단일다극화 추세의 진전

2008년 시작된 미국발 금융 위기가 미국과 유럽의 재정 위기로 이어져 세계 경제는 위기 상태에서 벗어나지 못하고 있다. 이러한 상황은 미국의 쇠퇴에 대한 관찰에 더 큰 힘이 실리게 하고 있는데, 비록 절대적인 차원에서의 미국의 힘의 우위는 유지되고 있다 하더라도, 상대적 차원에서의 점진적 쇠퇴는 부정할 수 없는 사실이 되고 있다고 하겠다. 미국의 상대적 쇠퇴의 이면에는 중국을 비롯한 신흥국들의 부상이 두드러지게 나타나고 있는데, 이러한 경제력을 중심으로 하는 국력의 변화는 국제 정치에 있어서 경제적 측면의 중요성 증대에 힘입어 결과적으로 국제 정치상의 힘의 분포가 새로이 재편되는 결과를 초래하고 있다. 이에 따라, 중국을 필두로 러시아, 인도, 브라질 및 남아프리카공화국 등 소위 BRICS 국가군의 부상은 경제 지형을 변화시킬 뿐만 아니라, 이들 국가 간의 전략적 제휴가 국제 정치 역학상의 변화를 결과할 수 있을 것으로 전망되고 있다.[4)]

힘의 분포 변화는 기존의 분포 상태 위에서 구축되었던 국제 체제의 변동을 야기하게 되는데, 여전히 미국을 중심으로 하되 다수의 강국들이 새로운 체제의 다른 주요 축을 이루게 되는 단일다극체제가 더욱 뚜렷이 나타날 가능성이 크다. 비록 다수의 신흥국들이 존재함으로써 다극체제적 상황으로 볼 수 있을 것이나, 미국의 절대적 우위와 중국이 여타 신흥국들에 비해 가지는 상대적 성장 속도의 우세로 미국과 중국이 세계적인 차원에서의 영향력을 분점하는 형태로서의 소위 G-2의 가능성도 제기되고 있다. 그러나 G-2 체제의 존재에 불가결한 미·중 협력 관계의 전망이 양국 간 존재하는 상호 불신의 영향으로 아직 불투명하게 남아 있어, G-2 체제에 기대할 수 있는 안정성보다는 어느 국가도 국제 질서의 관리를 위한 의지와 능력을 가지지 못한 채로 국제적 불안정성이 노정되는 소위 G-0적 상황이 야기될 수도 있다.[5)]

힘의 분포 변화와 그 과정에서 나타날 수 있는 세력 전이(power transition) 현상은 국제 질서를 관리하는 방법으로서의 글로벌 거버넌스의 변혁을 요구하게 되는데, 2008년 국제 금융 위기의 결과로 부상한 G-20은 국제 경제 문제에 있어서 기존의 G-7/G-8을 대체하는 방향으로 발전하고 있다.[6)] 새로운 글로벌 거버넌스는 UN을 비롯한 범세계적인 차원의 다자주의의 발전 계기를 재형성할 수도 있으나, 범세계적 다자주의가 지니는 취약성들, 즉, 소수 강대국 간의 지나친 힘의 경쟁, 운영상의 비효율성 등으로 짧은 시간 내에 다자주의의 획기적인 발전을 기대하기는 어렵다. 이러한 현실을 반영하여 한편으로는 주요 국가들의 힘의 정치를 반영하면서도, 참여국의 폭을 넓히는 방향으로 절충된 글로벌 거버넌스 형태인 G-X 체제가 질서 관리의 기제가 될 것으로 보인다. 그러나 G-X 체제도 G-7/G-8과 G-20 간의 긴장에서 보이듯 기존 체제와 신생 체제 간의 견제와 경쟁으로 분명한 체제 확립에는 상당 기간이 요구될 것이므로, 오히려 지역 단위에서 협력을 제도화해 가는 지역 다자주의(regional multilateralism)가 우선 발전해갈 수도 있을 것이다.

이렇게 볼 때, 국제환경의 세계적 차원의 변화 추세는 유동성과 불확실성이 상존하고 있는 것으로 파악되며, 현재의 상황이 상당 기간 지속되는 불안정성 하에서 미국이 주도하는 단일다극 체제 하에서 안정을 향한 균형점을 모색하는 방향으로 진행될 것으로 예상된다. 이러한 상황에서 한국은 한반도 통일의 기회의 창이 열릴 경우에 대비하는 자세를 항상 갖추고 있을 필요가 있으며, 특히 다극화의 추세를 활용할 방안을 사전에 마련할 필요가 있다.

2. 전략적 경쟁의 심화

중국의 부상과 일본의 지속되는 침체 상황은 동아시아에서의 힘의 균형을 변화시킬 수 있는 요소로 작동하고 있다. 또한 인도의 부상과 동아시아와의 연계 강화는 동아시아의 안보 지형을 변화시킬 수 있는 잠재력을 지니고 있다. 인도와 미국 간 강화되고 있는 제반 협력 관계는 인도와 중국 간에 존재하고 있는 전략적 경쟁과 결부되어 미국, 중국, 그리고 인도 간의 전략적 삼각관계가 경쟁과 협력의 양면성을 보이면서 복잡다단하게 전개되어 갈 것임을 시사하고 있다. 이러한 새로운 전략 관계의 대두는 기존의 삼각관계, 예컨대, 미·중·일, 미·중·러에 추가되어 동아시아 지역에서의 전략적 경쟁이 더욱 많은 행위자의 참여로 중첩되어 복합적으로 진행될 것임을 예견케 하고 있다.

또한, 경제 요소의 정치적 중요성이 나날이 증대됨에 따라 경제 협력을 주요 목적으로 하는 지역 협력의 장들도 전략적 경쟁의 장으로 변모하고 있다. 현재 중국의 역할 확대를 가능케 하는 ASEAN+3의 동아시아 중시 경로가 꾸준히 진전되고 있는 한편, 미국의 중심 역할을 상정하는 APEC(또는 TPP)의 태평양 중시 경로도 동시에 제시되고 있어, 미국 대 중국의 대결 양상이 나타나고 있다. 또한 동아시아에서의 전략적 영향력의 확대를 겨냥하고 있는 인도도 소위 '인도양-태평양 시대'를 논의하며 이 지역에서의 지역 협력에 더욱 많은 관심과 노력을 기울이게 됨에 따라, 동남아·동북아 국가들만의 10+3 외에 미국, 러시아, 인도가 참여하게 된 동아시아정상회의(EAS)가 전략적 경쟁이 치열해지는 지역 협력의 초점이 될 것으로 보인다.

한편, 민족국가의 완성을 공히 미완의 과제로 안고 있는 중국, 일본과 한국은 각각 중화민족주의의 고양, 보통국가의 실현 및 남북한의 궁극적 통합을 주요 국가 목표로 간주하고 있어, 이들

국가들에 있어 민족주의는 국내 정치상의 주요 변수가 되어 왔다. 이들 민족주의는 국제적 차원으로 확대되어 유관 국가 간 영토 분쟁, 역사적 사실의 재해석 및 과거사 인식 문제 등을 초래하고 있으며, 동북아 지역에 작동하고 있는 강대국 간의 전략적 경쟁과도 결부되어 구조화됨으로써 갈등 양상이 쉽사리 해결될 수 없는 상황으로 발전되고 있다. 이러한 상황은 경제민족주의의 성격이 확연한 신민족주의로도 확대되어, 자국의 경제 발전에 필수적인 전략 물자의 안정적 공급을 위한 국가 간 경쟁을 더욱 심화시킬 가능성을 내포하고 있다.

이와 같은 지역적 차원의 국제 관계 변화는 아시아 지역의 전략적 중요성을 증대시키는 방향으로 진행되고 있으며, 이 지역에서는 세계적 국가인 중국, 일본, 인도 등의 존재로 인해서 이들의 세계적 차원에서의 역할 확대 모색과 지역적 차원에서의 경쟁이 동시에 진행되는 양상을 보이고 있다.

3. 지역 협력 필요성의 증대

2011년 발생한 후쿠시마 원전 사태는 원자력 안전에 대한 우려를 강하게 제기함과 동시에 원자력 안전의 문제가 테러에 의해 핵 안보의 문제로 변질될 수도 있는 가능성을 보여 줌에 따라, 최근 UN 등에서 원자력 안전과 핵 안보 간의 상관관계에 대한 논의가 활발해지고 있다.[7)] 한편, 북한의 지속되는 우라늄 농축에 의한 핵무기 개발 프로그램의 진척은 핵 확산의 우려와 함께 원자력 안전의 문제도 동시에 내포하고 있어 국제사회의 우려로 남아 있다. 또한 지리적 인접성과 점증되는 상호의존으로 더욱 가능성이 커지고 있는 자연재해 위험의 확산과 질병의 급속한 전염 등에 대한 우려는 상기한 핵 관련 위협에 덧붙여, 이 지역 국가들 간 공동 안보 위협 인식 공유의 필요성을 증대시키고 있다.

세계화의 진전 속에서 동북아 국가들은 지속적인 경제 성장을 실현하고 있으며, 특히 중국의 부상으로 동북아의 비중은 정치·경제적으로 급속히 증가하고 있다. 이러한 경제 규모의 증대는 자연스럽게 동북아 국가 간의 경제 교류를 확대시키고 있는데, 이에 따라 이 지역에는 국가의 적극적인 개입이 없이도 활발한 경제 활동이 이루어지는 자연경제지역(natural economic territory)이 생성되고 있다. 특히 한·중·일 삼국은 공히 두드러진 경제력을 바탕으로 위기 상황에 머물러 있는 세계 경제에 있어서 비교적 안정된 지역으로서 세계 경제의 회복을 견인할 수 있는 역할을 할 것으로 기대되고 있다.

동북아 지역의 경제적 위상은 이 지역의 국가들이 2008년 이후 세계 경제의 최고위 협의체로서의 위상을 지니게 된 G-20에서도 충분히 그 역할을 할 수 있다. G-20이 정당성의 제고를 위해서도 제 지역주의 움직임과의 연계를 강화해 나가야 함을 상기해 보면, 그 대상으로서의 동북아 지역이 지역주의를 강화해 나가야 할 당위성을 인지하게 된다. 최근 한·중·일 3국 협력 사무국이 발족되고, 원자력 안전 등 공동의 안보위협 인식이 확대되고 있음은 지역 국가 정부 간 제도적 협력으로서의 지역주의가 한층 강화되어 나갈 수 있다는 가능성을 보여 주고 있으나, 최근 동북아 3국에 고조되고 있는 민족주의와 이로 인한 제반 충돌 양상들은 이 지역에서 지역주의의 순조로운 발전 가능성에 심각한 우려를 동시에 안겨 주고 있다.

III. 국제환경 변화와 통일외교

1. 독일과 한반도의 비교

독일의 통일이 이루어진 시점은 구소련이 실질적으로 해체의 과정에 접어든 시기였던 반면, 미래에 예상되는 한반도 통일은 급속히 부상하는 중국을 상대로 해야 한다는 힘의 분포상의 커다란 차이를 보여 주고 있다. 이러한 힘의 분포상의 변화는 독일의 경우 양극체제가 붕괴되는 과정에서 통일이 가능했다면, 한반도의 경우에는 미국 중심의 단극체제가 단일다극체제로 변모하는 과정에서 이루어져야 함을 시사하고 있다. 또한 국제 질서의 관리도 독일의 경우 1975년 이래 제2차 세계대전의 전후 결과를 인정하는 전제 하에서 진행되어온 헬싱키 프로세스(CSCE)에 영향을 받은 반면, 한반도의 경우에는 아직 그 진전 방향이 뚜렷이 보이지 않고 있는 새로운 글로벌 거버넌스 하에서 통일 과정이 진전될 수밖에 없을 것이다.

국제 경제 질서와 관련해서도 독일의 경우는 이미 G-7의 회원국들이었던 독일과 일본이 미국에 버금가는 신흥 세력으로 부상하였다면, 한반도의 경우에는 소위 BRICS로 일컬어지는 기존의 주요국들이 아닌 신흥국들이 세계 경제 질서를 전면적으로 개편해야 한다는 요구를 강화할 가능성이 큰 환경에서 이루어지게 될 것이다. 즉, 독일의 경우에는 비록 1945년 이후 유지되어온 브레튼우즈 체제가 사실상 붕괴되어 무체제(non-system) 또는 변형된 브레튼우즈II가 현상을 관리하는 상황에서 통일이 이루어졌으나 미국과 독일 등 주요 행위자의 구성은 동일한 상태였던 데 반해, 한반도의 경우에는 매우 다른 행위자 구성 위에서 새로운 체제가 모색 내지 작동하게 될 환경에서 통일이 이루어져야 한다는 것이다.

질서의 관리 과정도 한반도의 경우, 범세계적인 차원의 관리 체제로서의 다자주의가 작동하기보다는 지역주의와 선별적인 다자주의인 G-X 체제의 공존 상태 하에서 이루어지게 될 가능성이 크다고 할 수 있겠다.

2. 새로운 통일외교의 방향

전술한 바와 같이, 독일 통일의 경우는 국제 질서의 변화 속에서 자국의 위상이 강화되어, 유리한 입장에서 구소련을 비롯한 강대국들을 회유하는 데 성공하였다. 이에 반해 한반도의 통일은 새로이 형성되어갈 국제 질서의 변동기에 오히려 제반 어려움이 중첩되는 위치에서, 미국은 물론 새로이 부상하고 있는 다수의 강대국들을 설득해 나가야 하는 어려운 입장이라 할 수 있다. 이러한 상대적 취약성을 극복하고 한반도 통일에 유리한 여건을 조성해 나가기 위해서는 다음과 같은 방향에서 통일외교를 전개함으로써 약점을 강점으로 전환해 나가는 지혜의 발휘가 필요할 것으로 판단된다.

첫째는, 강대국 간 전략적 경쟁의 틈새를 활용해야 할 필요성이다.

한반도가 위치한 지정학적 특성으로 인해 한반도의 통일 과정은 세계적 차원에서의 세력 전이와 지역적 차원에서의 전략적 경쟁이 동시에 진행되는 환경에서 진행될 것이다. 한국은 여러 차원에서의 중견국 위상을 적극적으로 활용하여 강대국 간의 경쟁이 초래할 수 있는 전략 공간을 포착, 이를 활용할 수 있는 틈새외교의 수행이 필요하다. (틈새외교)

둘째로는, 지역 협력 외교의 포괄적 강화의 중요성이다.

전략적 경쟁이 가열되어갈 것이나, 지역 국가들의 세계 경제상의 위상과 역할로 지역협력의 긴요성은 그 이상으로 증대되는 상황에서 한반도의 통일 논의가 전개될 것이다. 한국은 한반도가 동북아 지역 협력의 진전에 관건적 중요성을 지니고 있음을 통일에 적극 활용하기 위하여 지역 협력과 대북 정책을 효율적으로 연계함으로써 코리아 프리미엄(Korean premium)을 생성하고 이를 정책 자산으로 활용하는 한편, 중국과 일본 간의 조정 역할도 담당하는 지역 협력 전략의 구사가 필요한 것으로 판단된다. (교량외교)

끝으로, 신질서 형성기임을 활용, 신·구 강대국들을 설득해야 한다는 점이다.

한반도의 통일이 가능해질 시점에 예상되는 국제 질서는 힘의 분포, 국제 체제의 구조 및 관리 과정 모두에 유동성과 불확실성이 존재할 수밖에 없는 새로운 질서 형성의 모색기가 될 가능성이 크다. 그럼에도 불구하고 한국은 점증되는 다극화 추세를 오히려 한국 외교의 지평 확대에 적극 활용할 수 있게 해줄 수 있는 전 세계적 차원의 외교를 할 필요가 있을 것이다. (글로벌외교)

한국이 국제 질서의 변화기에 위와 같은 방향에서 적절한 통일외교를 전개함으로써 통일을 성취할 경우, 통일 한국은 다음과 같은 국제 정치·경제상의 이점을 향유하게 될 것으로 예상된다.[8)]

첫째, 가교로서의 전략적 가치를 향유할 것이다.

통일 한국은 그 지정학적·지경학적 위치로 볼 때, 대륙과 해양을 잇는 명실상부한 교량적 역할을 수임할 수 있을 것이다. 이에 따라 세계적 차원에서 2대 경제 대국인 미국과 중국이 각각 아시아 대륙으로 또는 태평양 지역으로 그 경제 활동을 더욱 효율적으로 확대해 나가는 데도 관건적 역할을 하는 지역이 될 것이다. 또한, 이러한 발전은 통일 한국이 지역의 경제 허브뿐만 아니라, 세계 경제에 있어서도 중요한 역할을 하게 됨을 의미하고 있다. 이는 통일 한국이 세계 경제의 운용에 있어서 기본적인 경제력에 덧붙여 지경학적 이점을 바탕으로 하는 발언권의 강화를 의미함으로써 새로운 국제 경제 질서 재편 과정에서 한국의 역할을 극대화시킬 수 있는 기본 조건으로 작용할 것이다. 현재, 미국의 동아시아 지역에 대한 개입과 우위 지속 노력은 점차 부상하는 중국의 도전에 여하히 대응해 나가느냐는 중요한 과제를 안고 있다. 이러한 상황 발전 속에서 통일된 한반도는 지정학적인 관점에서도 미국과 중국 간의 전략적 경쟁에 있어서 매우 중요한 위치를 점하게 되어, 한반도의 전략적 가치는 분단 시기보다 오히려 높아질 것이다. 이에 따라 한국은 분단에서 파생되었던 대미·대중 외교에서의 부담을 경감시킨 상태에서 미·중 간의 경쟁 관계 속에서 외교적 실리를 추구할 수 있는 유리한 입지를 가지게 될 것이다.

둘째, 지역 협력 추진에 있어서 강력한 촉매제 역할을 할 것이다.

동북아, 나아가 동아시아에서의 지역 안보 환경은 넓게는 미국과 중국의 경쟁과 협력의 교차 상황이 규정하고 있다고 판단되나, 좁게는 중국과 일본 간에 존재하는 뿌리 깊은 불신과 경쟁으로 특징지어지고 있다. 또한 남·북 간의 분단 상황은 이러한 지역 내 대립 상황을 완화시키기보다 더욱 고착화하는 작용을 해온 것이 사실이다. 이러한 관점에서 볼 때, 한반도에 통일 국가가 수립되는 것은 중·일 간의 과도한 경쟁을 자제시키는 동시에 더욱 건설적인 지역 차원의 안보 협력을 추진할 수 있는 교량국가의 출현을 의미하므로, 지역 안정의 가능성을 높여 나갈 수 있는 계기를 조성할 것이다. 또한, 한반도의 분단과 남·북 간의 대립 상황은 동북아, 나아가 동아시아 차원의 지역 경제 협력의 진전을 가로막는 구조적 제약 요인이 되어 왔음은 주지의 사실이다. 이렇게 볼 때, 한반도의 분단이 극복되어 통일 국가가 수립될 경우 지역 협력을 위한 정치적·심리적 장애 요인이 사라짐과 동시에 물류의 순환이라는 실질적 차원에서도 동북아 경제 협력, 나아가 동아시아 경제 협력을 가속화하는 촉매적 역할을 하게 될 것이며, 그 과정에서 한국의 주도적 역할을 강화해 나갈 수 있을 것이다.

끝으로, 글로벌 거버넌스 구축에의 참여를 적극화할 수 있을 것이다.

2008년 미국발 경제 위기의 발발 이후 세계 경제뿐 아니라 비경제 분야에 이르기까지 새로운 국제 질서의 구축과 그 중요 요소로서의 글로벌 거버넌스의 모색이 점차 가시화되고 있다. 신흥국들의 부상이 힘의 분포를 구조적으로 변화시키고 있음을 감안할 때, 이러한 추세는 더욱 강화되어 나갈 것이다. 그럼에도 불구하고, 세계 경제에서 그 중요성이 급속히 증대되고 있는 동북아는 중국과 일본 간의 경쟁으로 새로운 글로벌 거버넌스의 모색에 있어서 단합된 입장을 도출해 내지 못하고 있어, 지역의 위상은 물론 국제적 현안 해결에 능력만큼의 기여를 못 하고 있음이 현실이다. 한반도의 통일은 한국의 위상을 제고시켜 중·일 간의 중재 역할을 강화시키게 될 것이므로, 명실상부한 동북아 협력 시대의 개막과 함께 글로벌 거버넌스 구축 과정에서의 적극적 참여를 기대해볼 수 있을 것이다.

Ⅳ. 글로벌 거버넌스의 재편

힘의 분포 변화와 그 과정에서 나타날 수 있는 세력 전이 현상은 불가피하게 국제 질서를 관리하는 방법으로서의 글로벌 거버넌스의 변혁을 요구하게 된다. 최근 국제환경의 변화를 관찰하면 향후 다양한 이슈 영역에서 글로벌 거버넌스의 재편 또는 새로운 구축 노력이 활발히 진행될 것으로 보인다. 2008년 미국발 금융 위기 발발 이후 경제 분야에서는 G-20을 중심으로 새로운 글로벌 경제 거버넌스로의 재편이 모색되어 왔다. 이러한 움직임은 유로존의 재정 위기가 진행됨에 따라 단기적으로는 그 속도가 다소 완만해질 수는 있을 것이다. 그러나 중·장기적으로는 전 세계적 차원에서의 경제 정책 공조 강화의 필요성 증대로 오히려 새로운 경제 거버넌스의 모색이 더욱 활발해지는 계기로 작용할 것이다. 한편, 지속 가능한 성장 유지와 환경 보호 측면에서 합의되었던 교토의정서(Kyoto Protocol)가 2012년 말 종료됨에 따라 이를 대신할 수 있는 새로운 기후변화협약의 모색이 활발히 진행되고 있다. 이와 관련하여, 2011년 12월 남아프리카 더반에서 개최된 UN 기후변화협약 당사국 총회에서는 교토의정서를 수년간 연장하는 한편, 2020년을 목표로 새로운 기후변화협약을 제정하기 위한 협상을 개시하기로 합의한 바 있다. 따라서 기후 변화와 관련된 글로벌 거버넌스의 구축도 가속화되고 있다. 또한, 미국의 오바마 대통령 취임 후 천명된 "핵 없는 세계"의 실현을 위한 노력의 일환으로 2010년 4월 워싱턴에서 최초로 개최된 핵 안보 정상회의(Nuclear Security Summit)도 2012년 3월 제2차 서울 회의로 이어져 소집되었으며, 이를 계기로 핵 테러 방지를 위한 핵 안보 글로벌 거버넌스(nuclear security global governance)의 모색이 시작되고 있다.

이렇듯, 경제·금융, 기후 변화 및 핵 안보 등 세계화의 급진전 속에서 더욱 그 중요성이 두드러지게 나타나고 있는 국제 현안들에 대한 대응 체제 수립 노력은 향후의 국제 관계가 상당 부분 이러한 글로벌 거버넌스 구축 문제를 둘러싸고 벌어지는 국가 간의 경쟁과 협력으로 이루어지게 될 것임을 예견하게 해주고 있다.[9)]

글로벌 거버넌스에 대한 정의는 다양하게 개진될 수 있다. 그 중 가장 일반적이라고 할 수 있는 포괄적 정의는 "세계 정부가 부재한 상황에서, 세계화의 진전으로 나타나는 새로운 국제 현안 또는 위협 요소들에 대해, 국제사회가 이들에 대처하기 위하여 합의 하에 취하는 모든 집단적 조치들"이라 요약해볼 수 있을 것이다. '세계정부의 부재'와 관련하여, 정부(government)와 거버넌스(governance)는 일곱 가지 차원에서 차이를 두고 다르게 볼 수 있다고 관찰하고 있다. 즉, 지역적 범위(geographical scope), 기능적 범주(functional scope), 자원 분포(distribution of resources), 이해(interests), 규범(norms), 의사결정(decision making) 및 정책 집행(policy implementation) 등을 들고 있다.[10)] 이렇게 폭넓게 이해될 수 있는 글로벌 거버넌스에 대한 논의는 1990년대 초 냉전 구조가 붕괴된 가운데 세계화의 급속한 진전으로 새로운 안보 위협들이 대두되자, 이들에 대한 효율적 대응을 목표로 하는 협력 체제를 구상하면서 부각되기 시작하였다. 그러나 이 개념의 학문적 · 분석적 차원에서의 유용성과 적실성(analytical use)에 대해서는 아직도 논쟁이 진행되고 있으며, 오히려 정책적이고 규범적인 차원(normative use)에서 정치 프로그램(political program)으로 활발히 활용되고 있다고 하겠다.[11)]

이러한 맥락 속에서 글로벌 거버넌스가 조명되고 있는 데는 두 가지 차원에서 설명이 가능할 것이다.

첫째, 필요조건이라는 측면에서는 민주화, 세계화 및 정보화 등으로 대변되는 전 세계적인 차원의 변화가 ① 국가 외 행위자의 중요성을 부각시키고 있다는 점과 ② 한 국가의 국경을 넘어서 영향을 미치는 이슈들이 나타나게 되었다는 점, 그리고 ③ 문제 해결 방식에서도 이슈의 중요도와 우선순위에 기반을 둔 수직적 접근보다는 관련 이슈 간에 증대되고 있는 상호연관성을 감안하는 수평적 접근이 더욱 유효할 수 있다는 점 등이다.[12)]

한편, 충분조건 측면의 설명은, 냉전 종식 이후 급속하게 진전되고 있는 경제력의 분포 변화가 총체적인 힘의 분포 변화로 이어지게 됨에 따라, 기존의 분포 위에서 작동되던 질서 유지 기제들이 더 이상 유효하지 못하게 되고, 신흥국들을 중심으로 새로운 방안이 모색되어야 한다는 현상 변경의 요구가 일게 되었다

는 점이다.[13)]

이러한 상황 변화 속에서, 새로운 중요성을 지닌 국제 현안들을 다루어 나가기 위해서는 국가 간의 공조가 필요해지고, 이를 위한 기제로서 글로벌 거버넌스에 대한 새로운 역할 부여가 이루어지고 있다고 할 수 있겠다. 이를 혹자는 세 가지의 글로벌 거버넌스 목적으로 요약하고 있는데, 각각 역학 관계의 관리(management of power), 공동 이익 증진(promotion of common interests) 및 상이점 절충(mediation of differences)으로서 기능적으로 파악하고 있다.[14)]

사실상 글로벌 거버넌스가 국제 정치 현실과 어떻게 연결되어 적용될 수 있을 것인가에 대한 논의는 꾸준히 진행되어 왔으며, 시간을 따라 그 해석도 달라지고 있음이 사실이다. 글로벌 거버넌스를 국제 질서 유지 기제로 단순히 해석할 경우에는, 세계적 차원에서 제국(帝國) 운영이나 식민지 유지 또는 양극체제 하에서의 진영 유지 등 무력을 토대로 통치에 필요한 질서를 유지하는 경우도 나름의 글로벌 거버넌스로 해석할 수도 있을 것이다. 이 경우를 혹자는 "글로벌 거버넌스 1.0"으로 명명하기도 한다. 이러한 상황에서는 실질적 지배(dominance)를 목표로 하는 힘의 정치(power politics)가 국제 관계를 영위하는 동력이 될 것이다. 이와는 정반대로 모든 국가가 동등한 조건에서 참여하여 국제 공공재(international public goods) 창출을 목표로 의사결정을 하는 보편적 다자주의(universal multilateralism)도 글로벌 거버넌스로 분류된다. 이 경우를 두고 "글로벌 거버넌스 3.0"으로 분류하며, 이 경우 국제 관계는 국가 간의 협력으로 추동되게 될 것이다.

그러나 현재 상황은 이미 지나간 식민 제국 시대나 냉전 시대의 양극 구조(1.0)가 아니며, 그렇다고 국제 관계가 협력으로만 유지되는 이상적 상태(3.0)도 아니다. 즉, 현실은 '힘의 정치에 입각한 국가 간의 경쟁'과 '국제 공공재를 창출하고자 하는 국가 간의 협력'이 공존하는 과도기적 과정에 처해 있다고 하겠다.[15] 이러한 현실을 반영하여 글로벌 거버넌스의 형태도 1.0과 3.0의 중간인 "2.0"으로 명명될 수 있다. 이는 주요국들이 클럽 형태로 모여 국제 현안을 협의하고 필요한 의사결정을 해가는 'G-X'이며, 그 시작으로 G-7을 들 수 있다. 최근 G-7을 대체하리라 예상되는 G-20이 G-X 체제의 좋은 예이며, 향후 핵 안보 정상회의가 정례화될 경우 이 또한 G-47+로서 핵 안보를 다루는 글로벌 거버넌스의 중심체가 될 것이다. 이에 따라 중·장기적 관점에서 과도기적 성격을 지니는 G-X 체제는 한편으로는 일국의 국가 이익 극대화를 위한 논의의 장으로만 이용하려는 힘의 논리가 여전히 작동하는 가운데, 국제 공공재 창출을 위한 선의의 협력도 동시에 모색되는 경쟁과 협력이 공존하는 복합적인 양상을 보이게 될 것이다.

V. 중견국 외교의 가능성

향후의 외교 환경은 상호 연관된 세 가지의 변화를 중심으로 형성되어 나갈 것으로 전망해볼 수 있다. 첫째로 힘의 이동(power shift)의 결과로 힘의 분포가 변하기 시작하였다는 점, 둘째로 힘의 분포가 변하기 때문에 국제 질서를 유지하는 관리 체계로서의 글로벌 거버넌스가 재편되거나 새롭게 구축되어야 하는 상황이라는 점, 셋째로 그 진행 과정에서 기존의 질서를 주도해 왔던 강대국과 질서 변경을 원하는 신흥국 간 대립적 상황이 발생할 수 있는데, 이는 중견 국가들이 중재 역할을 할 수 있는 틈새(niche)의 생성을 시사하고 있다는 점 등이다. 특히 세 번째 관찰인 중견국을 위한 기회 발생은, 한국이 이를 적극적으로 활용할 경우, 21세기 외교의 새로운 지평을 열 수 있는 유익한 전기를 조성할 수 있음을 일깨워 주고 있다. 이러한 맥락 속에서 한국은 2010년 G-20 정상회의의 서울 개최를 계기로 글로벌 거버넌스의 재편에 적극적으로 관여해 나감으로써 21세기 한국 외교의 지평을 확대하고, '글로벌 코리아'의 이상을 실현해 나가고자 노력하고 있다는 점은 주지의 사실이다. 이렇게 볼 때, 2012년 핵안보 정상회의의 서울 개최를 계기로 핵 안보 글로벌 거버넌스 구축에 적극 참여하는 것도 중견국 외교를 활용하여 좀 더 활발한 글로벌 외교를 전개해 나가는 복수의 다양한 통로들을 구비한다는 점에서 한국 외교에 귀중한 자산이 될 것이다.

현재 G-20의 회원국 구조에서 보이는 힘의 분포를 보면, 20개 국가 중 G-7/G-8이라는 7-8개 강대국이 있으며, 또한 BRICS, 즉 중국, 브라질, 인도, 남아프리카공화국을 포함한 신흥 국가들이 있다. 이 두 그룹을 제외하면 7개 국가가 남는데, 이것이 한국을 포함한 소위 중견 국가들이며, 이에는 한국을 비롯하여 호주, 멕시코, 아르헨티나, 터키, 인도네시아와 사우디아라비아 등이 있다. 앞으로 국제사회가 분야를 막론하고 의견을 모아 나간다고 할 때, 소위 말하는 기존 강대국과 신흥 국가 간의 충돌 혹은 대립적 상황이 벌어질 가능성이 매우 높다. 다행스럽게도 상기한 7개 정도의 중견 국가들이 소통자(communicator), 조화자(harmonizer) 혹은 화해자(conciliator)로서의 건설적(constructive) 역할을 담당할 수 있는 국제적 여건이 형성되고 있어, 한국은 중견국 외교를 지향해야 하고, 중견국 외교를 펼칠 수 있는 장(場)이자 주요 의제로서 글로벌 거버넌스 개념의 현실적 수용이 필요하다고 판단된다.

한편, 한국은 다음과 같은 자격을 갖추고 있어 중견국 외교를 충분히 할 수 있을 것으로 보인다. 첫째로 한국은 선진국(advanced countries)과 개도국(developing countries) 사이의 중진 국가(emerging economies)라는 점, 둘째로 강대국(big powers)과 약소국(weaker states) 사이에 있는 중급 국가(middle powers)이며, 셋째로 국제 질서 유지를 주장하는 국가들(status-quo powers)과 변경을 선호하는 국가들(revisionist powers) 사이에 있는 중도 국가

(middle road countries)라는 점 등이다.[16] 한국은 이상과 같은 제반 자격 요건들을 두루 갖추고 있으므로, 주요 국제 현안들에 대해 합의 가능한 창의적인 대안을 모색하고 제시해야 하는 중견국 외교를 수행하기에 충분한 자격(qualification)이 있다고 판단된다. 이와 같이 볼 때, 21세기에 걸맞은 글로벌 외교(global diplomacy)를 하기 위해 글로벌 거버넌스를 화두로 하면서 중견국 외교를 도구로 쓰자는 것은 분명히 바람직한 선택이나, 현실적으로는 다수의 어려움 또는 풀어 나가야 할 과제들도 존재하고 있음도 사실이다.

첫째로, 경제 상황과 정치적 현실의 부정합성 극복이다.

경제 요소는 G-20 등에서 이미 기존 강대국 외에 신흥국들의 영향력이 반영되기 시작한 반면, 정치·군사적으로는 아직도 'P-5'라는 UN 안보리 상임이사국들을 중심으로 하는 기존 구도의 영향력이 지속되고 있다.

둘째로, 이해관계의 복잡화에서 오는 이합집산의 가능성 우회이다.

중견국들이 나름의 응집력을 가지기 위해서는 일정 수준의 이해관계의 일치화가 필요하나, 현재의 국제환경에서의 이해관계는 이슈에 따라 끊임없이 재구성되는 부정형성과 유동성을 지니고 있다.

셋째로, 다자 접근과 양자 관계의 부조화 가능성 최소화이다. 글로벌 거버넌스 논의와 이에 대응하는 그룹으로서의 중견국 외교는 본질적으로 다자 접근을 전제로 하고 있다. 그러나 많은 국가가 대외 정책의 우선순위를 양자 관계, 특히 동맹에 두고 있어, 다자 접근이 각국의 외교 정책에서 필요한 만큼의 중요성을 부여받기에 어려움이 있다는 것이다. 한국의 경우에도 한·미 (군사) 동맹이라는 양자 관계의 중요성과, 중견국 외교가 가질 수 있는 함의(connotation)를 과연 어떻게 조화시킬 것인지에 대한 문제가 가장 크다고 보인다. 이론적인 측면에서, 중견국 외교에 대한 반대는 많지 않을 수 있으나, 한국이 당장 중견국 외교를 한다는 것에 대해서는 실질적인 제약 또한 존재한다고 보는 것이 현실적인 판단일 것이다. 이는 중견국인 한국이 한·미 동맹이라는 양자 관계와 글로벌 거버넌스를 의제로 하는 다자적 접근을 어떻게 조화시킬 것인가에 대한 문제를 안고 있음을 시사하고 있다.

VI. 나가는 말

지난 반세기 동안 한국의 대외 정책은 세 가지 중요한 과제들을 다루어 왔는데, 이들은 첫째, 북으로부터의 여하한 형태의 도발도 억제할 수 있도록 하는 '안보 태세 강화', 둘째, 전쟁 재발의 위험으로부터 벗어날 수 있도록 하는 제도적 차원에서의 '평화 체제 구축', 셋째, 통일의 가능성을 적극적으로 모색함으로써 항구적 평화를 보장받고자 하는 '통일외교 수행'으로 구분 지을 수 있을 것이다. 이러한 세 가지 가치들 즉, 안보 확립, 평화 구축 및 통일 지향은 어느 한 요소도 결핍되어서는 안 되는 밀접한 상호 연계성을 지니고 있다. 그러나 세 가지 요소들 간에는 상호 상충될 수 있는 측면도 있는데, 특정한 시점에, 어떠한 측면에 상대적 중요성을 부여하느냐는 대내외적 환경의 변화를 감안한 전략적 사고의 산물이 될 수밖에 없을 것이다.

국제 경제 질서가 동요되고 재편 노력이 본격화되어 가는 과정에서 경제 요소의 정치적 중요성이 심화됨에 따라, 주요국들은 경제력을 정치적 영향력으로 전환시키는 노력을 경주하고 있다. 한국은 세계 10위권의 경제력을 보유하고 있어 질서 재편기에 국제적 영향력 확대를 추구할 수 있는 유리한 환경이 조성되고 있다. 그러나 분단 특성 중의 하나로 남북한 간의 군사적 대립이 지속되고, 이에 따라 대외 정책에 있어서도 군사 안보의 확립이 우선되고 있어, 경제 안보적 관점도 중시하는 대외 정책의 수립 및 집행이 제한되어 왔다.

또한 점차 다극화 추세가 가시화되는 가운데 경쟁과 협력의 교차에 대응하는 차원에서 주요국들은 전략 변환을 시도함으로써 '전략적 유연성'을 확보해 나가고 있다. 한국은 지정학적 위치와 주변국들과의 우호적 관계 등을 바탕으로 환경 변화에 적절히 대처할 수 있는 중견 국가로서의 이점을 지니고 있다. 그럼에도 불구하고, 남북한 분단 상황의 지속이라는 특수성으로 대외 정책의 초점을 한반도 문제에만 편중해야 하는 기속성(羈束性)을 안고 있었음이 사실이다.

한편, 주요 국가들은 세계화의 급속한 진전에 따라 증대되는 지역 다자 협력의 유용성에 주목하고, 다자주의를 전향적으로 수용하면서 지역 협력 문제에 대해 전략적으로 접근하는 경향을 보이고 있다. 한국도 한반도의 지정·지경학적 위치로 지역 다자 협력 움직임에 있어 한반도의 전략적 중요성을 최대화해 나가는 가운데 국제적 영향력도 확대해 나갈 수 있는 이점을 안고 있다. 그러나 분단과 군사적 대립이 지속됨에 따라 당연히 한·미 동맹이 국가 안보의 확고한 기초로 작용하고 있어, 한·미 양자 관계에 대한 우선적인 고려가 현실적으로 선행되고, 다자 관계의 개발에도 일정 수준의 제약 요인이 존재하여온 것이 사실이다.

한편 지난 60년간 지속되어온 한반도를 둘러싼 '현상 유지적' 환경은 국제환경의 변화에 따르는 주변국의 전략 변환이라는 외적 요인과 북한 내 제반 변화의 불가피성이라는 내적 요인 등으로 점차 '현상 변경적' 환경으로 전환되어갈 것으로 예상할 수 있다. 그 경우 상기한 바와 같은 국제환경의 변화에 효과적으로 대응해 나갈 수 있다면, 오랜 기간 일정한 제약 요인으로 작용하여 왔던 분단의 특수성을 극복할 수 있는 '기회의 창'도 동시에 열리게 될 것이다. 이를 감안할 때, 향후 한국의 대외 정책은 국제환경의 변화에 따라 나타나는 기회를 적극 활용함으로써 약점을 최소화하고 강점을 최대화하는 방향으로 수립·전개되어야 할 것이다. 이는 대외 정책 기조를 기존의 분단 상황을 평화적이고 안정적으로 관리하는 '분단 상황 관리 정책'으로부터 통일 과정을 진취적이고 적극적으로 관리하는 '통일 과정 관리 정책'으로 변환시켜 나가야 함을 의미하게 된다.

전술한 대외 정책의 변환에는,

첫째, 경제 위기 극복을 위해 금융·무역 협력을 강화하고 녹색성장을 가능케 하는 경제 협력 네트워크를 구축함으로써, 군사안보 문제와 함께 경제 안보 문제에 적정한 중요성을 부여하는 외교 영역의 확대(enlargement)가 우선 요구되고 있다.

둘째로, 21세기 한·미 전략 동맹의 구체화를 포함하고, 중국 등 주변국 관계를 포괄하는 21세기 국가 대전략을 구상하며, 그 틀 속에서 한반도를 넘어 지역 및 세계 차원으로 협력 대상을 실질적으로 확대해 나가는 외교 대상의 확장(extension)이 필요할 것이다.

마지막으로는 독일 통일의 사례가 시사하듯, 평화통일 과정을 순조로이 진척시켜 나가는 데 요구되는 복합적 다자 협력 구도를 구축해 나갈 수 있도록, 다자 외교를 강화해 나가는 외교 능력의 확충(expansion)도 중요 요소의 하나로 간주되어야 할 것이다.[17)]

이러한 21세기 한국 외교의 바람직한 변환이라는 관점에서 볼 때, 한국 외교가 중견국 외교라는 수단을 적극 활용할 경우, 세계 경제 문제를 비롯한 '비군사 현안'들을, 한반도를 넘어 '세계적 차원'에서 다루어갈 수 있게 된다는 점과 덧붙여, '다자협력' 강화에 중요한 전환점을 마련해줄 수 있다는 점 등에서 21세기 한국 외교의 새 지평을 여는 계기가 될 것이다.

위와 같이 새로운 외교 구상으로서의 중견국 외교는 21세기 국제 정치·경제 환경의 변화에 대처하면서, 한국 외교가 지녀온 구조적 취약성을 극복하는 계기가 되는데 일차적인 중요성이 있음은 물론, 한반도의 특수성과 관련되어 다대한 의미도 지니게 되는데, 이는 중견국 외교가 앞으로 불가피하게 다가올 한반도의 통합 과정을 관리해 나가는 데 긴요한 역할을 하게 됨을 시사하고 있다. 즉, 중견국 외교의 수행은 다음과 같이 상호 연관되어 작용할 다차원적 외교·안보적 효과를 지니게 되리라 기대할 수 있으므로, 향후 통일외교는 이를 적극적으로 활용하는 방향에서 수립되고 전개되어야 할 것이다.

첫째, 세계적 차원에서는 중견국의 위상을 활용하여 글로벌 거버넌스의 재편 과정에서 미국을 위시한 기존의 강대국과 중국으로 대변될 수 있는 신흥국 간의 의견 조정을 원활하게 해나가는 데 기여할 수 있는 소통자(communicator)의 역할을 할 수 있다는 점,

둘째, 지역적 차원에서는 중견국 외교를 통해 지역 협력의 추진 과정에서 대립적으로 나타날 수 있는 중국과 일본 간의 이해관계를 절충해 나가는 조화자(harmonizer)의 역할이 가능하게 된다는 점,

셋째, 소지역적 차원에서는 향후 한반도의 미래에 결정적일 수 있는 미국과 중국 간의 전략적 경쟁을 순화시켜 나갈 수 있는 화해자(conciliator)로서의 역할도 가능하다는 점 등을 들 수 있을 것이다.

2008년 촉발된 금융 위기가 새로운 국제 질서의 모색이 시작되었음을 알려 주는 신호였다면, 통일을 지향하는 한국으로서는 질서의 재편기를 맞아 한국 외교가 지니고 있었던 기존의 제약들을 떨쳐 버리면서 한국 외교가 가진 장점을 극대화하는 것이 현명한 선택이 됨은 자명한 일이다. 국제 질서의 재편은 기존의 강대국과 신흥국들 간의 협력과 경쟁 속에서 이루어질 것이며, 양자 간에 존재하는 의견의 차이가 클수록 이를 좁혀 나가는 데 도움이 될 수 있는 국가군의 기여, 즉, 중견국들의 행동반경도 따라서 확대될 것이다.

다양한 차원에서 중견국으로서의 자격을 충분히 보유하고 있는 한국은 시대의 변화에 맞추어 중견국 외교를 적극화함으로

써, 한편으로는 국제사회의 일원으로서의 역할을 확대해 나가면서, 다른 한편으로는 통일을 위한 기회의 창을 적극적으로 열 수 있도록 틈새외교, 교량외교 및 글로벌 외교 등을 종합적인 관점에서 적극적으로 추진하는 새로운 통일외교를 전개해 나가야 할 것이다.[18)]

| 필자 약력 |

이동휘(李東輝)

서울대학교 경제학과 졸업. 미국 Northwestern대학 정치학박사(국제정치).

대통령 자문 정책기획위원회 위원(1994~1997)과 한국협상학회 회장, 외교안보연구원 연구실장, 미국전략국제문제연구소(CSIS) 선임연구위원 등을 지냈다. 현재 국립외교원 외교안보연구소 교수로 재직 중이다. 저서에 『현대국제정치학』(1992, 공저), 『국제기구와 한국외교』(1996, 공저)가 있다.

| 주(註) |

1) '헬싱키 최종 의정서'의 협상 과정과 주요 내용에 대한 설명은 홍기준, "헬싱키 프로세스와 독일 문제: 동북아 다자안보협력에 대한 함의", 2007 한국국제정치학회 연례학술회의(2007. 12. 7) 발표문, pp. 23~43. 참조.
2) 이동휘, "독일 통일 과정의 시사점: 복합적 외교 협상 구도를 중심으로," 외교안보연구원, 『동아시아 정세 변화와 한국 외교 과제』(2007 정책연구과제 통합본), pp. 185~227. 참조.
3) 이동휘, "G20 정상회의 발전 전망과 한국의 대응", 외교안보연구원, 『2011년 정책연구과제 I』(2012. 2), pp. 255~257. 수정·전재.
4) "The BRICSAM Countries and Changing World Economic Power: Scenarios to 2050", The Center for International Governance Innovation, Working Paper, No. 39를 참조.
5) Ian Bremmer and Nouriel Roubini, "A G-Zero World: The New Economic Club Will Produce Conflict, Not Cooperation", *Foreign Affairs*, March/April 2011, pp. 2~7. 참조.
6) 거버넌스의 정의는 Commission on Global Governance, *Our Global Neighbourhood: Report of the Commission on Global Governance*(Oxford University Press, 1995)와 James N. Rosenau and E. O. Czempel(eds.), *Governance Without Government: Order and Change in World Politics*(Cambridge University Press, 1992) 참조.
7) 소위 원자력과 관련된 3S, 즉, 확산 방지와 관련된 Safeguards, 핵 안전과 연관된 Safety 및 핵 물질을 테러의 위험으로부터 방호하는 Security는 높은 상호 연관성에도 불구하고 개별적인 발전 경로를 밟아 왔으나, 최근의 추세는 이들을 통합적인 시각에서 보려는 노력이 강화되고 있음.
8) 최근 통일 비용과 편익에 대한 심층 연구가 활발히 진행되고 있는데, 기존의 연구들은 첫째, 비용은 한시적인 데 비해 편익은 영구적이라는 시한성의 불일치 문제, 둘째, 비용과 편익 공히 경제적 측면은 계량이 가능하나 정치·사회적 측면의 계량화는 매우 어렵다는 방법론상의 난관, 셋째, 남북한 차원의 계산은 가능하나, 지역 또는 국제적 비용과 편익은 상정하기도 쉽지 않고 계량 또한 어렵다는 범위의 문제 등 세 가지의 난제를 안고 있는 것으로 보임.
9) 이동휘, "G20 정상회의 발전 전망과 한국의 대응", 외교안보연구원, 『2011년

정책연구과제 I』(2012. 2), pp. 251~252. 에서 발췌.

10) Elke Krahmann, "Conceptualizing Security Governance", *Cooperation and Conflict*, Vol. 38, No. 1, p. 12.

11) Klaus Dingwerth and Philipp Pattberg, "Global Governance as a Perspective on World Politics", *Global Governance*, Vol. 12, No. 2, Apr.~June 2006, pp. 189~196.

12) 세계화 시대 글로벌 거버넌스의 역할에 대한 논의는 Joseph S. Nye and John D. Donahue(eds.), *Governance in a Globalizing World*(Brookings Institution Press, 2000) 참조.

13) 힘의 분포 변화에 따르는 글로벌 거버넌스에의 수요 증대에 대한 관찰로는 National Intelligence Council-EU Institute for Security Studies, *Global Governance 2025: At a Critical Juncture*, NIC 2010-08, September 2010, pp. 9~16 참조.

14) Michael Barnett and Raymond Duvall, Power in *Global Governance* (Cambridge University Press, 2005), p. 35.

15) 글로벌 거버넌스의 시대적 흐름에 따른 분류 시도는 G. John Ikenberry, "Liberal Internationalism 3.0: America and the Dilemmas of Liberal World Order", *Perspectives on Politics,* March 2009, Vol. 7, No. 1, pp. 71~87과 손열·이승주·전재성·조홍식, "신세계질서의 구축과 한국의 G20 전략", EAI Special Report, 2010. 10, pp. 17~22. 참조.

16) 중견국의 개념과 관련된 필자의 견해에 대해서는 이동휘, "깐느 G20 정상회의: 평가와 시사점", 외교안보연구원, 「주요국제문제분석」 No. 2011-37 (2011.12.12), pp. 10~11. 참조.

17) 이동휘, 「21세기 한국 외교에 있어서 다자 협력의 중요성: 미국 오바마 행정부의 외교정책 변화를 계기로」(외교안보연구원 정책연구과제 2009-06), pp. 20~22. 를 수정·전재함.

18) 중견국 외교는 통상 'middle power diplomacy'로 해석되고 있으나, 이러한 용어 사용은 종래 국가의 물리적 능력을 척도로 해당 국가군을 분류하던 전통에 입각한 것으로 현재 국제 정치 · 경제의 변화가 요구하는 창조적 대안의 제시 능력을 중시하는 분류와는 거리가 있음. 이를 반영하여 최근에는 middle power(중급 국가) 대신 'constructive power(중견국)' 외교라는 용어가 사용되고 있음. 따라서 여러 가지 측면에서 한국만이 가진 외교적 특성을 반영하면서 중견국 외교를 적극화해 나가기 위해서는, 국제 현안에 대한 새로운 시각과 아이디어를 창출해 나감으로써, 지식 공동체에 적극적으로 참여해 나갈 수 있는 능력 배양이 시급할 것임.

중국의 부상(浮上)과 남북한 관계

오승렬

I. 머리말

동북아시아 역내 질서의 새로운 변화가 감지되고 있다. 북한의 3대 세습 정권이 체제 안정을 위한 변신을 시도하는 가운데, 한국과 중국 역시 국가수반이 바뀌는 정치 일정을 앞두고 있다. 북한은 1994년 김일성 사후의 3년여에 걸친 '유훈 통치' 기간과는 다르게 김정일 사망 후에는 발 빠르게 체제 '정상화'를 서두르는 모습이다. 2012년 4월의 '광명성 3호' 발사로 인해 실질적 의미를 상실하기는 했지만, 김정일 사망 후 3개월 만에 미국과는 경제 지원과 핵 및 미사일 개발 유보를 맞바꾸는 2·29 합의에 도달했었다. 최고인민회의와 노동당 대표대회 등 북한 내부의 주요 정치 일정을 소화했고, 그동안 선군 정치의 축이었던 군부 실세 리영호도 권력에서 배제함으로써 당과 내각의 기능을 강화했다. 또 8월에는 북한의 실질적인 정책 조율자 역할을 하고 있는 것으로 보이는 장성택의 중국 방문으로 광명성 3호 발사 이후 껄끄러웠던 북·중 관계도 다시 궤도에 올려놨다. 그러나 남북한 관계는 여전히 불투명하며, 북한은 한국의 연례 군사 훈련 등을 빌미 삼아 한국 정부에 대한 비난과 핵 위협의 강도를 높여 왔다.

김정일 사망 직전, 북한은 남한에 대한 적대 정책 기조와는 달리, 대외 관계 개선에 신경을 쓴 흔적이 역력하다. 2010년 5월부터 2011년 5월까지 불과 1년 동안 3차례나 이뤄진 김정일의 중국 방문에 이어 2011년 8월의 블라디보스토크 북·러 정상회담, 미국과의 접촉 및 협상 재개 등이 그 같은 상황을 설명해 준다. 2011년 북·중 교역량은 사상 최대 수준인 56억 달러를 상회했으며, 북한과 러시아는 북한을 경유하여 한국과 러시아를 잇는 천연가스관 건설 사업을 포함한 다양한 내용의 경제 협력 방안을 논의하고 관련 협정을 체결했다. 또 미국과는 김정일 사망 직전 이미 핵 프로그램 및 미사일 개발 계획 유보와 영양 지원을 맞바꾸는 합의에 도달했던 것으로 알려졌다. 특히 북한과 중국은 다양한 방식의 교류를 통해 김정일 사망 직전 군사 및 경제 영역에서 협력을 강화했다.[1)]

중국은 김정일 사망과 권력 승계 과도기에 발생할 수 있는 북한의 혼란을 미연에 방지하기 위해 식량을 포함한 대규모 경제 지원을 시행해온 것으로 알려지고 있다. 이와 같은 북한의 행보는 대외 환경 개선을 통해 후계 체제를 공고히 하려는 노력의 일환이었을 것이다.

그동안 북·중 관계의 확대가 북한의 위협적 군사 행위와 남북 관계 경색 및 남북 경협의 소강상태 등 한반도 상황 악화의 배경이 됐다는 관점과 북·중 관계는 남북 관계와 무관하며 북·중 관계의 진전은 오히려 북한의 개혁·개방을 촉진할 수 있을 뿐만 아니라 우회적으로 남북 관계 개선에 기여할 수 있다는 시각이 병존해 왔다. 또 중국의 친북 정책은 중국의 지정학적, 역사적 안보 필요성에 따라 상수(常數)적 성격을 띠는 것이라는 인식도 있었다. 중국의 대북한 정책 결정 요인과 관련하여 상식적 차원에서 거론되는 관념적 설명은 '순망치한(脣亡齒寒)'이라는 안보적 필요성과 북한의 '동북 4성(省)화'라는 정치경제적 동기 등이다. 어찌 보면 매우 당연한 논리적 설명력을 갖춘 것 같지만 이와 같은 요인들은 중국의 변화를 고려하지 않은 주관적 의미 부여에 불과하다. '순망치한'의 단순한 논리는 자칫 남북 관계의 장기적 발전과 동북아시아의 평화를 저해할 수도 있는 중국의 전략적 대북 정책을 '당연시'함으로써 그에 대한 정당성을 우리 스스로 부여하는 우를 범할 수 있다. 중국이 자국의 안보를 위해서 북한을 비호하고 활용하는 것은 당연한 것이니 우리가 어쩔 수 없는 것 아니냐는 인식이다. 또 감정적 '동북 4성론'은 한국 정부나 기업의 성급하며 무조건적인 북한 포용론으로 연결되기도 한다. 중국에 북한을 빼앗기기 전해 우리가 먼저 무엇인가 해야 한다는 주장이다. 그러나 이와 같은 논의는 북·중 관계 자체의 본질과 한계성에 대해서는 별로 주의를 기울이지 않고 있다.

한편 한·중 관계를 살펴보면, 2012년은 한국과 중국이 냉전의 벽을 뚫고 수교한 지 만 20년이 되는 해다. 각종 기념행사가 봇물을 이뤘지만, 세계 경제가 아직 어수선한 가운데 중국 경제의 향방이 어떠할지 촉각을 곤두세우고 있다. 2011년 말 현재 중국 내의 500대 외자 기업 중에 31개의 한국 기업이 포함됐다. 또 2011년 중국과의 무역액이 이미 한국 국내총생산(GDP)의 20퍼센트를 넘어섰다. 일·중 무역량이 일본 GDP의 5퍼센트 수준임과 비교해 보면 중국이 한국 경제에서 차지하는 중요성을 알 수 있다. 그만큼 한·중 관계의 향방이 우리 경제의 성패를 좌우할 수도 있다는 이야기다.

한반도를 둘러싼 주변국들의 다양한 전략적 움직임 속에서 남북한과 중국의 관계는 특별한 의미를 지닌다. 중국은 한국 최대의 대외 무역 및 투자 대상국임과 동시에 북한에 대해서도 최대의 무역 대상국으로서 북한 체제 유지를 위한 생명선이라 해도 과언이 아니다. 북한의 1, 2차 핵실험과 이에 따른 국제사회의 대북 경제 제재에도 불구하고, 북한 체제가 유지되고 있는 것은 중국과의 경제 관계에 힘입은 바가 크다. 또 한국 경제 역시 중국에 대한 의존도가 지속적으로 높아져 왔다. 이와 같은 상황에서 중국은 사회주의 국가로서 대외 전략적 고려에서 남북한을 개별적으로 다루는 부문 관리(division management) 전략을 구사해 왔다. 여기에서 부문 관리란 필자가 경영학 영역으로부터 차용한 개념이다. 이는 중국이 한반도 전체를 보편적이며 장기적인 관점에서 관련 정책을 조율하지 않고, 남북한을 각각 하나의 개별 단위로 관리함으로써 중국의 대외 전략 목표를 효율적으로 달성하기 위한 수단으로 삼는다는 것이다. 남북한을 나누어 자국의 전략적 이익을 추구하기 위해 부문 관리하는 중국의 전략은 남북한 간의 갈등 구조를 지속시키는 부정적 결과를 초래하고 있다. 부문 관리란 우월적 지위를 활용하여 적극적으로 관리 대상 간의 분열과 경쟁을 활용하여 목표를 달성하려는 이른바 '분할 통치(divide and rule)'와는 달리 주어진 상황을 소극적으로 활용하는 것으로서, 남북한과 중국의 맥락에서는 중국의 전략적 국익 추구라는 목적을 위한 수단으로 사용된다.

그동안 동북아시아 역내 질서는 주요 행위자로서 남북한과 중국, 그리고 역외 국가인 미국의 이해관계와 이에 따른 전략 변화에 의해 형성돼 왔다. 또 남북 관계, 한·중 관계, 북·중 관계는 서로 영향을 미치며, 때로는 새로운 국제 질서의 틀 속에서 변화하는 양상을 보였다. 특히 중국이 미국과 더불어 주요 2개국(G2) 반열에 올라서면서, 한반도 정세는 국제 관계의 양자 또는 다자 관계에 있어서의 미묘한 협력과 견제 메커니즘에 의해 복합적으로 얽혀 있는 것이다. 예를 들면, 북한이 지역 질서에 충격을 가하는 핵실험이나 장거리 미사일 실험을 단행할 경우, 한국과 미국, 중국은 물론 유럽 국가들과 일본, 러시아까지도 북한의 무모하며 위험한 행위에 대해 협력적 게임에 동참하게 된다. 즉 이들은 북한의 행위에 대해 불안감을 느끼고 이에 대처하여 북한이 상황을 더욱 악화시키지 않도록 해야 한다는 점에서는 국제사회의 협력이 필요하다는 것을 인식하지만, 협력의 과정에서 북한을 어떻게 다룰 것인지에 대한 구체적 방안과 관련해서는 자국 이익 확보의 관점에서 전략적으로 경쟁하는 양상을 보인다. 심지어 이들은 북한의 행위와 관련하여 다른 국가들이 정확하게 어떤 전략적 목표와 수단을 가지고 있는지에 대해 의심하면서 비협력적 게임의 모습을 보이기도 한다. 즉 서로에 대한 불신 속에서 최악의 상황을 가정한 자국 중심의 전략을 구사함으로써 동북아 지역의 지속 가능한 평화와 번영을 보장할 수 있는 협력체계의 구축은 더욱 요원한 꿈으로 남아 있게 되는 것이다.

강력해진, 그러나 불확실한 미래를 가진 중국의 등장과 한·중 관계와 북·중 관계를 통해 볼 수 있는 남북한과 중국의 밀접한 관계는 새로운 동북아 질서의 향방을 가늠할 수 있는 중요한 변수이다. 또 이들 관계 간의 작용과 반작용은 한반도의 미래와 통일 가능성과 관련하여서도 매우 중요한 역할을 할 것으로 판단된다. 우리에게 가장 큰 문제가 되는 것은 남북한 관계가 적대적 소강상태를 보이는 가운데, 중국을 중심으로 남북한과 중국이 삼각관계를 형성하고 있다는 점이다. 마치 남북한이 각각 중국과는 실선으로 연결되었으나, 남북한 관계는 점선으로 연결된 것과 같은 기형적 상황이 엄연한 현실이다〈그림 1〉. 점선으로 표시된 남북한 관계가 멀어질수록 중국이 활용할 수 있는 정책 공간은 커지게 되는 것이다.

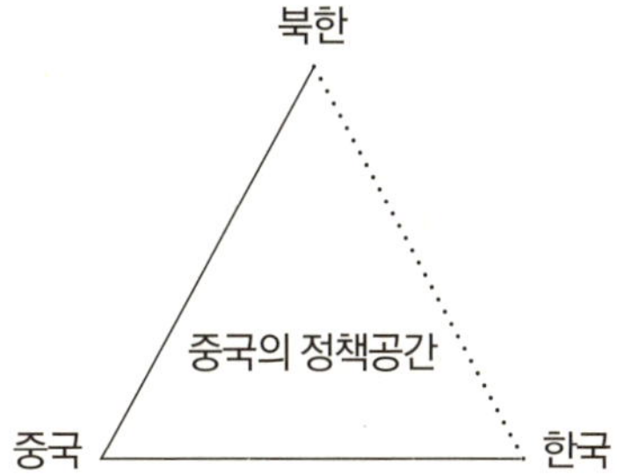

〈그림 1〉 남북한 관계의 경색과 중국의 전략적 우위

이 글에서는 중국의 부상에 따른 동북아시아 역내 질서의 불확실성과 북·중 관계의 특징과 제약 요인, 그리고 한·중 관계의 성격과 과제를 같이 살펴봄으로써 우리에게 있어서 중국이란 무엇인지, 중국과 남북한의 관계에 대한 우리의 인식이 한반도의 미래를 위해 과연 바람직한 것이었는지, 또 남북한과 중국이 새로운 미래를 열어가기 위해 어떤 변화를 시도해야 할 것인지를 생각해 보고자 한다.

II. 남북한 관계에 대한 '중국위협론'의 함의

세계 금융 위기 이후 부각된 중국의 경제력은 동아시아 지역에서 새로운 형태의 초강대국(super power)이 등장할 것임을 예고하고 있다. 탈냉전기에 유일한 초강대국이었던 미국이나 19세기 이후 미국에 앞서 역시 초강대국으로서의 위치를 점했던 영국은 기본적으로 서구의 다원적 민주주의 정치 체제를 갖추었으며, 월등한 경제력과 군사력, 기술력, 그리고 심지어는 소프트파워(soft power) 등의 종합적 역량으로 세계 정치경제 질서를 주도했다. 최근 국제 질서에 있어서 중국의 존재감 확대와 새로운 초강대국으로서의 가능성이 부각되고 있는 근거로는 주로 경제의 양적 팽창이 거론되고 있다. 중국 내부에서의 조심스러운 정치개혁 논의에도 불구하고 중국은 여전히 중국공산당의 일당 지배구조를 가지고 있으며, 지난 30여 년 동안의 성공적 경제 성장 역시 관(官) 주도형 경제 구조와 다국적 기업을 포함한 해외 자본의 투자에 의한 수출 증가와 기술 도입에 대한 의존도가 높았다는 점에서 '질(質)적 발전'과는 일정한 거리를 보인다. 한편 소프트파워와 관련하여 근래에 중국은 전통문화의 위상 회복을 강조하고 있으나, 세계 차원에서 보편적으로 수용될 수 있는 가치관과 문화보다는 중국적 특징을 강조하고, 전통적 유가 사상에 의지하여 현재의 체제를 합리화하려는 정치적 의도를 포함하는 인위적 양상을 띠고 있다는 점을 감안하면, 안정적·보편적인 소프트파워의 개념과는 차이를 보인다.

중국의 변신 과정에서 미국 학계와 언론계를 중심으로 '중국위협론'에 대한 다양한 견해가 나타났다. 이들은 우선 1990년대에 급성장하는 중국을 어떻게 관리하고 다룰 것인가라는 문제를 다뤘으며, 심지어 미국과 중국의 충돌이 불가피하다고 보는 견해도 제시했다. 중국의 국력이 커지는 과정에서 이들은 중국의 의도적이며 공격적인 대미 전략을 강조했으며, 중국위협론을 강조한 나머지 '미국은 중국을 관리할 수 있다'는 관념에 대해서도 회의를 표명했으며, 적극적으로 중국의 위협에 대처해야 한다고 봤다. 한편 '중국위협론'에 대해 중국이 안고 있는 많은 문제점들로 인해 중국이 미국의 생존을 위협하거나, 미국이 누리고 있는 유일 초강대국의 지위를 대체할 진정한 '위협'의 근원이 되기는 어렵다는 견해도 나타났다. 즉 중국 경제와 정치, 그리고 사회가 안고 있는 많은 불확실성과 불안정성으로 인해 중국이 미국을 근본적으로 위협할 수는 없을 것이라는 것이다. 중국의 고성장 추세가 향후 지속적으로 보장될 수도 없으며, 중국이 안고 있는 많은 문제점들로 인해 중국은 미국의 진정한 위협이 될 수 없고, 과도한 중국위협론에 의해 미국이 움츠러든다면 이는 미국의 국익에 도움이 되지 않는다고 보는 것이다.

한국을 포함한 동아시아와 중앙아시아, 중남미, 중동과 아프리카, 오세아니아 등 대부분의 지역과 국가들의 관심 영역과 이해관계는 '중국이 미국을 위협하거나 대체할 것인가'에 국한되는 것은 아니다. 그보다는 신흥 강대국 중국의 대외 전략이 어떤 변화의 방향성을 가질 것이며, 이를 결정하는 요인들은 무엇인가라는 것이 이들이 중국에 대해 가지는 관심의 본질일 것이다. 이와 같은 맥락에서 본다면, 중국 경제의 성장에 따른 중국의 힘의 크기와 중국 위협의 상관관계는 중국과 힘의 경쟁 관계에 있는 미국의 관심사일 뿐이다. 대부분의 국가와 지역에 있어서 중국의 '압도적 힘'은 이미 평가나 전망의 대상이 아니라 현실이다. 이와 같은 상황에서 서구 학계의 논의 구조를 그대로 적용한다면, 동아시아 국가들에 있어서 '중국의 위협'은 이미 그 가능성에 대한 논의 단계를 넘어, 어떻게 대처할 것인가의 문제만 남겨 놓게 되는 것이다. 미국과 EU를 제외한 국가와 지역에 대해 중요한 것은 중국의 힘의 크기가 아니라 이미 충분히 확장된 중국의 힘이 작용할 대외 전략의 방향성 문제이다. 즉 힘이 존재하며, 그 크기가 얼마나 될 것인가라는 정량적 평가의 문제가 아니라 중국의 힘이 어떤 방향으로 작용할 것이며, 중국의 내부 상황과 대외 전략이 어떻게 구조적으로 연결될 것인가에 대한 정성적 양상이 중요한 것이다.

전통적인 중국위협론의 또 다른 관념적 오류는 중국의 위협의 수준과 중국의 사회·정치·경제 문제의 심각성이 서로 반비례 관계에 놓여 있다고 보는 것이다. 간단히 말하면, 중국의 국내적 문제가 심각할수록 힘을 바탕으로 하는 중국의 위협은 그 강도가 낮을 수밖에 없다는 것이다. 이와 같은 관점은 오로지 중국이 가지게 된 '힘'의 크기로 중국의 위협 수준을 평가하고, 중국이 직면하고 있는 불안정성과 불확실성이 오히려 더욱 심각한 위협이 될 수 있다는 점을 간과하고 있다. '힘'에 있어서 중국과의 불균형이 현저한 한국의 경우, '힘' 자체보다 새로운 중국이 의미하는 역내 질서의 불확실성과 남북한을 개별적으로 나눠 관리하려는 전략적 의도가 더 큰 위협으로 다가오는 것이다. 이미 중국은 세계 경제 질서에 대한 성공적 편입에 만족하지 않고 세계 경제 질서의 불공정성을 거론하면서도, 스스로는 중남미와 아프리카, 중동 및 중앙아시아와 러시아 등에 대한 자원에 눈독을 들이는 이중적 모습을 보이고 있다. 또 아세안(ASEAN)과 주변 지역에 대해서는 자유무역협정(FTA)을 포함한 적극적인 관계 설정을 통해 추진 전략을 통해 중국을 중심으로 한 수직적(또는 구심적) 경제 안보 질서 구축에 나서고 있다.[2] 한반도 역시 이와 같은 중국의 팽창적 대외 전략으로부터 자유롭지 못하다.

특히 세계 금융 위기 이후 이와 같은 중국의 '존재감'은 대외부문에 있어서 현저하게 드러났다. 근래에 중국은 우주 기술 및 J-20 스텔스 전투기 및 함정과 항공모함 등의 군사 기술 관련 성취를 공공연하게 과시하는 양상까지 보임으로써 중국의 국력 증가가 일정 기간 동안의 경제적 활황에 그치는 것이 아니라 세계 질서의 향방에 영향을 미칠 수 있는 전략적 의미를 지니고 있음을 명확히 하고 있다. 즉 힘을 드러내지 않고 실력을 키우는 도광양회(韜光養晦)의 준비 기간을 지나 자신의 역량을 보이기 위해 무엇인가를 해야 한다는 유소작위(有所作爲)의 단계에 이른 것이다. 이와 같은 중국의 변신은 단순한 국외자의 추론이 아니라 중국 정부의 공식 문건을 통해 확인할 수 있는 '사실'이다. 2011년 3월 5일 중국 총리 원자바오가 전국인민대표대회 개막일에 발표한 '정부공작보고'(정부업무보고)의 국방과 외교 분야에 대한 언급에 주목할 필요가 있다.[3] 중국은 과거에 정부의 공식 문건에서 국방 '현대화' 등의 소극적 표현을 사용했으나 이번에는 그 수준을 넘어서 '강력한(强大) 군대를 건설하여 주권과 국가이익을 보호'해야 한다고 직설적 표현을 사용했다. 외교 전략 부문은 더욱 적나라하다. 정부업무보고의 뒷부분에 거론한 대외전략은 세계를 대(大)국과 주변국으로 나누고 대국에 대해서는 '대화와 협력을 통한 공통 이익 확대'를 추구하고, 주변국에 대해서는 '우호적 이웃으로서 동반자' 관계를 추구하기 위한 새로운 협력 기제를 건설한다는 것이다. 얼핏 일상적 내용으로 비치지만 미국 등 주요국에 대해서는 수평적 협력(타협)을 통한 '국익 확보'에 초점을 맞추고, 남북한과 동남아시아, 중앙아시아 등의 인접국에 대해서는 (중국 중심의) 수직적 파트너십을 추구하기 위한 정책과 제도를 만들어 가겠다는 구체적 의지를 보여 주고 있다.

이와 같은 중국의 변신은 2011년 봄 미국 워싱턴에서 열렸던 중미 전략경제대화에서도 여실히 반영됐다. 중국 대표로 참석한 국무위원 다이빙궈(戴秉國)는 회의 종료 후 가졌던 언론 브리핑에서 '아태 지역은 중국과 미국의 국익을 (충돌 없이) 수용하기에 충분히 넓다(Asia Pacific is broad enough to accommodate the interests of China and of the United States.)'고 발언했다.[4] 이는 아태 지역에서 양국이 추구하는 국익이 서로 상충되는 제로섬 게임이 아니므로 서로 갈등 구조를 형성할 필요 없이 '아태 지역에서 발생할 이익을 (중국과 미국 양국이) 나누기 위해' 협력하는 것이 바람직하다는 양국 중심의 관점을 제시한 것이다. 중국의 대외 관계와 대외 전략의 방향성과 지속 가능성은 중국 내부의 사회 경제적 상황과 밀접한 관계에 놓여 있다. 비록 경제 총량은 세계 2위라고 하나 체제 전환의 과도기에 있는 중국은 체제의 정체성(正體性) 확보와 과도기의 체제가 필연적으로 수반하는 불확실성, 그리고 전통과 변화의 모순과 같은 근본적 문제로부터 자유롭지 못하다. 또 이와 같은 추상적 차원의 제약 요인들은 다시 경제와 사회의 구조적 문제점으로부터 영향을 받는다. 근래에 중국 정부와 사회가 '사회주의시장경제'라는 헌법상의 체제 정의와 모순을 무릅쓰고 '공자(孔子)'로 대표되는 전통 사상의 확산과 군사적 '대국굴기(大國屈起)'나 경제적 '화폐전쟁(貨幣戰爭)'을 통해 반영되는 국가주의적 정서에 몰입하고, 주변국과의 영토나 역사 문제를 둘러싼 갈등에 민감해져 자국의 감정적 주장에 집착하는 배경이다.[5]

중국의 팽창주의적 국가주의 추구를 감안할 때, 중국과 미국의 관계에서 북한 지역을 단순히 '순망치한'식의 중국의 안보 완충 지대로 파악하고 중국의 친북 정책이 상수(常數)적 성격을 띤다는 논리는 중국의 부상에 따른 한반도 주변 상황의 변화를 반영하지 못하고 있다는 점에서 수용하기 어렵다. 중국의 대북한 정책은 중국의 대미 전략 변화로부터 직접적인 영향을 받고 있으며, 결코 북한의 지정학적 위치에 기인하는 고정된 의미를 지니는 것이 아니다. 북한 문제를 둘러싼 중·미 간의 전략적 경쟁 양상은 국제 질서에 있어서 중국과 미국의 역학 관계 변화로부터도 영향을 받는다. 2001년 중국의 세계무역기구(WTO) 가입 이후, 중국 경제의 고성장과 막대한 대미 무역 흑자 누적, 외자 유입의 신속한 증가, 아프리카·중동·동남아시아에 대한 자원 외교 및 전략적 접근 등으로 인해 중국의 국제적 위상은 매우 빠르게 상승했다. 그러나 견고한 미국 주도의 세계 질서 틀 속에서 중국은 여전히 서방 주요국으로부터 '시장경제지위(MES)'를 인정받아야 하는 '약자'의 입장에 있었으며, 또 중국의 높은 가공무역 비중, 다국적 기업 및 서방 시장에 대한 높은 의존도, 기술적 취약성, 국제 경제기구에 있어서의 왜소한 발언권 등으로 인해 소위 '도광양회(韜光養晦)'적 외교 정책 기조를 유지해 왔던 것이다. 미국발 세계 금융 위기 이후 세계 경제의 하강 국면에서 중국의 일종의 수요 독점 지위(monopsony)와 세계 최대의 외환 보유고를 앞세운 자금시장에서의 큰손으로서의 잠재력은 중국으로 하여금 '대외 투자 확대(走出去)'와 '유소작위(有所作爲)'로의 전략 선회가 가능하게 했으며, 급기야 G2로 부상했다. 세계 금융 위기 이후 중국은 막대한 외환 보유고를 이용하여 미국 국채를 매수했고, 세계 경제의 위기를 완화시키는 구원투수로서의 역할을 할 수 있었던 반면, 언젠가 폭발할지 모르는 잠재적 위험 요인으로 인식되기도 한다.[6)]

확실한 것은 세계 금융 위기 이후의 미국 주도적 세계 경제 질서에 변화의 필요성이 제기되었으며, 국제 질서에서 중국의 역량과 위상은 도약의 계기를 마련하게 되었다는 점이다. 중국은 동아시아의 새로운 정치경제 질서 형성 과정에서 자국의 향상된 국제 지위와 역량을 투사하려는 전략적 동기를 가진다. 따라서 핵 문제를 포함하여 북한을 둘러싼 미국과의 영향력 확대 경쟁에서 공고한 우위를 점해야 한다는 강력한 의지를 가지게 된 것이다. 금융 위기로 인한 세계 질서의 변화 움직임이 없었을 경우에도 중국이 2009년 10월 원자바오의 평양 방문을 계기로 과감하게 북한과 대규모 경제 협력 협정을 체결할 수 있었을 것인지는 의문이다. 그러나 유럽 재정 위기로 인한 새로운 위협 요인이 발생한 상황에서 미 달러의 가치가 상대적으로 안정되고, 유럽 중동에서부터 아시아태평양 지역까지 여전히 미국이 세계 질서를 주도하고 있다는 새로운 자각으로 인해 2011년 이후 중국은 미국과의 경쟁보다는 협력 문제에 초점을 맞추고 있다. 2011년과 2012년 봄에 있었던 미국과의 전략 및 경제 대화에서 중국의 새로운 산업 영역에 미국의 참여를 보장해준 것과 2012년 2월 시진핑의 방미, 그리고 중국의 인권변호사 천광청의 미국 망명 허용 등 중국이 미국에 대해 보여준 태도는 미국발 세계 금융 위기 직후의 모습과는 달리 - 적어도 중·미 양자 관계에 있어서는 - 다시 친화적으로 변했다. 2012년 4월 북한의 로켓 발사 후 중국 매체의 적극적인 관련 보도 소개와 유엔 안보리 의장성명 발표 과정에서 보여준 한국 및 미국과의 동조 현상 역시 중국의 대미 전략 수정과 무관하지 않아 보인다.

2012년 봄 북한의 로켓 발사를 전후하여 중국이 보여준 미국과의 협력 분위기는 중국의 두 가지 고려에 의해 연출된 것으로 파악할 수 있다.

첫째, 앞에서 설명한 바와 같이 미국과의 양자 협력 필요성에 대한 중국의 새로운 인식이다. 이는 미국발 세계 금융 위기가 안정되는 과정에서 미국의 '힘'에 대한 중국의 새로운 평가에 기인한다. 또 2011년 여름 하와이 호놀룰루에서 개최된 APEC 정상회의에서 미국이 밝힌 환태평양동반자협정(TPP) 추진과 호주 다윈 지역의 미군 기지 설치 계획 및 '미국의 태평양 세기(America's Pacific Century)' 전략 등으로 인해 미국을 더 이상 전략적으로 자극하는 것이 결코 자국의 이익에 도움이 되지 않는다는 판단에 의한 것이다.[7)]

둘째, 과도한 중국 의존도에 대한 북한의 자각 및 정책 변화 가능성과 북한의 중·미 갈등을 이용한 '줄타기 전략'에 대한 예방적 효과를 거두기 위한 선택으로 볼 수 있다. 중국에 대한 북한 지도부의 시각은 필요에 의해 어쩔 수 없이 중국에 의존하지만 결코 전적으로 (중국을) 신뢰할 수 있다는 것은 아니었다. 더욱이 북·중 국경에서 불과 50km 정도의 근거리에 건설한 장거리 미사일 발사장(동창리 발사장)에서 있었던 2012년 4월의 광명성 3호 발사가 중국에게도 '강 건너 불'만은 아닌 것이다. 중국을 위협할 수도 있는 북한의 무분별한 행위에 대해 '적절한 강도의 우회적 경고'는 북한의 포스트 김정일 정권을 길들이기 위해서도 필요했던 것이다. 그러나 여전히 한반도의 현안에 더해 타이완 해협과 센카쿠 열도 및 남중국해 문제, 중동 문제, 심지어 아프리카 및 중남미 문제에 이르기까지 국제사회의 다자 또는 제3자와 관련된 전략적 이슈에 대해서 중국은 미국과 경쟁 관계에 있음을 명확히 하고 있다. 특히 한반도는 중국 인근 지역으로서 한국이나 미국의 대북 정책에 대해서는 중국의 국익이 걸린 전략적 게임으로 인식하고 있다. 중국의 북한 감싸기와 남북한에 대한 부문 관리 전략은 이와 같은 복잡한 배경 속에서 이뤄졌다.

III. 북·중 관계의 특징과 한계성

앞에서 거론했던 북·중 관계와 관련하여 우리 사회의 인식과 논의를 구성하는 논리는 다분히 주관적이며, 우리의 미래를 결정할 수 있는 중요한 전략적 의미를 간과할 수 있다는 위험성을 내포하고 있다. 북·중 관계는 '순망치한'론이나 북한의 '동북 4성화'론과 같이 상투적인 논리로 이해할 수 있는 것이 아니며, 변화하는 동북아 역내 질서의 다양한 변인들이 작용한 결과다. 그중에서도 ① 중국 내부 정치 구조 및 지도부의 이념적 관성, ② 북·중 경제 관계의 구조적 특성, ③ 중국과 미국의 전략적 경쟁과 상호 작용은 북·중 관계의 구조적 특징을 결정하는 주요 요인이다.

우선 중국은 내부 정치 구조와 지도부의 이념적 제약 요인으로 인해 현상 유지 선호적 대내외 정책을 지향하고 있으며, 때로는 당(黨)과 군(軍) 중심으로 이루어지는 북한과의 관계를 통해 자신의 사회주의적 정체성을 확인하려는 심리적 관성을 지니고 있다. 당연히 북한은 이와 같은 중국 지도부의 권력 구조와 심리적 기반을 충분히 인지하고 있으며, 북한 체제의 생존과 대외 전략에 활용한다. 한편 북·중 경제 관계는 북한과 중국의 경제 구조와 전략이 맞물려 나타나는 과도기적 성격을 띠며, 결코 정상적인 시장경제 간의 비교우위의 구현에 의한 것이 아니다. 국제사회의 대북 경제 제재 및 북한의 '비정상적 경제'와 중국의 전략적 대북 지원, 그리고 중국 동북 지역의 독특한 '회색 경제 구조'가 최근 북·중 경제 관계 확대의 배경이다. 만약 북한 경제가 정상화되면, 북·중 경제 관계는 오히려 퇴보할 수 있는 불확실성을 지니고 있다. 또 황금평 및 라선 경제무역지대 개발 계획은 북한의 전면적 대외 개방이 아닌 '중국에 국한된', '중국의 지원을 기대하는', '중국에 대한 개방' 정책이며, 단기간에 성과를 내기 어려운 제약 요인을 가지고 있다. 이와 같은 상황으로 미루어 보면, 최근에 관측되고 있는 북·중 경제 관계의 확대는 결코 북한의 개혁·개방에 긍정적인 역할을 할 수 있는 상황도 아니다. 그렇다고 북한이 하루아침에 중국 동북 지역의 제4성으로 전락할 가능성도 낮다. 북·중 경제 관계의 특징은 양자 간의 정치적 전략적 고려가 지배하며, 그만큼 불확실성도 크다는 것이다.

무엇보다도 중국의 부상으로 인해 이를 견제하려는 미국의 전략과 맞물림으로써 북·중 관계는 중국과 미국의 전략 경쟁 구도에 의해 영향을 받는다. 중국과 미국은 양자 간의 관계에 있어서는 중·미 외교사에 있어서 가장 친밀한 관계를 발전시키고 있으며, 이는 중국의 경제력과 국제사회에 대한 영향력에 의해 뒷받침된다. 그러나 중국의 급격한 성장이 초래한 불확실성은 미국 주도의 세계 질서에 대한 위협으로 받아들여지고 있으며, 다자간 질서에 있어서 미국과 중국은 치열한 전략 경쟁 및 상호 견제 국면에 진입했다. 북한 문제는 바로 중·미 전략 갈등이 가장 첨예하게 반영되는 이슈 중의 하나다. 미국과 중국의 전략적 게임의 틀에서 바라본다면, 중국은 북한 감싸기가 자국의 이익을 위해 바람직한 것으로 평가할 수 있으며, 미국은 적절한 한계 속에서 북한과의 접촉과 압박을 계속하는 혼합 전략이 가장 유리한 것으로 인식할 수 있다. 또 북한은 이와 같은 중국과 미국의 전략을 십분 활용하여 대남 전략을 추진한다.

그러나 북한 핵 프로그램이나 미사일 개발의 위험성과 북한 체제의 한계성은 물론, 한국과의 관계의 중요성을 잘 알고 있는 중국과 미국의 북한 관련 전략 운용은 매우 제한적 공간에서 이뤄지고 있다. 이와 같은 상황에서 북한이 중국과 미국 간의 갈등 구조를 활용한 경제적 이익 극대화나 남북 관계 주도라는 전략 목표를 추진한다면 그 의도는 성공하기 어려울 것으로 판단된다. 한편 중국 지도부의 정치적 관성 및 미국과의 경쟁 관계를 감안할 때, 북·중 관계의 급격한 변화 역시 불가능할 것이다. 단지 미국의 힘에 대한 중국의 새로운 인식과 중·미 양자 협력의 필요성에 의해 중국의 대북 정책은 제한된 폭에서 조율될 수 있다.

2012년 봄의 북한 로켓 발사 전후, 중국이 미국을 포함한 국제사회의 움직임에 비교적 협조의 태도를 보인 것은 이와 같은 상황을 반영하고 있다. 북·중 관계 결정 요인과 북한 상황 등을 종합적으로 감안할 때, 한국 사회가 단순히 중국과의 의사소통 필요성이나 한국의 외교력 미흡 등을 강조하면서, 중국에 대해 한국이 좀 더 적극적으로 접근해야 할 필요성만을 강조하는 것은 의미가 없다. 그동안 한반도 관련 중국의 대외 전략 선회에 대한 구체적 대응 방안은 심도 있게 이뤄지지 못했다. 중국의 외교나 전통 정치 문화에 대한 왜곡된 인식 또한 '중국에 대한 호소'나 '호의 표시'가 효율적인 대중 외교 수단이 될 수 있다는 편견을 뿌리내리게 했다. 역대 한국 정부는 북한에 대한 중국의 영향력을 지나치게 의식한 나머지 각종 현안 협상 테이블에서 '중국 앞에만 서면 작아지는' 모습을 보였다. 중국의 대북한 정책은 전략적 제약 요인을 반영한 자국 이익 추구 행위일 뿐이며 결코 한국의 호소에 의해 변화하지 않는다.

중국의 보수적이며 국가주의적인 대외 전략 선회에 대응하여 남북한 관계를 우리 주도로 발전시키기 위한 효과적 방법은 중국에 대한 '부탁'이 아니라, 중국에 대한 한국의 전략적 자산을 극대화하는 것이다. 중국이 한국의 국익을 저해하는 대외 전략 방향을 선택할 경우, 한국과의 관계에서 그에 상응하는 상실감을 느끼게 할 수 있는 외교 전략 카드의 개발이 필요하다. 중국과의 국력 비대칭에 더해 북한 문제를 포함하여 대중 수출 및 투자 의존도가 높은 한국의 대응 수단은 매우 제한적일 수밖에 없다는 식의 소극적이며 자조적인 판단은 잘못된 것이다. 중국에 있어서 한국은 미국과 일본에 이은 3위의 무역 상대국(특수한 성격을 띠는 홍콩과 EU 제외)이며, 남북한 관계와 한국의 대북한 정책은 중국의 대한반도 전략 효율성에 결정적 변수로서 작용할 수 있다.

장기적 관점에서, 중국에 대한 한국의 전략적 자산을 확대함과 동시에 중국과의 '전략적 협력 동반자' 관계에 있는 한국은 중국과의 협력을 통해 북한과 중국의 경제 관계가 시장 원리에 따라 민간 기업 및 개인의 경제 행위 중심으로 이뤄지도록 유도함으로써 북한 경제의 개혁·개방을 앞당기고, 동북아 지역의 지속적인 안정과 평화에 기여할 수 있어야 할 것이다.

북한 핵 문제 해결과 북한의 군사 도발 방지, 그리고 한반도의 평화적 통일이 중국의 장기적 국가 이익 확보와 안정적 대외 영향력 확보를 위한 전제 조건임을 중국이 인식할 수 있도록 한국 정부는 물론 학계, 언론계의 균형적 시각과 노력이 필요할 것으로 판단된다. 또 중국의 대북한 전략 선회는 적어도 부분적으로는 한·미 동맹 관계에 대한 중국 지도부의 오해와 편견에 기인한 바 있으므로, 한·미 동맹의 협력 범주와 한국의 장기 전략에 대한 투명하고 합당한 정책 비전을 제시할 필요가 있다. 특히 중국은 미국과의 세계 전략 경쟁 관계에서 한국의 역할에 대해 의구심을 가지고 있으므로, ① 중·대만 관계와 주한 미군의 전략적 역할, ② 미국의 미사일방어계획(MD)과 확산방지구상(PSI) 등에 대한 한국의 명확한 입장과 역할, ③ 통일 한국의 안보 전략 및 동북아 질서 변화에 대한 한국의 비전, ④ 동북아 지역의 다자간 안보 체제 건립에 대한 한국의 입장과 비전 등에 대한 조화로운 청사진을 마련할 수 있어야 할 것이다.

북·중 관계의 특징과 결정 요인을 감안하면, 북한에 대한 한국의 정책 조율을 통해 중국의 대북 정책이나 미국의 한반도 정책에 영향을 미침으로써 남북 관계를 진전시킬 수 있는 방안의 모색은 매우 중요하다. 그러나 북한의 새 지도부가 그동안 보여준 핵 문제 및 대외 관계와 남북 관계에 대한 태도로 미루어 볼 때, 당분간은 남북 관계의 획기적 진전을 기대하기 어려울 것으로 전망된다. 적어도 북한이 핵 및 미사일 개발 계획과 관련하여 기존의 태도를 고수하고, 남북 관계보다 북·중 관계나 북·미 관계에 전략적 우선순위를 부여하는 한, 한국이 북·중 관계의 특성을 감안하여 추진할 수 있는 대북 정책 범주는 제한될 수밖에 없을 것이다. 이 경우, 중국에 대한 한국의 전략적 자산 확보는 더욱 중요해질 수밖에 없다.

Ⅳ. 한·중 경제 관계와 안보 협력의 불균형

2012년은 한국과 중국이 수교한 지 20주년이 되는 해다. 그동안 양국 간의 경제·사회·문화적 교류 규모는 비약적으로 발전했으며, 다소의 기복에도 불구하고 안보를 포함한 국제 정치적 사안의 협력 환경도 어느 정도 개선됐다. 이는 한국의 경제·정치·사회 발전과 시장 개방 수준 제고, 중국 경제의 지속적인 개혁·개방 및 고성장과 국제사회에서의 중국의 역량 증대, 그리고 탈냉전기의 세계 질서 변화에 기인한다.

한국과 중국은 2012년 5월부터 자유무역협정(FTA)을 위한 협상을 시작했다. 한국과 중국은 동북아시아 지역의 경제 통합을 위한 중요한 발걸음을 시작한 것이다. 그동안 한국과 중국, 일본은 다 같이 주요 수출 시장으로 미국과 서유럽 경제에 대한 의존도가 높았던 까닭에, 세계 금융 위기와 유럽 재정 위기 이후 서구 경제의 침체는 동북아 지역 경제의 지속적 성장을 저해하는 요인으로 작용하고 있다. 또 작금의 상황으로 보아 서방 경제의 신속한 회복과 수입 수요 증가를 전망하기는 어려울 것으로 판단된다. 이와 같은 상황으로 인해 동아시아 지역 국가 간 경제 협력 필요성이 더욱더 절실하며, 한·중 FTA는 지역 경제의 새로운 협력 시대를 열어 가는 시금석의 역할을 담당하고 있다.

1982년의 한·중 수교를 통한 외교적 장벽 제거가 지난 20년간 한·중 경제 관계의 빠른 성장을 가능하게 했던 가장 중요한 계기가 된 것은 틀림없는 사실이다. 그러나 되돌아보면, 중국의 경제 개혁 및 개방에 따른 시장의 역할 증대와 기업을 중심으로 한 한국 경제의 활력이 실질적으로 한국과 중국 간의 무역 및 투자를 견인해 왔음은 부인할 수 없다. 그러나 세계 경제의 환경 변화를 감안할 때 양국은 새로운 도전에 직면하고 있다. 한·중 FTA와 양국 간의 다양한 경제 협력 통로 개발을 위한 정책적 기능 외에 한국과 중국 정부는 새로운 세계 경제 질서가 수반하는 경제적 리스크와 불확실성에 공동으로 대처할 수 있는 협력 기제를 창출할 수 있어야 한다.

다국적 기업의 독점적 공급사슬(supply chain)과 투기적 국제 금융자본의 범람에 의한 거시경제적 불확실성 및 경제적 위험도 증가, 금융 재정 위기 이후 보호주의의 확산, 동아시아 역내에서의 영토 분쟁 및 군비 경쟁 격화, 환경 및 기후 변화 문제, 자원과 식량 및 에너지 안보 문제 등에 대한 적절한 대처 없이는 안정적이며 미래 지향적인 양국 관계의 지속적 발전은 불가능할 것이다.

수교 후 20년 동안 한·중 양국 간의 경제 및 사회가 비약적으로 발전했으며, FTA를 추진하고 있으나, 한국과 중국의 관계 설정의 어려운 점은 경제적 접근만으로는 얽혀 있는 한·중 관계의 매듭을 풀어 가기 어렵다는 데 있다. 1997년의 아시아 금융 위기와 2008년 세계 금융 위기를 거치면서 중국이 제공했던 기회는 적어도 부분적으로는 한국 경제의 위기 대처 수단으로 기능했다. 그동안 중국과의 경제 관계 발전은 한국 경제의 구조를 바꿔 놓았다. 한국 기업은 중국을 생산 기지로 삼아 세계 시장 점유율을 끌어올렸고, 한국 상품의 기술 함량과 품질, 그리고 경영 효율을 향상시켰다. 경제학에서 강조하는 전통적 비교우위론의 모범적 사례였다.

앞으로 중국은 한국 경제의 시각에서 본다면 2개의 얼굴을 가질 것이다. 즉 중국은 여전히 한국 기업과 소비자들에게 선택의 기회를 제공할 수 있는 긍정적 환경 요인으로 작용하는 한편, 주요 2개국(G2)으로 성큼 자라난 중국의 국력과 공격적 대외 전략, 거시경제 변동 폭의 확대, 환경 및 사회 불안은 한국이 극복해야 할 중국의 부정적 측면이다. 특히 중국과의 자유무역협정(FTA) 관련 사안과 중국 경제의 경착륙 여부, 그리고 중국 산업 기술의 추격과 양국 간에 존재하는 제도 및 문화 장벽은 한국 경제의 미래를 결정할 수 있는 중요한 요소로 자리 잡게 됐다.

일반적으로 한·중 FTA와 관련하여 한국 경제에 대한 중국의 위협 요인으로 농업 부문을 지목하고, 한국 정부는 가능하면 농업 부문을 협상 대상에서 제외하고자 하는 의지를 보이곤 했다. 그러나 장기적으로 본다면, 이는 근본적 대안이 되기 어렵다. 좀 더 적극적인 대응 전략으로는 한국의 대중국 농업 투자를 위한 여건 조성을 생각해볼 수 있을 것이다. 중국 역시 농업 기술과 농업 구조, 농산품 가격, 품질 및 식품 안전 관리 등의 측면에서 취약한 상황이므로, 한국의 농업 주체(농민, 농업 관련 산업)는 대중국 농업 투자와 효율적 품질 및 식품 안전 관리를 통해 중국 농업의 현대화와 한국 농업 및 소비자의 소득 및 복지 향상을 도모할 수 있을 것이다. 물론 이와 같은 적극적 방식의 접근은 한국 농업의 구조 개선과 중국의 농업 투자 환경 조성 및 관련 법규 정비와 같이 시간을 필요로 할 것이나, 한국과 중국 경제의 '민감 분야 배제'라는 소극적 방식은 한시적이며 문제의 근본적 해결 방안이 될 수 없다.

한편 한·중 관계는 비약적인 경제 및 사회 교류의 확대에도 불구하고, 외교·안보적 측면에서는 여전히 공감대 형성의 어려움은 물론 상호 불신을 떨쳐 버리지 못했다. 더욱이 2008년 이명박 대통령의 첫 번째 국빈 방문에서는 양국 관계를 '전략적 협력 동반자'로 격상시켜 국제적 현안에 대한 협력을 모색했으나, 한·미 동맹에 대한 중국의 불신과 북·중 관계에 대한 한국의 불편함은 여전히 양국 관계 심화의 걸림돌이 되고 있다. 특히 2010년 천안함 폭침과 연평도 포격 사건 이후 중국의 북한 감싸기와 중국 어선의 서해안 불법 조업 단속에 나선 한국 해경 피살 사건과 김영환 사건 등은 중국에 대한 한국 여론을 악화시키는 결과를 낳았다.

중국의 대한반도 정책이 남북한 문제의 항구적 해결을 위한 보편적 가치와 비전에 입각한 통합 관리가 아닌 남북한에 대한 전략적 부문 관리 양상을 보이는 것은 기본적으로 중국 중심의 동아시아 경제권 구축 정책과 주요 2개국(G2)의 입장에서 미국과 군사적 대립각을 세우고 있는 중국의 국가 전략 구도, 그리고 핵 문제를 포함하여 불안정한 북한 정세로 인한 남북한 관계의 특수한 양상에 기인한다. 또 경제 성장 과정에서 나타난 중국 내부의 사회적 모순에 대응하여 이념적으로 보수 경향을 보이고 있는 중국 지도부의 정치적 한계성도 한몫을 한 결과다.

한반도 문제에 대한 중국의 '부문 관리' 식 접근에도 불구하고, 한·중 FTA는 한중 관계의 새로운 이정표가 되어 간접적으로는 북한 경제의 변신과 남북 관계의 개선에 긍정적 영향을 미칠 것으로 기대된다. 우선 FTA에 대한 중국의 정치경제적 접근 방식을 감안할 때, FTA라는 제도적 장치에 의해 양국의 관계가 확대 심화되는 과정에서 한반도에 대한 중국의 '부문 관리'의 강도(强度)는 완화될 수 있다. FTA를 맺은 국가 간에는 세계무역기구(WTO) 체제가 규정하는 모든 회원국에 대한 '무차별 원칙'과 '최혜국 대우 원칙'을 우회할 수 있는 통로가 마련되는 것이므로 한·중 간의 '전략적 협력 동반자' 관계가 구두선(口頭禪)을 넘어 실질적 의미를 갖게 된다.

또 한·중 FTA를 통해 한국은 세계 최대 경제권인 EU, 미국, 중국 경제를 잇는 플랫폼의 기능을 확보할 수 있다. 한국의 경제적 중개 기능을 통해 한반도를 둘러싼 중국과 미국의 군사적 긴장 완화 효과를 기대할 수 있으며, 이는 곧 북한 문제를 풀어 가는 과정에서 중·미 양국의 협력 분위기를 연출하는 데도 유리할 수 있다. 또 한·중 FTA를 통해 한국과 중국의 생산 요소 결합 및 이동이 수월해지고, 북한 새 지도부의 개혁·개방 노선이 가시화하는 경우에는 한국과 북한, 그리고 중국 동북 지역을 포함하는 3각 경제 협력 가능성이 높아진다. 이는 궁극적으로 남북한이 동북아시아 경제 협력의 중추로서 지리적 비교우위를 가질 수 있다는 것을 의미한다.

V. 맺음말 : 동북아시아의 새로운 미래를 위하여

그동안 북·중 관계의 확대가 북한의 위협적 군사 행위와 남북 관계 경색 및 남북 경협의 소강상태 등 한반도 상황 악화의 배경이 됐다는 관점과 북·중 관계는 남북 관계와 무관하며 북·중 관계의 진전이 북한의 개혁·개방을 촉진할 수 있을 뿐만 아니라 우회적으로 남북 관계 개선에 기여할 수 있다는 시각이 병존해 왔다. 또 중국의 친북 정책은 중국의 지정학적 안보 필요성에 따라 상수(常數)적 성격을 띠는 것이므로, 이에 개의치 말고 가능하면 한·중 관계를 발전시켜 중국으로 하여금 북한의 변화에 기여할 수 있도록 여건을 마련해야 할 수밖에 없다는 인식도 있었다. 이와 같은 관점은 대체로 초점을 남북한 관계에 맞추고 '중국을 활용해야 한다'는 인식을 저변에 가지고 있다.

한국은 2008년에 마련된 중국과의 '전략적 협력 동반자' 관계에 의존하여 중국의 대북 영향력 발휘와 한국의 대북 정책에 대한 중국의 협력을 기대했으나, 현실은 남북한 모두에 대한 중국의 영향력 확대와 남북한 관계의 위축 현상을 보여 주고 있다. 물론 이와 같은 상황은 남북한 관계의 특수성과 한국정부의 대북 정책, 그리고 북한의 내부 상황과 대남 정책 등이 복합적으로 초래한 현상이라고 할 수 있으나, 북·중 관계와 한·중 관계를 중국 중심의 삼각관계에서 세계 전략 수단으로 활용하고 있는 중국의 전략적 입장에 대해서는 심도 있는 분석과 전략적 대응이 필요하다.

북·중 경제 관계는 결코 북한의 개혁·개방에 긍정적인 역할을 할 수 있는 상황도 아니며, 그렇다고 북한이 하루아침에 중국 동북 지역의 제4성화할 가능성도 낮다. 북·중 경제 관계의 특징은 양자 간의 정치적·전략적 고려가 지배하며, 그만큼 불확실성도 크다는 점이다. 또 북·중 관계는 중국과 미국의 전략 경쟁 구도에 의해 영향을 받는다. 중국과 미국은 양자 간의 관계에 있어서는 중·미 외교사에 있어서 가장 친밀한 관계를 발전시키고 있으며, 이는 중국의 경제력과 국제사회에 대한 영향력에 의해 뒷받침된다. 그러나 중국의 급격한 성장이 초래한 불확실성은 미국 주도의 세계 질서에 대한 위협으로 받아들여지고 있으며, 다자간 질서에 있어서 미국과 중국은 치열한 전략 경쟁 및 상호 견제 국면에 진입했다. 북한 문제는 바로 중·미 전략 갈등이 가장 첨예하게 반영되는 이슈 중의 하나다.

상황을 종합해 보면, 중국과 미국 간의 갈등 구조를 활용한 이익 극대화나 남북 관계 주도라는 북한의 의도는 성공하기 어려울 것으로 판단된다. 그러나 중국 지도부의 정치적 관성 및 미국과의 경쟁 관계를 감안할 때, 북·중 관계의 급격한 변화 역시 불가능할 것이다. 단지 미국의 힘에 대한 중국의 새로운 인식과 중 · 미 양자 협력의 필요성에 의해 중국의 대북 정책은 제한된 폭에서 조율될 수 있다. 이와 같은 북·중 관계 결정 요인과 북한 상황 등을 종합적으로 감안할 때, 한국 사회가 단순히 중국과의 의사소통 필요성이나 한국의 외교력 미흡 등을 강조하면서, 중국에 대해 좀 더 적극적으로 접근해야 할 필요성만을 강조하는 것은 의미가 없다.

그동안 한반도 관련 중국의 대외 전략 선회에 대한 구체적 대응 방안은 심도 있게 이뤄지지 못했다. 중국의 외교나 전통 정치 문화에 대한 왜곡된 인식 또한 '중국에 대한 호소'나 '호의 표시'가 효율적인 대중 외교 수단이 될 수 있다는 편견을 뿌리내리게 했다. 역대 한국 정부는 북한에 대한 중국의 영향력을 지나치게 의식한 나머지 각종 현안 협상 테이블에서 '중국 앞에만 서면 작아지는' 모습을 보였다. 중국의 대 북한 정책은 전략적 제약 요인을 반영한 자국 이익 추구 행위일 뿐이며 결코 한국의 호소에 의해 변화하지 않는다.

중국의 보수적이며 국가주의적인 대외 전략 선회에 대응하여 남북한 관계를 우리 주도로 발전시키기 위한 효과적 방법은 중국에 대한 '부탁'이 아니라, 중국에 대한 한국의 전략적 자산을 극대화하는 것이다. 중국이 한국의 국익을 저해하는 대외 전략 방향을 선택할 경우, 한국과의 관계에서 그에 상응하는 상실감을 느끼게 할 수 있는 외교 전략 카드의 개발이 필요하다. 중국과의 국력 비대칭에 더해 북한 문제를 포함하여 대중 수출 및 투자 의존도가 높은 한국의 대응 수단은 매우 제한적일 수밖에 없다는 식의 소극적이며 자조적인 판단은 잘못된 것이다. 중국에 있어서 한국은 미국과 일본에 이은 3위의 무역 상대국(홍콩과 EU

제외)이며, 남북한 관계와 한국의 대북한 정책은 중국의 대한반도 전략 효율성에 결정적 변수로서 작용할 수 있다.

장기적 관점에서, 중국에 대한 한국의 전략적 자산을 확대함과 동시에 중국과의 '전략적 협력 동반자' 관계에 있는 한국은 중국과의 협력을 통해 북한과 중국의 경제 관계가 시장 원리에 따라 민간 기업 및 개인의 경제 행위 중심으로 이뤄지도록 유도함으로써 북한 경제의 개혁·개방을 앞당기고, 동북아 지역의 지속적인 안정과 평화에 기여할 수 있어야 할 것이다. 북한 핵 문제 해결과 북한의 군사 도발 방지, 그리고 한반도의 평화적 통일이 중국의 장기적 국가 이익 확보와 안정적 대외 영향력 확보를 위한 전제 조건임을 중국이 인식할 수 있도록 한국 정부는 물론 학계, 언론계의 균형적 시각과 노력이 필요할 것으로 판단된다. 또 중국의 대북한 전략 선회는 적어도 부분적으로는 한·미 동맹 관계에 대한 중국 지도부의 오해와 편견에 기인한 바 있으므로, 한·미 동맹의 협력 범주와 한국의 장기 전략에 대한 투명하고 합당한 정책 비전을 제시할 필요가 있다.

북·중 관계의 특징과 결정 요인을 감안하면, 북한에 대한 한국의 정책 조율을 통해 중국의 대북 정책이나 미국의 한반도 정책에 영향을 미침으로써 남북 관계를 진전시킬 수 있는 방안의 모색은 매우 중요하다. 그러나 북한의 새 지도부가 그동안 보여준 핵 문제 및 대외 관계와 남북 관계에 대한 태도로 미루어 볼 때, 당분간은 남북 관계의 획기적 진전을 기대하기 어려울 것으로 전망된다. 다시 말해서 적어도 북한이 핵 및 미사일 개발 계획과 관련하여 기존의 태도를 고수하고, 남북 관계보다 북·중 관계나 북·미 관계에 전략적 우선순위를 부여하는 한, 한국이 북·중 관계의 특성을 감안하여 추진할 수 있는 대북 정책의 범주는 제한될 수밖에 없을 것이다. 이 경우, 중국에 대한 한국의 전략적 자산 확보는 더욱 중요해질 수밖에 없다.

남북한 관계와 한반도 통일 문제에 대한 주변국의 입장이 확정적이며, 그들은 대체로 현상 유지를 선호할 것이라는 추론은 통일에 대한 또 하나의 왜곡된 관점이다. 주변국의 입장은 자국 이해관계의 향배에 따라 유동적이며 다양한 가능성을 향해 열려 있다. 자국의 전략적 이익이 보호될 수 있다면, 중국을 포함한 주변국이 남북한 관계의 진전과 북한의 변화, 나아가 한반도 통일 환경의 조성에 반대할 이유는 없다. 바람직한 남북한 관계를 위해 주변국의 협력을 유도하기 위해서는 주변국 간의 '이익의 균형'을 유지할 수 있는 전략적 접근과 이를 보장할 수 있는 한국의 국가 역량에 대한 주변국의 신뢰가 필요하다. 특히 한·미 동맹과 한·중 '전략적 협력 동반자' 관계의 조화는 미국과 중국의 협력 유도에 필수적이다. 주한 미군의 역할 변화, 미사일방어계획(MD) 및 확산방지구상(PSI)에 대한 한국의 입장, 한·미 자유무역협정(FTA) 파급 효과 등은 중국이 민감하게 여기는 문제이며, 한국과 중국의 접근 속도와 범위는 미국이 우려하는 점이다. 이에 대한 한국의 조화로운 접근과 투명한 방침 설정은 한국이 주도적으로 남북한 관계를 다루기 위해 중요한 변수가 될 수 밖에 없는 미국과 중국의 지지를 유도하기 위해 반드시 필요하다. 이에 더해 한국의 정치, 사회, 경제 역량에 대한 주변국의 신뢰 획득 역시 매우 중요하다. 우선 북한을 포용할 수 있으며, 안정과 변화 속에 남북 관계를 발전시킬 수 있는 성숙한 한국의 정치 및 사회 체제가 필수적이다. 또 장래의 통일 과정에서 북한주민의 꿈을 실현할 수 있는 사회적 포용성과 역량도 갖추어야 할 것이다. '코리안 드림'의 실현이 불가능한 사회적 상황에서 북한 주민이 한국 사회에 대해 긍정적 믿음을 가지기란 어렵다. 한국 사회의 성숙과 발전을 통해 북한의 리더십이나 주민들의 적대적 대남 인식을 해소할 수 있어야 한다.

한국의 정책적 측면에서 본다면, 대북 정책과 통일 정책을 조화시키는 일도 시급한 과제이다. 성격상 대북 정책은 비교적 짧은 시간 지평을 가지며, 통일 정책은 보다 장기적 성격을 띤다. 이와 같은 속성으로 인해 대북 정책의 목표와 방식은 정권 변화에 따라 민감하게 변화하는 양상을 보인다. 통일 과정에서 대북 정책이 효율성을 갖추기 위해서는 '초정권적' 통일 정책의 지속 선상에서 대북 정책을 조율하는 것이 바람직하다. 소위 통일 정책의 '탈(脫)정치화' 문제이다. 또 통일의 당위성과 가능성에 대해 광범위한 공감대가 형성될 때, 이를 실현하기 위해 과감하고도 단호한 정책을 추진할 수 있는 '정책 문화'의 배양이 절실하다. 사실 모든 대북 정책과 통일 정책에 대해 사전(事前)적으로 국민적 공감대를 형성하는 일은 말처럼 쉽지 않다. 때로는 정책 결과의 효율성 여부가 사후(事後)적으로 여론에 영향을 미치기 때문이다. 더욱이 대북 정책은 북한이라는 상대가 있는 게임(game)의 양상을 띠기 때문에 사전의 여론과 사후의 평가가 어긋나는 경우가 많다. 이와 같은 대북 정책의 특성을 감안하면, '공감대 형성'이라는 것이 자칫 수사적 구두선(口頭禪)에 그칠 가능성이 크다. 정책의 합리성과 논리적 근거, 그리고 정책 효율성 제고에 대한 논의가 '공감대 형성'을 위한 정부의 정책 홍보에 앞서야 할 것이다. 이와 같은 정책 틀의 변신이야말로 중국을 위시한 주변국과의 협력 및 남북 관계에 있어서 새로운 지평을 열어 가기 위한 첩경일 것이다.

| 필자 약력 |

오승렬(吳承烈)

홍콩중문대학 경제학박사.

통일연구원 선임연구위원, 중국 사회과학연구원 초빙연구원을 지냈다. 현재 한국외국어대학교 중국학부 교수 겸 중국연구소장으로 재직 중이다. 저서 및 논문에 『한·중 FTA와 양국 정부의 역할』(2012), 『북·중 경제관계와 남북관계』(2012), 『중국 위안화 국제화의 제약요인 연구』(2010), 『동아시아공동체』(2008, 공저), 『중국의 발전과 거시경제정책』(2007)이 있다.

| 주(註) |

1) 2010년 5월 김정일의 방중 이후, 2011년 12월 김정일 사망에 따른 중국의 조문 사절의 방북에 이르기까지 북한과 중국 간에 무려 19차례의 고위급 대표단의 상호 방문이 이뤄졌다. 통일부 홈페이지 참조.
(http://www.unikorea.go.kr/CmsWeb/viewPage.req?idx=PG0000000102)
2) 중국 정부나 학계에서는 일반적으로 자유무역협정(FTA)을 자유무역지대(Free Trade Area; 自由贸易区)의 개념으로 인식하고 표현하는 경향을 보인다. 이는 중국이 자유무역협정을 통해 결과적으로 형성되는 지정학 또는 지경학적 의미를 중시하며, 적어도 잠재의식 속에서는 FTA를 '중국 중심'의 역내 질서를 구축하기 위한 정치경제적 수단으로 받아들이고 있다는 점을 의미한다. 이는 역사적으로 형성된 중국의 대외 관계에 대한 전략적 인식과도 연관되어 있다. 중국은 동남아국가연합(ASEAN)과의 FTA나 대만과의 ECFA, 그리고 홍콩과의 CEPA 등을 체결하는 과정에서 조기수확프로그램(early harvest program) 등을 통해 협상 상대가 필요로 하는 농업 분야 등에서의 양보 대신 전반적인 협상 구도를 중국의 전략 의도대로 유도해 가는 방식을 활용했다.
3) 원자바오가 행한 정부업무보고 전문은 http://www.npc.gov.cn/npc/dbdhhy/11_4/2011-03/15/content_1647404_17.htm, 2012.5.10. 검색.
4) 미 국무부 홈페이지, www.state.gov/secretary/rm/2011/05/162969.htm, 2012.6.11. 검색.
5) 중국은 2009년 11월 버락 오바마 미 대통령의 중국 방문 시 남중국해 영해 문제가 중국의 '핵심 이익'이라는 표현을 공식적으로 사용한 이후, 최근 2011.6.5 싱가포르에서 열린 아시아안보회의 연설에서 중국 국방장관 량광례(梁光烈)가 다시 남중국해 문제는 중국의 '핵심 이익'이므로 양보할 수 없다는 입장을 강조했다. 주목할 만한 현상은 중국과 관련된 주요 국제회의 등에서 중국 측 학자들 역시 민감한 중국의 국익 관련 문제를 설명할 경우, '중국의 핵심 이익'이므로 양보할 수 없다는 논리를 자주 피력한다는 사실이다. 이는 중국이 '힘의 논리'를 적극 활용하기 시작했다는 점을 시사한다.
6) 중국 외환 보유고의 잠재적 위험 요인은 주로 미 달러 자산의 가치 변동과 위안화 절상에 따른 평가 가치 하락, 중국의 자산 포트폴리오 변화에 따른 국제 금융시장 교란 가능성 등이다. 중국은 이와 같은 위험 부담을 줄이기 위해 2012.4.16.부터 위안화의 대미(美) 달러 환율 변동 폭을 기준가 대비 ±0.5%로

부터 ±1%로 확대했다. 중국『인민일보』2012.4.15.

7) 미국 국무장관 힐러리 클린턴의 하와이 대학 동서센터에서의 특별 강연 내용 참조. 미 국무부 홈페이지 http://www.state.gov/secretary/, 2012.6.10. 검색.

한반도 문제의 국제화와 한국의 대응

이선진

I. 문제의 제기

남북한은 냉전 이후 크고 작은 위기들을 경험하였다. 그 위기는 미국의 일극주의에서 미·중 G-2론에 이르기까지 국제 정치 변화의 속도와 규모를 감당하지 못하여 생긴 것이다.

그중 북한 핵 위기는 냉전 직후인 1990년대 초[1] 불거진 후 지금까지 한반도 문제의 핵심 의제로 자리 잡고 있다. 남북한 사이 자주적 해결 노력도 있었으나 미·북한 제네바 협상, 4자회담, 오늘날의 6자회담으로 이어지면서 북한은 이제 핵 문제에 관한 한 한국과의 논의조차 회피하고 있다. 남북한 접촉이 단절된 상황 하에서 주요 핵 협상이 진행되거나, 때로는 한국 스스로 한국이 불참하는 협상 방식[2]을 수용하기도 하였다. 이와 같이 여러 방식으로 한반도 문제의 국제화가 진행되어 왔다.

한국은 냉전 이후 국제 정치의 전환기 때마다 대북한 정책을 수정하여 한반도 문제의 국제화에 적절히 대응하였다. 노태우 정부가 "북방 정책"을 선언하였고 김대중 정부가 "현 단계에서 우리의 당면 목표는 통일보다는 냉전 종식과 평화 정착"[3)]이라고 천명한 것이 그 예이다.

한반도와 동북아는 새로운 국제 정치의 전환기를 맞이하고 있다. 미국과 중국의 전략적 대립과 경쟁이 한반도를 포함하여 세계 곳곳에서 전개되고 있다. 한반도가 미·중의 대립 속에 말려들 위험성이 높아지고 있는 가운데 자칫 남북한이 고래 싸움에 새우 등 터지는 신세가 될 판이다. 이러한 국제 정치의 전환기에 한국이 다시 한 번 대북한 정책을 수정하여 한반도의 국제화에 대응해 나갈 수 있을까.

이에 대한 해답은 이제까지 취해온 정책에 대한 검토 작업이 선행되어야 가능할 것이다. 아직도 협상에 의한 북한 핵 문제 해결이 가능한가. "핵 우선" 방식을 고집할 것인가. 다시 말하여, 핵 문제가 해결될 때까지 북한의 체제 위기, 남북한 관계, 나아가서 한반도 안정화 등 다른 문제에 손을 놓을 것인가. 한국의 한반도 정책이 어떻게 정책적 신뢰를 얻을 수 있을까. 중국은 한국의 정책에 대하여 불만을 가지고 있으며, 아세안지역안보포럼(ASEAN Regional Forum, ARF) 회의에서 나타난 태도를 보면 아세안 국가들마저 한국 입장을 지지하지 않고 있다. 그리고 한국 사회의 보수 · 진보의 대립 구조를 그냥 두고 볼 것인가. 이 글에서 이러한 의문점에 관하여 논의해 보고자 하였다.

이 글은 노태우 정부가 1988년 "북방 정책"을 선언한 이후 역대 한국 정부의 국제화에 대한 대응 추이, 그 과정에서 나타난 문제점과 향후 대응 방안, 한국 외교의 국제화 대응 능력, 그리고 마지막으로 제언 순으로 진행한다.

II. "국제화"에 대한 역대 정부의 대응

한국은 냉전 체제의 붕괴와 세계화 조류 속에서 많은 위기를 경험한다. 더욱이 〈표 1〉에서 보는 바와 같이 한국 대통령들은 취임 전후로 각종 위기에 직면하였다. 북한 핵 위기, 외환 위기, 9·11 테러와 미국의 이라크 침공 등이 그 예이다. 모두 새로운 타입의 위기이자 국제적 성격을 강하게 내포하고 있다. 자연 남북한 관계는 "국제 구조의 압도적"인 영향을 받을 수밖에 없었다.[4)]

한국 대통령들은 이러한 위기가 한반도에서 무력 충돌로 이어질까 노심초사하였다. 필자가 외교 현장에서 관찰한 바에 의하면, 대통령이 취임 초기 위기 상황을 경험한 경우 5년 내내 유사 위기 상황에 대하여 매우 민감하게 반응하거나, 위기 처리에 집착하는 경향이 있음을 알 수 있었다.

1. 노태우 정부, 북방 정책

노태우 정부의 북방 정책은 한국의 대북한 정책에 있어서 신기원을 마련하고, 대공산권 적대 정책을 획기적으로 전환하는 계기가 되었다.[5)] 노 대통령은 취임사에서 "북한이 미국, 일본 등 우리 우방과의 관계를 개선하는 데 협조할 용의가 있으며 또한 우리는 소련, 중국을 비롯한 사회주의 국가들과의 관계 개선을 추구"할 것임을 천명하고, 남북한과 4강국 사이의 소위 교차 승인 방식을 제시하고 있다. 실제 한국은 소련, 중국 등 다수 공산권 국가들과 외교 관계를 수립하였고[6] 서울 올림픽(1988), 아시안게임(1990)에 공산권 국가들이 참여하였다.

한편, 한반도 핵 문제 관련 한·미 정상은 1991년 7월 워싱턴 회담에서 "미국이 북한과 직접 협상하는 것은 적절하지 않으므로 한국이 주도적으로 북한과 한반도 비핵화 협상"하기로 합의하였다.[7] 그해 9월 미국은 한국에 배치된 전술 핵무기의 철수 계획을 공표하였다.[8] 그해 노태우 대통령은 "한반도의 비핵화와 평화 구축을 위한 선언"을 발표하였고(11. 8), 남북한 사이 한반도 비핵화 공동선언도 타결되었다(12. 31). 남북한 비핵화 협상 합의에 따라, 한국 정부는 1992년 한·미 합동군사훈련(Team Spirit) 중단을 발표하였으며 그해 연말 남북한 총리 사이에 남북 기본합의서가 타결되었다.

그러나 남북 기본합의서 발효 직후, 미국이 북한 핵 개발 사실을 공개하였다. 그 결과 제1차 북한 핵 위기가 불거지면서 한반도 문제는 국제화의 길로 들어선다. 당시 주요 현안은 IAEA에 의한 북한 핵 사찰이었다.

2. 김영삼 정부, 미·북 직접 협상에 동의

김영삼 정부 때 제1차 핵 위기가 발생한다. 김영삼 대통령은 취임사에서 "어느 동맹국도 민족보다 더 나을 수는 없다."고 하면서 적극적인 대북한 접근 정책을 천명하였다. 그러나 그로부터 몇 개월 후 "핵무기를 가진 상대와는 악수할 수 없다."[9]고 하면서 대북한 강경 정책으로 돌아서고 미·북한 직접 협상에 동의한다.

노태우 정부는 한반도 문제에 대한 미국의 어떠한 관여에 반대하였으며, 핵 문제에 관한 미·북 접촉도 거부하였다. 그러나 김영삼 정부는 먼저 자발적으로 미국에 대해 미·북한 회담을 통한 핵 문제의 해결을 요청하였다고 한다. 당시 청와대, 외교부, 주미 대사관에서 이 문제를 담당하던 외교관의 증언이다.[10] 한국은 그때까지 고집해 오던 남북한 당사자 원칙[11]을 수정하여, 북한 핵 문제는 본격적으로 "국제화"로 전환되었고 오늘날까지 그 기조가 유지되고 있다.

한편, 김영삼 정부는 남북한, 미국과 중국이 참여하는 4자회담[12]을 개최하여 평화 협정 문제를 논의하려고 하였으나 성과가 없었다. 남북한 관계의 긴장 속에서 다자 협상의 틀이 유효하게 작용되지 않았다.

3. 김대중 정부, 햇볕정책

외환 위기 속에서 출범한 김대중 정부는 한반도 문제의 국제화를 한층 진전시킨다. 햇볕정책은 남북한이 통일 논의에 앞서 평화공존 방안을 논의해야 한다고 주창하였다. 이어 "남북 간 교류협력이 이루어질 경우, 우리는 북한이 미국, 일본 등 우리의 우방 국가나 국제기구와 교류협력을 추진"하면 지원하겠다고 밝혔다.[13)]

실제 김대중 정부는 남북정상회담 이후 북한의 아세안지역안보포럼(ARF) 참가(2000. 7), 조명록 북한 특사의 미국 방문(2000. 10), 스웨덴 총리가 이끄는 EU 대표단의 평양 방문(2001. 5), 고이즈미 일본 총리의 평양 방문(2002. 9)[14)] 등 북한의 대외 관계 활성화에 적극적인 자세로 임하였다. 미국 정부는 김대중 대통령의 적극적 제의에 따라 클린턴 대통령의 방북을 원칙 수락하고, 이의 준비를 위하여 올브라이트 국무장관을 평양에 파견하기로 한다.[15)] 연세대 문정인 교수는 햇볕정책의 이행 원칙(operating principle) 6개 중 하나로 국제 협력 원칙을 들고 있다.[16)] 또한, 북한의 연착륙을 위하여 국제 금융기구의 대북한 지원 등을 촉구하고 나섰고[17)] 북한 핵 문제 관련 미·북 합의 사항의 성실한 이행을 약속하였다.

김 대통령은 1998년 정주영 현대 회장의 "소 떼 방북"을 허용하였고, 베를린 선언(2000. 9)에서 대북한 지원 용의를 다시 밝혔다. 이는 그해 6월 제1차 남북한 평양 정상회담으로 이어지면서 남북한 교류가 본격화된다.

햇볕정책은 남북한 화해와 협력을 토대로 북한을 "책임 있는 국제사회의 일원"으로 유도하고, 한반도 문제를 국제화해 나간다는 전략이다. 그 결과, 북한을 포함, 미국, 중국, 일본 등 한반도 이해당사국들의 호응을 얻어 나갔다. 그러나 미국의 정권 교체,[18] 9·11 테러, 새로운 북한 핵 개발 정보 공개 등으로 한국은 한반도 문제의 주도권을 미국에게 넘겨주게 된다.

4. 노무현 정부, 햇볕정책과 6자회담 병행

노무현 정부는 제2차 북한 핵 위기가 진행되는 가운데 출범하였다.[19] 한국 정부는 핵 위기가 발생하자 2003년 4월 북경에서 개최된 미국·북한·중국 3자 "예비"회담 개최에 동의하면서 한국 불참 방식도 수용하였다. 결국 남북한과 4강대국이 참가하는 6자회담이 성립되었다.

노 대통령은 취임사에서 대북한 정책을 미·일·중·러 4강의 동북아 정세 구조 안에서 추구하겠다는 구상을 밝히고 있다. 동북아 시대 구상이다. 노 대통령은 유고 회고록에서, 4강과 남북이 합의해야 "남북이 진정한 의미에서 하나로 다가가는 데 장애물이 없어진다."[20]고 보았다.

그러나 당시 부시 행정부는 WMD 확산 방지 전략 하에서, 그리고 북한을 "악의 축(axis of evil)"으로 부르면서 북한에 대하여 강한 압박 정책을 취하였다. 이로 인하여 햇볕정책을 이어받은 노무현 정부와의 사이에 불협화음이 끊이지 않았다. 그러한 가운데 남북한 사이 대화와 교류가 진행되었지만 장애가 많았고 제2차 남북정상회담도 퇴임을 불과 몇 개월 앞두고 성사되었다. 그러나 남북정상회담 합의 내용 대부분은 노 정부 하에서 실현되지 못하였고, 후임 이명박 정부는 그다음 해 개최된 아세안지역안보포럼(ARF) 결과 문서에 남북정상회담 개최 사실마저 포함하는 것에 반대하였다.

5. 이명박 정부, "비핵·개방·3000" 정책

이명박 대통령은 취임사에서 "비핵·개방·3000"라는 대북한 정책의 골격을 제시하였다. 북한이 "핵을 포기하고 개방의 길을 택하면 남북 협력에 새로운 지평이 열리고", 국제사회와 협력하여 "10년 이내 북한 국민소득이 3천 달러"에 이르도록 하겠다는 정책 방향이다. 이에 대해 북한은 광명성 2호 발사(2009. 4), 제2차 핵실험(2009. 5), 천안함 폭침(2010. 3), 연평도 폭격(2010. 11), 위성 발사(2012. 4) 등 계속 도발 행위로 대응하였다.

한국 정부는 북한 문제를 유엔, 아세안지역안보포럼(ARF)[21]

등 국제기구에 제기하였다. 6자회담은 2008년 12월 이후 중단되었으며, 남북한 고위급 대화도 실질적으로 중단된 상태이다.[22) 이명박 정부는 북한의 제2차 핵실험 이후에도 대북한 정책의 골격을 유지, 협상에 의한 타결과 핵 문제 우선 정책을 견지하고 있다.[23)]

한국은 한·미 동맹 관계 복원에 성공하였고, 미국은 한국의 대북한 정책을 지지하면서 한반도 문제에 있어서 한국의 주도권을 인정하였다. 그러나 북한은 도발을 계속하고 중국은 한국의 대북한 정책에 불만을 표하고 있다. 중국의 불만은 북한의 대남 무력 도발에 대해서마저 균형자적 입장을 취하고, 국제기구를 통한 "북한의 태도 변화"를 유도하려는 한국의 노력을 무산시키는 결과를 가져왔다.

〈표 1〉 역대 정부의 대북한 정책 변화

	노태우 (1988~93)	김영삼 (1993~98)	김대중 (1998~2003)	노무현 (2003~08)	이명박 (2008~)
시대적 배경	- 냉전 체제 붕괴 - 서울 올림픽 및 아시안게임 - 북한붕괴론 확산	- 제1차 북한 핵 위기 - 김일성 사망	- 외환 위기 - 9·11 테러 - 미국의 대북 강경 정책 "악의 축"	- 제2차 북한 핵 위기 - 미국, 이라크 침공 대테러, WMD 전략	- 한국 내 보수·진보 논쟁 - 세계 금융 위기 중국 부상
대북한 정책	- 북방 정책 남북 기본합의서, 한반도 비핵화 공동선언	- 남북한 경색 - 북한의 "유훈" 통치	- 햇볕정책 제1차 남북정상회담 - 남북 교류 금강산 개발 등	- "평화번영정책" 북한 핵실험에도 불구, 남북 교류 계속 제2차 남북정상회담	- "비핵화·개방·3000"정책 남북한 경색 천안함, 연평도 폭격

"국제화"에 대한 한국 대응	-사회주의 국가들과 관계 개선 -남북한과 4강 관계 개선 제의	-한·중 수교, 남북한 유엔 가입 등 -미·북한 핵협상 수용 -4자회담 제안	-북한의 대미·일 관계 개선 지원 -금창리 핵의혹 해결 -북한 연착륙을 위한 국제 공조 9·11 테러 이후 상황 변화	-"동북아 시대" 구상 -북한 핵 관련 6자회담 합의	-2008.12 이후 6자회담 미개최 -한·미 관계 복원과 남북한 경색

III. 한국 대응 전략의 결정 요인들

위에서 보는 바와 같이 냉전 이후 최근까지 한국의 대북한 정책은 다음 두 가지에 따라 크게 변한다. 첫째, 한국 정부의 대응자세이다. 국제 정세의 전환 시기에, 독자적인 대북한 정책을 취하거나 "국제화" 과정에 편승하기도 하였다. 둘째, 한국의 대북한 정책은 북한 핵에 압도되었다. 북한 핵 문제는 미국이 주도하였고 미국의 영향력이 이제까지 절대적이었다. 그러나 최근 중국의 영향력이 급상승하고 있는 가운데 미·중 전략적 경쟁이 한반도의 새로운 변수로 등장하였다.

1. 한국 정부의 의지

역대 정부의 정책을 대별하면, 첫 번째 유형은 "한국 주도"로 남북한 관계를 전환하고 국제화를 병행하여 한반도 이해당사국들의 지지와 지원을 얻는 방식이다. 대표적 사례가 노태우 정부의 북방 정책과 김대중 정부의 햇볕정책이다.

노태우 정부는 북방 정책을 통하여 이념 중심의 외교 틀을 탈피, 소련(당시), 중국 포함하여 많은 사회주의 국가들과 외교 관계를 수립하였으며 유엔에 가입하였다. 한국의 "시의적절하고 저돌적인 자세"가 이러한 성과를 가져왔다.[24] 북한은 당초 남북

한 동시 유엔 가입안에 반대하였지만 결국 수용하였다.[25]

김대중 정부도 외환 위기를 대북한 정책 전환의 계기로 삼았다. 햇볕정책은 남북한 평화공존 원칙 하에서 실질적 남북한 대화와 교류를 상정하고 있다. 그 전까지 우리 사회는 통일지상주의, 북한 붕괴론, 북한 주적(主敵)론에 대한 이견을 허용하지 않았다. 김대중 대통령은 "현 단계에서 우리의 당면 목표는 통일보다는 냉전 종식과 평화 정착이다."(2000년 9월 베를린 선언)라고 선언하고, 홍순영 당시 외무부 장관은 Foreign Affairs 지(1999년 5, 6월 호)에 북한 붕괴론과 흡수통일론을 거부하는 글을 실었다.

북한, 중국, 미국, 일본도 이를 받아들였다. 올브라이트 미국 국무장관, 일본 고이즈미 총리의 평양 방문이 이를 입증하고 있다. 노태우 정부의 북방 정책도 평화공존 원칙을 담고 있지만 노태우 정부의 의도는 다분히 대북한 포위 정책이었다는 점에서 구분된다.[26]

이와 다른 두 번째 유형은, 북한 문제를 다른 나라에 맡기거나 다자 협상에 의존하는 "국제화" 형이다. 미·북 핵 협상을 받아들인 김영삼 정부, 6자회담에 의존한 노무현 정부, 유엔 등 다자기구를 활용하는 이명박 정부 등 다양하다. 이들 유형은 남북한 대화와 접촉을 중시하는 가운데 국제화에 위임하는 유형(노무현)과, 남북한 관계의 중단 상태에서 국제화에 맡기는 유형(김영삼, 이명박)으로 다시 세분된다. 이 유형의 또 다른 특징은, 대북한 정책 추진 과정에서 이해당사국과의 마찰이 끊이지 않았다는 점이다. 노무현 정부는 미국과 마찰이 있었으며, 중국은 이명박 정부의 대북한 정책에 불만을 품고 있다.

2. 북한 핵에 압도당한 남북한 관계

냉전 이후 한반도 정세는 북한 핵 문제에 압도되었고, 북한 핵 문제 논의는 미국이 사실상 주도해 왔다. 미국은 1992년 핵 개발 계획, 1998년 금창리 핵 의혹, 2002년 10월 농축 우라늄 개발 계획 등 북한 핵 개발 정보를 공개하여 핵 문제를 한반도 문제의 중심 의제로 위치시켰다. 또한, 미국은 핵 협상에 있어서 중심 역할을 담당하였다.[27] 그럼에도 불구, 북한 농축 우라늄 개발 계획을 이유로 동 합의를 사실상 파기한 것도 부시 행정부이다. 제2차 핵 위기 이후 구성된 6자회담에서도 미국은 CVID 원칙[28]을 내세워 협상 주도권을 쥐어 왔다. 또한, 9.11 테러 이후 부시 정부는 대량살상무기(WMD) 비확산을 세계 전략 과제로 정하고[29] 그 틀 안에서 북한 핵 문제를 압박하였다.

이에 따라 한국의 대북한 정책은 핵 문제 추이에 따라, 또한 미국의 전략적 이해에 따라 궤도를 수정하지 않을 수 없었다. 한국은 미국의 정보 능력에 의존할 수밖에 없었고,[30] 세계 최강의 미국이 이라크에 이어 북한에 대하여 군사 작전을 전개할까 노심초사할 뿐이었다.[31]

Ⅳ. 한국 전략에 나타난 문제점과 향후 대응 방향

북방 정책 이후 한국이 여러 유형의 대북한 정책을 실시하는 가운데 남북한 사이 긴장이 조성되고 군사 충돌마저 있었지만 대화와 교류도 또한 꾸준히 확대되어 왔다. 그러나 이러한 남북한 관계가 이명박 정부 이후 북방 정책 이전의 긴장 상태로 되돌아가고 있다. 대화가 단절되고 6자회담에서의 북한 핵 논의마저 중단되었다. 북한이 천안함 폭침과 연평도 폭격 등 무력 도발을 재개하고 한반도와 동북아 지역에 군사력 경쟁의 조짐도 다시 나타나고 있다.

그러나 이러한 현상은 이명박 정부의 정책 진단만으로 끝날 문제가 아니다. 역대 정부 정책의 결과물이기도 하며, 또한 주변 정세(외부 요인)의 변화가 반영되는 과정이기도 하다. 따라서 이 글은 현 정부 정책을 논하기보다 대북한 정책 전반에 나타난 문제점을 찾아보고자 한다.

모두에서 핵심 이슈들을 제기하였으나 이를 구체화하면 다음과 같다.

첫째, 북한 핵 문제가 해결되지 않고 있다. 더욱이, 북한 핵 문제를 두고 한·미, 한·중 사이 전략적 이해가 갈리고 있다.

둘째, 미국과 중국 사이 경쟁과 대립이 격화되고 있다. 한반도가 이러한 전략적 대립의 핵심 지역의 하나가 되고 있다.

이외 한국의 "국제화" 대응 능력이 부족하다는 점과, 한국의 대북한 정책이 신뢰를 잃고 있다는 점 등이 문제점으로 지적되며 다음 장에서 별도 논의하겠다.

1. 북한 핵 문제

북한은 이미 두 차례 핵실험을 실시하였고, 북한이 현재와 같은 상황에서 핵무기 개발 계획을 쉽사리 포기하리라고 믿는 사람은 없다. 이에 비추어 협상에 의하여 북한 핵 문제를 해결한다는 전략을 수정해야 한다. 6자회담의 유용성은 무엇인가. 현 단계에서도 북한 핵에 대한 한·미의 전략적 이해가 같은가. 앞으로도 남북한 관계를 북한 핵 중심으로 논의해야 하는가. 북한 핵 문제는 당초 협상을 통하여 해결한다는 인식에서 출발하였다. 그러나 협상을 통한 해결 방식이 어렵다면 당초 계획하였던 해결의 "틀" 자체를 검토, 수정하거나 보완해야 한다.

(1) 6자회담에 대한 재검토

북한 핵 문제는 한국 및 미국의 대북한 양자 협상과, 6자회담이라는 다자 접촉 등 두 가지에만 의존하여 왔지만 오늘날에는 6자회담이 유일하게 남아 있다. 그러나 6자회담은 한반도의 비핵화를 목표로 설정하기로 합의하였으나, 북한이 이미 2차례의 핵실험을 거쳐 핵무기 보유 국가를 자처하고 있다.

또한, 이제까지 북한을 저지 못 한 것은 4강국의 이해가 달랐기 때문이었다. CVID 원칙을 고수하고 "악의 축" 사고에 집착한 미국, 일본인 납치 문제를 우선시하는 일본, 북한의 붕괴를 우려하는 중국이었다. 이러한 상황 변화와 각국의 입장을 감안하여 6자회담의 목표를 다시 정해야 한다.

그럼에도 불구, 6자회담의 유용성은 여전히 존재한다. 송민순 전 외교부 장관이 주장하듯이 "세계 최강국이 모두 참여하고 있는 6자회담은 한반도와 동북아 안정을 관리하는 틀로써 향후의 가치가 더욱 클 것"으로 보고 있다.[32] 그러나 송 전 장관도 한국의 입장에서 6자회담의 유용성을 높이는 방안을 개발해야 한다는 데 동의하고 있다.

(2) 한·미 전략적 이해 차이

북한이 핵무기 보유를 주장하고 있는 현재, 한국과 이들 4강국 사이에 전략적 이해의 갭이 커지고 있다. 한국은 북한 핵의 "폐기"를 원하나, 중국과 미국은 폐기보다 북한 핵의 "관리" 내지 사태의 악화에 치중하고 있는 것 같다(대외적으로 발표하지 않지만). 미국은 북한이 핵무기나 기술을 제3국에 수출하지 않기를 바라는 핵 비확산 쪽에 무게를 두고 있으며, 중국은 북한 장래에 대한 불안 때문에 "폐기"를 압박하기보다 추가적 사태 악화를 우려하고 있다.

한승주 전 외무부 장관도 "(중국 또는 미국은) 북한이 핵무기에 대한 집착을 버리고 더 이상 발전시키지 않게, 즉 관리 차원의 대응이 바람직하다는 결론에 와 있는 것 같다. 미국 역시 CVID(완전 폐기) 같은 계획은 이미 실행이 어려운 정책이라고 결론을 냈다."고 말하고 있다.[33)]

한국은 이들과의 전략적 차이를 염두에 두고 북한 핵에 대한 대응 전략을 세워 나가야 한다. 이러한 전략적 차이에도 불구, 미국과 중국이 핵심 역할을 하고 있는 6자회담에만 의존하는 전략은 수정되어야 한다. 더욱이 남북한의 대화와 교류 단절 속에서 미·중에 의존하는 방식이 한국에 결코 유리할 수 없다.

(3) 핵 위주의 대북한 정책 보완

북한 핵 문제가 남북한 관계와 다른 북한 문제를 압도하고 있는 현실도 검토되어야 한다. 부시 정부가 "악(惡)의 축" 범주에 있는 북한이 어떠한 핵도 보유해서는 안 된다는 생각을 가지고 북한 핵 문제를 다루거나, 이명박 정부가 "비핵·개방·3000"을 추진하면서 북한 핵 위주로 남북한 관계를 다루려는 발상이 그 예이다.

핵 문제를 포함하여 모든 북한 문제가 궁극적으로 북한 체제 불안에 연결되어 있다. 이 근원적인 문제에 대한 접근 없이 "핵 협상"에 집중되어 있는 단선적 대북한 정책이 이제 보완되어야 한다.

필자는 2006.2 주인도네시아 대사로 있으면서 한국의 단선적 사고방식을 경험하였다. 당시 6자회담이 장기간 중단되고 있었다. 필자는 북한의 불장난 가능성을 우려하였다. 그래서 본국 남북대화 부서에 인도네시아 대통령의 북한 방문 등 동남아 국가들의 대북한 접촉을 격려하여 북한의 고립감을 해소하자고 건의하였다. 이에 대해 "하지 말라"는 강한 회답만을 받았다. 제3자의 개입은 6자회담의 협상 전략에 방해가 된다는 설명이었다. 그러나 그로부터 몇 개월 후인 그해 7월 북한의 대량 미사일 발사 시험과 10월 제1차 핵실험이 있었다.

한국은 북한 핵 문제 이전부터 모든 북한 문제가 정치·경제·사회적 낙후성, 남북한 격차의 확대, 김일성 정권의 불안정 등 북한 체제 불안에서 비롯된다고 보고 북한의 체제 불안을 해소하려는 여러 가지 방안을 취하였다. 그중의 하나로, 한반도 문제 당사자가 아닌 제3의 "선의의 중개자"를 많이 활용하였다. 2001.5 페르손 스웨덴 총리를 수석으로 한 EU 대표단의 북한 방문, 북한의 ARF 가입에서 보여 주듯이 여러 나라가 선의의 중개자 역할을 자처하였다. 그러나 한국은 6자회담 이후 협상 전략을 저해한다는 이유로 선의의 중개자 참여를 막아 왔다.

앞으로 핵 협상과 다른 트랙에서 대북한 정책을 수행해야 한다. 이를 위하여 4강대국에 한정하지 말고 다수의 "선의의 중개자"와 채널을 발굴해야 한다. 또한, 정치·안보 위주의 접근법을 보완하여 경제적 접근, 다자지역주의 활용 등 다양한 접근 방식을 강구해야 한다.

2. 미국·중국 각축에 대비

동아시아 지역에서 미국과 중국 사이 경쟁과 대립이 심해지고 있다. 양국은 동북아에서 남중국해, 인도양에 이르기까지 동아시아 전 지역에서 각축전을 벌이고 있으며, 그중에서 남중국해와 한반도가 가장 민감한 지역이 되고 있다. 우리는 2010년 북한의 도발로 시작된 남북한의 대립이 미·중 군사력 시위까지 확대되는 과정을 목격하였다.[34)]그리고 그해 한반도, 일·중 영토 분쟁, 대만 문제, 남중국해 지역에 걸쳐 긴장이 동시 다발적으로 고조되었다. 미·중 전략적 경쟁이 동북아, 동남아 지역 구분 없이 전개되고 있는 양상을 보여 주었다.

이러한 미·중 경쟁이 한반도 문제를 이제까지와 다른 양상으로 국제화시켜 나가고 있다. 다시 말하여, 미국이 이제까지 북한 핵 문제에 관한 한 중심 역할을 수행하여온 사실은 앞에서 살펴보았다. 그러나 제2차 핵 위기 이후 6자회담 주최국인 중국의 비중이 점점 커지고 있다. 한국과 미국이 북한과의 직접 대화 채널이 없는 최근의 상황에서 중국의 비중은 미국을 능가하고 있다. 더욱이 천안함이나 연평도 폭격의 예에서 보는 바와 같이 중국은 남북한 사이 균형자 역할을 하였으나 한국은 다른 대안 없이 받아들였다.

키신저 전 미국 국무장관이 예견하였듯이 아시아의 미래는 미국과 중국에 달려 있으며,[35)] 남북한 관계와 한반도 문제도 미·중 관계에 의해서 크게 영향을 받을 것으로 보인다. 미국의 단독 체제에서 미·중의 쌍두 체제(twin player)로 전환되고 있다. 그럼에도 불구, 한국의 대중국 정책이 모호하다. 중국의 영향력을 체험하는 빈도가 많아지고 있는 가운데 경제적으로 중국에 크게 의존하고 있다.[36] 중국인들은 최근의 한·중 관계를 政冷經熱, 즉 경제 교류는 활발하나 정치적으로 수교 이래 최저점에 있다고 기술하고 있다.[37] 한국과 중국 사이가 정치적으로 긴장 상태를 보이고 있는 가장 큰 원인은 북한 문제를 두고 한·중이 상호 불신하고 있기 때문이다.

미·중 전략적 대립에 대해 현 정부는 한·미 동맹[38]을 강화하고 있지만 이 외 일본, 중국, 북한 등 모든 주변국과는 긴장 상태이다. 더욱이 미·중 각축전이 악화되고 있는 가운데 남북한이 각각 다른 나라를 편들고 있어 자칫 한반도에 제2의 냉전 체제가 전개될 가능성마저 있다. 한국은 한반도가 미·중 각축장에 빠져들지 않도록 대비해야 한다. 즉, 미·중의 간여를 사전 예방(preempt)하거나 최소화하기 위하여, 한국이 우선 미·중 양국의 이해를 수용할 수 있는 대북한 정책을 수립하여야 한다. 최근 미안마의 행보가 그 좋은 예이다(후술).

V. "국제화" 대응 능력: ARF 사례 분석

국제화 대응 관련, 한국 외교적 대응 능력이 매우 중요하다. 이와 관련, 이 지역안보대화기구인 ARF에서 한반도 문제가 어떻게 다루어졌으며, 한국의 대응 과정에 어떤 문제점이 있었는지를 분석하여 보았다.

한국은 1994년 ARF 창설 멤버로 참가하였다. 북한은 한국 햇볕정책의 영향을 받아 태국이 주도적으로 북한을 설득하여 2000년 가입했다. 이 회의는 남북한 외교부 장관이 매년 참가하는 유일한 국제회의이다. 남북한 외교부 장관이 이 회의 참석을 계기로 개별 장관 회담을 갖기도 하고, 미국과 일본 외교부 장관이 북한 외무상과 개별 접촉을 갖기도 하며 비공식 6자회담이 개최되기도 한다. 이 회의는 한마디로 남북한 관계와 한반도의 기상도 역할을 한다.

필자는 2002~2004년 외교부 정책 국장, 정책실장으로서 참가하였으며, ARF 의장성명 초안 작성에도 참여하였다.

1. 의장성명에 나타난 한반도 조항

ARF는 아세안이 주도하여 만든 기구로서 항상 아세안에서 개최되고 의장도 아세안이 맡는다. 의장성명은 가능하면 쟁점 사항에 대한 회원국들의 의견을 반영하려고 하나, 의견 조율이 안 되는 경우 의장 독자적으로 결정한다. 한반도 문제는 단골 의제이자, 의장성명에도 매번 포함되었다. 북한이 참가한 2000년 이후 채택된 한반도 조항의 주요 내용은 〈표 2〉와 같다.

〈표 2〉 ARF 의장성명 중 한반도 조항

사 건	ARF 성명
서해 해전 (1999.6/2002.6)	1차 때는 "우려" 표명 수준(북한 가입 전). 2차 때는 "서해에서 해군 충돌"이라고 언급하고 이어 "(충돌 이후) 긴장 완화 조치와 대화의 재개"에 유의한다고 기술하고 있다. 그러나 누구의 도발인지를 밝히지 않고 있다.
남북한 정상회담 (2000.6/2007.10)	제1차 정상회담 성과를 극찬. 그러나 제2차 정상회담 개최 사실은 언급되지 않았다(한국이 문구 삽입에 반대).
북한의 NPT 탈퇴 (2003.1)	북한의 NPT 탈퇴와 IAEA와의 협력 재개를 촉구한다.[39]
북한의 미사일 발사 실험 (2006.7/2009.4)	북한의 미사일 발사 사실과 유엔 안보리 결의 사실을 명기. 북한의 자제를 촉구하거나 "일부" 비난 발언이 회의장에서 있었다고 기록. 반면, 북한의 반대 주장도 함께 병기하고 있다.
북한 핵실험 (2006.10/2009.5)	1차 핵실험은 미언급. 2차 핵실험과 2009.4 미사일 발사를 같이 언급하면서 북한의 행위에 대한 비난, 유엔 안보리 결의 및 여사한 행동이 한반도 안전과 핵 확산에도 위협이 된다고 기술. 그러나 미국의 적대 정책 때문이라는 북한의 주장도 길게 병기하고 있다.
천안함 폭침 (2010.3)	"천안함이 공격에 의하여 폭침되었다."고 언급하였지만 공격자가 누구인지 언급이 없다.
연평도 폭격 (2010.11)	언급되지 않았다.

2. 한국 외교의 미숙한 점

ARF 의장성명에 나타난 한반도 조항을 보면 국제화를 다루는 한국 외교의 미숙한 점이 드러나 있다.

첫째, 아세안의 균형 외교 전통에 무지하였다. 아세안은 남중국해 문제를 두고 중국을 비난하는 미국 문건을 거부할 정도로 균형 외교 기조를 고수하고 있다.[40] 그럼에도 불구, 한국은 2008년 이후 북한에 대한 비난 내용을 의장성명에 포함시키려고 계속 노력하였으나 성공하지 못하였다. 남북한에 대한 아세안의 등거리 외교를 이해하지 못하였다.

둘째, 한국은 의장성명에 포함되어야 할 사안과 그렇지 않은 사안을 구별하지 않았다. 한국은 과거 남북한 분쟁을 ARF에 가져가지 않았다. 남북한이 국제무대에서 싸우던 냉전 시대의 모습을 다시 보이지 말자는 외교 실무자들의 묵시적인 전통이다. 그러나 한국은 2008년 금강산 한국 관광객 피살 문제를 제기하고, 의장성명에 북한 비난 문구 삽입을 시도하였으나 실패하였다.[41]

반면, 북한 문제 중 반드시 제기해야 할 사안이 있다. 북한이 국제규범(universal norm)을 위반하였을 때이다. 북한의 핵실험, 미사일 발사, 민간인에 대한 무차별 폭격(연평도) 등이 그 예이다. 그러나 한국은 제1차 핵실험, 연평도 건을 의장성명에 포함시키지 않았다.

셋째, ARF를 적극적으로 활용해야 한다. 예로, 한국은 남중국해 문제에 대하여 무관심한 태도를 보인다. 그러나 이 수역은 한국 대외 교역의 가장 중요한 해상 수송로라는 점 외에도, 한국의 "이어도" 문제와도 분리될 수 없다. 중국이 남중국해 문제에 대하여 패권적인 자세를 취하면 "이어도"에 대해서도 마찬가지일 것이다.

다자지역협력

미·중 대립이 격화되면서 다자지역기구의 중요성이 부각되고 있다. 키신저도 "한반도 문제를 동북아 전반적 개념의 한 부분으로 접근하는 것"이 좋겠다고 하고, 미·중이 "환태평양 공동체"를 향하여 나갈 것을 제안하고 있다.[42] 한반도 문제가 다자지역기구에서 더 많이 논의되고 다자지역 차원의 지원 문제도 대두될 가능성이 있다. 미국마저 동아시아 지역기구에 참가하지 않겠다던 기존 방침을 수정하여 동아시아정상회의(EAS)에 참가하였다. 그 후 아세안/대화상대국 국방 장관회의(ADMM plus),[43] 싱가포르에서 매년 개최되는 상글리라 회의[44]에 참가하고, 중국도 고위급 대표단을 보내고 있다.

한국은 다자지역협력에 대한 외교력을 강화해야 한다. 한국은 한반도의 "국제화"에 대응하기 위하여 미·일·중·러 4강과의 양자 외교에 집중하던 패턴을 탈피하고, 다자지역협력과 다자기구 활용도를 높여야 한다.

VI. 결어

한국은 냉전 이후 국제 정치의 전환기 때마다 대북한 정책을 수정하여 한반도 문제의 국제화에 적절히 대응하였다. 냉전 체제의 붕괴에 대한 북방 정책, 외환 위기 극복 과정에서 햇볕정책이 그 예이다. 한반도는 또다시 전환기를 맞고 있다. 미국과 중국 대립이 한반도에 새로운 정치 구조를 조성하고 있는 것이다.

한반도 문제의 국제화는 이제까지 미국의 일극체제 하에서, 북한 핵 문제를 중심으로, 그리고 협상을 통하여 북한 핵 문제를 해결할 수 있다는 가정 하에서 진행되어 왔다. 그러나 이러한 국제화 "환경"이 모두 변하였다. 미국의 일극체제가 더 이상 지속하기 힘들고, 미국과 중국은 북한 핵 문제보다 자신들의 세계 전략에 더 많은 관심을 가지고 있으며, 북한 핵 문제의 조기 해결 가능성은 난망시되는 것이 오늘의 현실이다. 이를 감안할 때, 한국에게 주어진 선택(option)은 크게 두 가지이다. 다시 한 번 북방 정책이나 햇볕정책과 같이 국제화에 맞는 대북한 정책으로 탈바꿈을 하느냐, 아니면 미·중 대결 구조 하에서 어느 한쪽의 첨병 역할을 맡느냐를 선택해야 할 시점이다.

대북한 정책의 신뢰 회복

만약 첫 번째 옵션을 선택한다면, 과거와 같이 정부의 의지만으로 부족하다. 왜냐하면, 그동안 한국의 대북한 정책이 일관성을 결여하여 국제적 신뢰를 상실하였기 때문이다.

역대 정부마다 다소 차이가 있으나, 북방 정책 이후 남북한 대화와 교류를 확대하는 방향에서 대북한 정책이 추진되어 왔고 이러한 정책은 국제사회로부터 긍정적으로 평가되어 왔다. 그러나 지난 수년 동안 남북한 대화와 교류가 거의 중단되고 한반도의 긴장이 높아지고 있다. 앞 장에서 살펴본 바와 같이 우리의 이웃인 아세안도 이명박 정부의 대북한 정책에 대하여 지지하지 않고 있다.[45] 또한, 중국과 러시아 등의 지지를 얻지 못하였다. 중국 사람들은 한국의 대북한 정책에 강한 불만을 가지고 있다. 중국 사회과학원이 발간한 책자는 천안함 사건에 관한 한국의 조사 결과에 대하여 강한 의혹을 표하고 있다.[46] 한·중 사이 한반도 문제에 관한 정부 대화가 늘고 있으나 상대방을 설득하려는 노력이 주종을 이루고 있다.

이와 같이 한국의 대북한 정책이 국제적으로 정책적 신뢰성을 잃고 있다. 그 배경에는 정책적 일관성의 결여, 더욱 근본적인 원인은 한국 사회의 국론 분열에 기인한다. 우리는 지난 20년 동안 북한 문제를 두고 보수·진보 정책을 경험하였으나 아직도 좌·우 대립이 심각한 사회문제가 되고 있다. 이러한 사회적 대립 구조 하에서 일관된 정책 수립이나 정책적 신뢰성 회복을 기대하기 힘들다.

다행인 것은 최근 들어 우리 사회가 좌·우 대립에 지쳐 있는 모습을 보이기 시작하였다. 이는 우리 정부가 사회적으로 좌·우

의견을 수렴하고, 정책적으로 좌·우 의견을 통합할 시점에 이르렀다는 점을 시사하고 있다.

이와 관련, 한국 사회의 보수, 진보, 중도 인사들이 모인 "초당적" 논의 기구를 만들 것을 제언한다. 차기 정부는 필요하면 상대방 진영 인사를 -보수 정부의 경우 진보 성향의 인사, 진보 정부의 경우 보수 성향의 인사- 초당적 논의 기구의 장(長)으로 삼을 수도 있다. 이 기구에서 균형 잡힌 대북한 정책을 수립하여 국민적 이해를 구하고, 이렇게 만들어진 정책을 북한과 국제사회에 내놓고 일관성 있게 추진해야 한다. 느린 절차이지만 정책적 신뢰를 회복할 수 있는 빠른 길이다.

미얀마의 교훈

한반도는 미·중의 대립이 첨예화되고 있는 지역의 하나이다. 한반도 외에 미얀마와 남중국해도 미·중 대립이 첨예화되고 있는 지역이다. 미얀마는 중국이 인도양, 서남아, 중동으로 나갈 수 있는 출구(出口)에 해당되는 지역이기 때문이다. 이와 같이 전략적 위치에 있는 미얀마가 독자적인 정책을 통하여 미·중의 대립 구도에서 벗어나고 있어 한국에 좋은 예가 되고 있다.

2011년 3월 테인 세인 대통령이 취임하면서 발족한 미얀마 신정부는 정치, 경제, 사회적 개혁을 추진하고 있다. 클린턴 미 국무장관은 미얀마를 방문하여 미얀마 신정부와 신정부의 개혁 정책에 대한 지지를 표명하였다. 이어 미얀마에 대한 제재 조치의 일부를 해제하고 1990년 이후 공석이었던 주미얀마 미국 대사를 부임시켰다.[47] EU 등 다른 서방 국가들도 미얀마 신정부를 인정하고 고위층의 인사 교류를 재개하였다.[48] 미국은 미얀마 신정부의 민주화 정책을 적극 지지하고 있다.

한편, 미얀마 신정부는 과거 군부 정권이 중국과의 협력 하에 추진해온 대규모 사업을 중단시켰다. 대표적인 예로, 36억 불 규모의 밋손(Myitsone) 댐 건설 공사(중국의 재정 및 기술 지원)와 중국-미얀마 연결 철도 공사 계약이다. 그러나 신정부는 미얀마 해안에서 쿤밍(윈난 성)까지 이어지는 석유와 가스 파이프라인 공사를 중단시키지 않았다. 중동/아프리카로부터 수입한 석유와, 미얀마 앞바다에서 개발한 가스를 쿤밍까지 수송하는 파이프라인 건설 공사는 내년 완공을 목표로 하고 있다. 완공되면 시베리아 파이프라인, 중앙아시아 파이프라인에 이어 중국의 제3대 에너지 수송로가 된다. 미얀마는 중국의 전략적 이해가 걸린 파이프라인 공사를 중단시키지 않았다. 그 공사가 미얀마에 제공하는 경제적 이해도 있지만, 중국의 전략적 이해를 다치지 않겠다는 배려가 있는 것으로 보인다.

요약하면, 미얀마 신정부는 미국과 중국의 전략적 이해를 만족시킴으로써 미얀마를 미국과 중국의 각축으로부터 이탈시키는 데 성공하였다.

이러한 미얀마의 예에 비추어, 한국이 미국과 중국의 전략적 이해를 만족시킬 수 있는 카드는 무엇일까. 바로 한반도이다. 한국이 새로운 대북한 정책을 채택하여 남북한 관계를 "대립과 단절"에서 "대화와 교류"로 전환하고, 미·중을 포함 이해당사국들의 의견을 적절히 수용해야 한다. 한반도의 안정은 양 대국 공히 바라는 바이다. 이렇게 함으로써 한국은 한반도 문제의 국제화 과정에서 주역의 위치를 되찾고, 한반도를 미·중의 전략적 각축으로부터 벗어나게 할 수 있다.

| 필자 약력 |

이선진(李先鎭)

서울대학교 외교학과 졸업.

외무고시를 거쳐 외무부 입부하여 주일본공사참사관, 주상하이총영사, 주인도네시아대사 등을 지냈다. 한림대학교 국제학부 초빙교수를 거쳐 현재 서강대학교 동아연구소 연구교수로 재직 중이다. 저서에 『중국의 부상과 동남아의 대응』(2011, 공저)이 있다.

| 주(註) |

1) 이상옥 전 외무부 장관이 1990년 말 장관으로 취임했을 때 북한 핵 문제가 우선적으로 관심을 가질 긴급 사안이 아니었다. 북한이 NPT 가입국으로 그동안 지연해온 IAEA와의 핵안전협정을 조속히 체결되도록 하는 것이 현안이었다. 이상옥, 『전환기의 한국 외교』, 삶과 꿈, 2003.

2) 1993년 미·북한 제네바 협상, 2003년 미국·중국·북한 북경 3자회담(나중 6자회담으로 발전) 등이 그 예이다.

3) 김대중 대통령의 베를린 연설(2000.3.9)

4) 황지환, 「남북관계의 국제 정치」(제주평화연구원, JPI정책포럼, 2011.1)

5) 북방 정책이 정부의 대외 정책의 기조로 설정된 것은 1988년 2월 25일 노태우 대통령의 취임사에서였다.

6) 한국은 1989년 2월 헝가리와 외교 관계를 수립한 뒤, 1990년 4월까지 폴란드, 유고슬라비아, 체코슬로바키아, 루마니아, 불가리아, 몽고와 수교하였다. 이어 동독, 소련에 이어 1992년 8월 중국과도 수교하였다. 남북한의 UN 동시 가입에도 성공한다.

7) 이상옥, 『전환기의 한국 외교』, 삶과 꿈, 2003.

8) 노태우 대통령은 1991년 12월 18일 한국 내 핵 무기가 존재하지 않는다고 발표하여, 주한 미군의 핵무기 철수가 완료되었음을 시사하였다.

9) 김영삼 대통령, 1993년 6월 취임 100일 기자회견에서 언급.

10) 이용준, "북한 핵, 새로운 게임의 법칙"(2004년, 조선일보), 저자는 외교관으로 1990~1993년 청와대 외교/통일비서실 근무, 1993~1994년 주미 대사관, 1995년 대북한 경수로 협상에 참가하였다.

11) 1992년 "한반도의 비핵화에 관한 남북한 공동선언"이 그 예: 한편 노태우 대통령은 1988년 2월 취임 연설에서 "한반도 문제는 기본적으로 남북한 당사자들이 민주적 방식을 통해 평화적으로 해결"해 나갈 것이지만 "평화와 통일의 전령사가 그 어느 것으로부터 서울을 방문"하면 기꺼이 받아들이겠다고 천명한다.

12) 4자회담은 1996년 4월 제주도 한·미 정상회담에서 양국 공동 제의 형식으로 발의. 몇 차례 예비회담을 거쳐 1997년 12월 본회담이 개최되었으나 별 진전이 없었다.

13) 김대중 대통령 취임사(1998.2)

14) 고이즈미 총리는 2004년 5월 다시 북한을 방문하였다.

15) 임동원, 『피스메이커, 남북관계와 북핵 문제 20년』, 중앙 books, 2008, 10장 새로운 출발.

16) 햇볕정책은 한반도의 정세 안정화를 위하여 김영삼 정부가 시작한 4자회담의 계속, 2+4 방안 및 동북아 안보협력기구 설립 등을 제안하였다.

17) 문정인, "Understanding the DJ Doctrine: The Sunshine Policy and the Korean Peninsula" (문정인외 편저, *Kim Dae-jung Government and Sunshine Policy: Promises and Challenge,* Yonsei University Press, 1999.)

18) 클린턴 행정부에서 부시 행정부로의 정권 교체에 이어 대북한 정책에도 큰 변화가 왔다. 김대중 대통령이 부시 대통령 취임 직후인 2001년 3월 미국을 방문하였을 때 그 변화의 단적인 예가 나타난다. 신임 국무장관 파월이 한·미 정상회담 전에 미국 신정부의 대북한 정책은 전 정부의 정책을 이어 나가겠다고 밝혔다. 그러나 동 장관은 한·미 정상회담 도중 밖으로 나가서 기자회견을 통하여 대북한 정책에 관한 자신의 말을 스스로 취소했다.(임동원, 위의 책, 2008.)

19) 미국이 2002년 10월 북한 "농축 우라늄" 계획을 공개하고, 이에 반발하여 북한이 2003년 1월 핵확산금지조약(NPT) 탈퇴를 선언하면서 제2차 핵 위기가 촉발되었다.

20) 노무현, 『성공과 좌절, 노무현 대통령 못다 쓴 회고록』, 학고재, 2009.

21) 한국은 2008년 7월 금강산 관광객 총격 사망 사건이 발생하자 이를 ARF에 제기하여 대북한 비난 조항을 포함하려고 하였으나 실패하였다. 그 후 한국은 북한 문제를 ARF 회의에 계속 제기, 북한 비난 성명 문안을 포함하려고 하였으나 아세안 의장국의 지지를 얻지 못하였다.

22) 2009년 이후 몇 차례 실무 회담이 있었다. 예로, 개성공단 실무회의, 임진강 수해 방지 실무 접촉, 고위급 군사회담 준비를 위한 실무 접촉, 백두산 관련 전문가 회의, ARF 계기 비핵화 회담 등이다.

23) 그럼에도 불구, 이명박 대통령은 6월 14일 매일경제 및 세계 유수 언론인들과의 회견에서 북한이 미얀마 식으로 개방하면 지원하겠다고 하면서 "비핵" 문제를 일절 언급하지 않고 있어서 주목된다.

24) 안병준, 『탈냉전기의 국제 정치와 한반도 통일』, 1993, 제9장, 한국의 북방정책

25) 이상옥, 위의 책, "제2부 남북한의 유엔 가입", 김일성 주석은 1990년 5월 최고인민회의에서 남북한의 유엔 가입이 분단을 고착시키고 영구화시키게 될

것이라고 주장, 반대 입장을 밝혔다.

26) 이용준, 상기 "북한 핵" 중에서 "두 마리 토끼사냥을 고집한 노태우 정부". 해외 주재하는 한국 대사관은 북방 정책에도 불구하고 주재국과 북한과의 관계 개선을 가능한 한 저지하려고 노력하였다. 그러나 햇볕정책 이후 한국은 북한에 대하여 실질적 지원을 아끼지 않았다.

27) 남북한 핵 협상 대신 미·북한 직접 협상을 통하여 1994년 미·북한 합의를 타결하였다. Robert L. Gallucci 공저, *Going Critical, the First North Korean Nuclear Crisis,* Brookings Institution Press, 2004. 미·북 협상의 대표인 갈루치가 공저한 이 책에 의하면, 중국은 북한에 대한 석유와 식량 지원 중단도 고려하고 있었다고 한다. (7장 At the Brink, June 3~June 14, 1994) 당시 미국은 북한 핵 문제 타결을 위하여 중국의 지원을 끌어낼 정도의 영향력과 의지를 가지고 있었다.

28) CVID: 북한 핵에 대한 "완전하고, 실증 가능하며, 회복 불가능한 폐기" (complete, verifiable, and inreversible dismantle)를 요구하였다.

29) 미국의 대이라크 침공 이유 중의 하나가 이라크 사담 후세인 정권의 WMD 개발 계획의 중단이었다. 그러나 미국은 이라크 전쟁 후 이라크에서 핵, 화학무기 개발 계획 증거를 찾지 못하였다.

30) 임동원은 미국의 북한 농축 우라늄 개발 계획에 관한 미국의 정보의 신빙성과 그 위험 수위에 관하여 강한 의문을 제기하고 있다(임동원 회고록). 2001년 1월까지 국무장관에 재직하였던 올브라이트 인터뷰에 의하면, 북한 농축 우라늄 핵 개발 계획의 공개 이후 파월 국무장관과 라이스 안보 보좌관이 올브라이트에게 전화하여 "You could not have known this."라고 하였다고 한다. 올브라이트는 국무장관 당시에도 북한의 핵 활동을 어느 정도 알고 있었으나 "There were some, within Clinton administration, who had hints of various things."라고 언급하고 있다. 클린턴 행정부는 북한 우라늄 핵 계획에 대하여 그렇게 심각하게 생각하고 있지 않았음을 시사하고 있다(올브라이트 인터뷰 2003년 3월 27일, PBS Frontline).

31) 노무현 대통령은 대통령 임기 중 미국의 북폭설 등 한반도 전쟁 가능성을 두고 항상 노심초사하였고 여러 차례 언급하고 있다(노무현 유고 회고록). 제1차 핵 위기 발생 시 미국이 북한에 대하여 무력행사를 준비하자 김영삼 대통령이 미국에 대하여 강하게 반발한 이야기는 널리 알려져 있다.

32) 송민순 글/연설 모음집, "한국외교, 이슈 & 대안" (2012.5)

33) 정책 저널 『Korea Policy』, 2011, 11/12월 호, 코리아정책연구원. 한 장관 인터

뷰 "2012년 격변기 한국의 외교, 안보, 통일의 비전과 전망"

34) 미국이 2010년 서해에 항공모함을 진입시키려고 하자, 중국이 강하게 반발하였다. 중국은 급기야 대응 해상 훈련까지 실시하면서 미국에 대한 노골적인 불만을 표시하였다.

35) 헨리 키신저 저, 권기대 옮김, 『헨리 키신저의 중국 이야기』, 민음사, 2011. "에필로그 역사는 반복되는가?"

36) 예를 들어, 한국의 최대 수출 시장은 중국이다. 대중국 수출 의존도(수출 총액에서 중국 점유율)는 25% 전후인 반면, 대미국 수출 의존도는 10% 전후에 불과하다.

37) 牛林杰 외 편저, 『韓國發展報告』, 사회과학문헌출판, 2011. B18 "중·한 관계의 발전과 문제점"(王生 글)

38) 이명박 대통령은 2009년 6월 취임 후 미국을 처음 방문하여 한·미 동맹을 안보 동맹에 추가하여 경제 동맹, 가치 동맹까지 발전시켜 나가겠다고 천명하였다. 김성환 외교부 장관도 2012년 6월 15일 미국 로스앤젤레스 국제문제협의회(WAC) 연설에서 안보, 경제, 가치 동맹을 재차 강조하였다. 이에 대해 한국 내에서 "가치 동맹"에 대한 비판이 일고 있다.

39) 파월 국무장관의 강한 요청으로 외교부 장관 회의장에서 삽입하기로 결정. 북한 대표의 강한 반발이 있었고, 북한 외무성으로부터 ARF 탈퇴를 고려하겠다는 주장이 나오기도 하였으나 ARF 차기 주최국인 인도네시아의 설득으로 그다음 해 북한 외무상이 참가하였다.

40) 2010년 9월 뉴욕에서 개최된 미·아세안 정상회의에서 미국은 남중국해 문제를 명시하는 정상회담 결과 문서 채택을 원했으나, 아세안의 반대로 극히 모호한 표현으로 대체되었다.

41) 〈조선일보〉 사설(2008. 7. 28) "외교적 한계 드러낸 ARF 의장성명 파문", 동일자 중앙일보 사설 "외교안보라인은 도대체 뭘 하고 있는가."

42) 헨리 키신저, 위의 책, "환태평양 공동체를 위하여?"

43) ADMM+는 베트남의 제의로 2010년 10월 창립. 아세안 10개국에 추가하여 한국, 미국, 중국, 일본, 러시아, 호주, 인도, 뉴질랜드 8개국 국방장관회의이다. 제2차 회의는 2013년 개최하기로 하였다.

44) 영국 국제전략문제연구소(IISS)가 2002년부터 아시아 안보대화포럼을 시작. 현재 매년 개최되어 미국, 중국을 포함하여 28개국 아·태 지역 국방장관, 군 고위 장성이 참가하고 있다.

45) 한국 정부의 극단적인 정책 전환 사례는, 2008년 ARF 외교부 장관회의 때 있

었다. 한국은 그 전년도 2007년 10월에 있었던 남북정상회담에 관한 문안 삽입을 거부하였다. 동남아 사람들은 신정부가 남북정상회담의 합의 내용에 불만을 가질 수 있지만, 정상회담 자체를 거부하는 것을 이해하지 못하였다.

46) 牛林杰 외 편저, 위의 책, 2011. "천안함 사건과 그 영향". 동 책자는 한국 측 조사결과에 대하여, 북한이 천안함을 폭침할 배경(이유)이 확실치 않다, 한·미 함정이 폭침 당시 그 해역에서 북한 함정이나 기타 공격체의 흔적을 찾지 못하였다, 조사 결과가 충분한 증거를 제시하지 못하고 있다, 조사단에 한국의 맹방만 참가하고 있다 등을 지적하고 있다.

47) 1990년 5월 선거에서 아웅산 수치가 이끄는 당이 489개 의석 중 392석을 차지할 정도로 대승하였으나 미얀마 군부가 이를 무시하고 아웅산 수치를 구금하였다. 이에 미국은 미얀마에 대한 제재와 함께, 미국 대사를 소환하면서 이제까지 대사가 없는 미국 대사관을 유지하여 왔다.

48) 김성환 외교부 장관은 2012년 5월 초, 이명박 대통령은 5월 중순 미얀마를 방문하였다. 모두 20여 년 만의 미얀마 방문이다.

| 참고문헌 |

노무현,『성공과 좌절, 노무현 대통령 못다 쓴 회고록』, 학고재, 2009.

송민순,『한국외교 이슈& 대안』, 송민순의 세상바로보기, 2012.

이용준,『북한 핵, 새로운 게임의 법칙』, 조선일보사, 2004.

이상옥,『전환기의 한국 외교, 삶과꿈, 2003.

임동원『피스 메이커, 임동원 회고록』, 중앙books, 2008.

윤영관 편저,『북한의 체제 전망과 남북 경협』, 한울 아카데미, 2003.

헨리 키신저, 권기대 옮김,『헨리 키신저의 중국 이야기』, 민음사, 2012.

하영선 국제 정치 칼럼 1991~2011, 상/하 권, EAI, 2012.

제주평화연구원 발간 북한 관련 정책 논문

외교 백서 및 편람(외교부), 북한 개요(통일부), 국정실록(전직 대통령 기록) 등 자료집

Madeleine Albright, *Madam Secretary a Memoir,* Miramx Books, 2003.

牛林杰 외 편저,『韓國發展報告』, 사회과학문헌출판, 2011.

Robert L. Gallucci 공저, *Going Critical, the first North Korean Nuclear Crisis*, Brookings Institution Press, 2004.

문정인 편저, *Kim Dae-jung Government and Sunshine Policy,* Yonsei University Press, 1999.

남북 협상 연표

남북 협상 연표

1970.08.15.	▶ 박정희 대통령은 광복절 경축사에서 남북 간 '긴장완화'와 '평화공존' 가능성 천명
1971.08.20.	▶ 최초의 남북 적십자 회담(판문점) - 남북 이산가족 문제 논의
1972.05.02.~05.	▶ 이후락 중앙정보부장은 평양 방문하여 김일성 주석과 면담
1972.05.29.~06.01.	▶ 북한 박성철 제2부수상은 서울을 방문하여 박정희 대통령과 면담
1972.07.04.	▶ 「7·4 남북공동성명」 발표
1972.08.29.~09.02.	▶ 제1차 남북 적십자 회담(평양) - 이산가족 문제 논의. 이후 1973.05.11.까지 제6차 남북적십자 회담 개최
1973.06.23.	▶ 박정희 대통령은 북한의 국제기구 참여와 남북한의 유엔 동시 가입을 반대하지 않는다는 정책 천명
1973.07.10.~13.	▶ 제7차 남북 적십자 회담(평양) - 남측의 '추석 성묘방문단'의 상호 교류 제의를 북측이 거절.
1974.09.16.	▶ 북한, 국제원자력기구(IAEA) 가입
1974.11.15.	▶ 한국, 휴전선을 가로지르는 땅굴 발견
1980.01.30.	▶ 북한, 신현확 총리의 남북총리회담 제의 및 그 절차 준비를 위한 실무대표 접촉을 수락
1980.02.06.	▶ 남북 부총리급 회담 개최 - 남북 총리 간 회담을 목표
1980.07.	▶ 북한, 5MW 원자로 착공
1980.09.24.	▶ 남북 부총리급 회담 결렬
1980.10.10.	▶ 김일성 주석은 조선노동당 6차대회 보고에서 '고려민주연방공화국' 창설방안 제안
1981.06.05.	▶ 전두환 대통령은 평화통일정책 자문회의에서 남북한 당국 최고책임자회담 제의
1982.01.12.	▶ 한국, '민족화합 민주통일방안' 제의
1982.02.01.	▶ 한국, 남북 간의 교통통신망의 재건 등 '20개 시범 실천 사업' 제의
1983.10.09.	▶ 전두환 대통령의 미얀마 방문 중 북한 요원에 의한 랑군 국립 묘지 테러 - 이후 미얀마는 북한과 외교 단절
1984.09.08.	▶ 북한, 외국인 투자 유치를 위한 합영법 제정
1984.09.18.	▶ 북한 적십자사는 남측 수해 이재민에 대한 구호물자 제공 제의 - 이후 쌀, 광목, 시멘트 등 물자 전달
1984.11.15.	▶ 남북 차관급 경제협력 회담 개최
1985.05.27.~30.	▶ 제8차 남북 적십자 회담(서울) - 이산가족 상봉 논의
1985.09.20.~23.	▶ 남북, 최초의 이산가족 상봉(서울/평양, 각 151명)
1985.10.09.~10.	▶ 남북, 1988년 올림픽을 서울·평양에서 분산 개최하는 문제 논의(국제올림픽위원회 주재 하에 스위스 로잔)
1985.12.12.	▶ 북한, 핵확산금지조약(NPT) 가입

남북 협상 연표

1986.12.29.	▶ 북한, 정무원 산하 원자력 공업부 신설
1987.06.05.	▶ IAEA, 안전 조치 협정 북한에 전달
1987.11.29.	▶ 대한항공 항공기에 북한 요원이 시한폭탄을 설치하여 미얀마 인근 상공에서 폭파(김현희 사건) - 이후 미국은 북한을 테러 지원국 명단에 포함
1988.07.07.	▶ 노태우 정부는 '민족자존과 통일번영을 위한 특별선언' 발표 - 한국 기업의 대북한 교역, 북한 상표를 부착한 상품의 한국 시장 반입, 북한 상품에 대한 관세 면제 등
1988.12.21.	▶ 북한, 1990년 베이징아시안게임에 참가할 남북단일팀 구성 협상 제의
1989.02.~1990.07.	▶ 남북 총리회담을 위한 예비회담(1-8차)
1989.02.01.	▶ 한국, 헝가리와 외교관계 개설
1989.03.09.	▶ 남북, 1990년 베이징 아시안게임 단일팀 구성 위한 제1차 협상 개최(판문점) - 이후 8차까지 회담 열렸으나 단일팀은 실현 되지 않음
1989.09.11.	▶ 한국, '한민족공동체 통일방안' 제의
1989.12.~1990.07.	▶ 북한, 3차에 걸쳐 IAEA와 안전 조치 협정 체결 교섭
1990.09.04.~07.	▶ 제1차 남북 총리회담
1990.09.04.~07.	▶ 한국, 소련과 공식 외교관계 수립
1990.09.23.	▶ 남북, 체육장관 회담 개최 - 남북 단일팀 구성, 남북 체육 교류 논의
1990.09.30.	▶ 한국, 소련과 수교
1990.10.11.	▶ 최초의 '남북 통일 축구 경기' 개최(평양)
1990.10.14.~25.	▶ 남북 공동 전통음악 축제 개최(평양)
1990.10.20.	▶ 한국, 중국과 통상대표부 교환에 합의
1990.10.23.	▶ 제2차 '남북 통일 축구 경기' 개최(서울)
1990.11.13.	▶ 북한, 주한미군 핵과 북한 핵 시설 동시 사찰 제의
1990.11.29.	▶ '남북 스포츠 교류 및 단일팀 구성, 참가를 위한 회담' 개최 - 이후 1991. 2. 12까지 본회담 4차례, 실무회담 4차례
1990.12.08.~13.	▶ 남북 공동 전통음악 축제 개최(서울)
1991.04.29.	▶ 남북, 제41회 세계탁구선수권 대회 공동 참가(일본 지바) - '코리아'팀 여자 단체전 우승
1991.06.14.~30.	▶ 남북, 제6회 세계청소년축구대회 공동 참가(포르투갈 리스본) -'코리아'팀 8강 진출
1991.06.28.	▶ 노태우 대통령은 한반도 비핵화 가능성 표명
1991.09.18.	▶ 남북, 유엔 동시 가입
1991.09.27.	▶ 미국, 부시 대통령은 해외 배치 지상 및 해상 전술 핵무기 철수 선언
1991.10.05.	▶ 소련, 고르바초프 대통령은 전술 핵무기 전면 철수 선언

남북 협상 연표

1991.10.28.	▶ 한미, 주한미군 전술 핵무기 전면 철수 합의
1991.11.08.	▶ 노태우 대통령, 「한반도 비핵화와 평화구축을 위한 선언」 발표
1991.11.25.	▶ 북한 주한미군 핵무기 철수 시 안전조치협정 서명 천명
1991.12.13.	▶ 제5차 남북 총리회담에서 「남북 사이의 화해와 불가침 및 교류·협력에 관한 합의서」(남북기본합의서) 채택
1991.12.18.	▶ 노태우 대통령은 한국 내 핵무기 부재 선언
1991.12.25.	▶ 소련, 연방 해체하고 독립국가연합(CIS) 창설
1991.12.26.	▶ 남북, 제1차 핵협상(판문점)
1991.12.28.	▶ 남북, 제2차 핵협상(판문점)
1991.12.31.	▶ 남북, 제3차 핵협상(판문점) - 「한반도의 비핵화에 관한 공동선언」 가서명
1992.01.07.	▶ 북한 외교부 대변인은 안전조치협정 서명 및 IAEA 핵사찰 수용 발표
1992.01.07.	▶ 한미, 1992년도 팀스피리트(Team Spirit) 훈련 중단 발표
1992.01.19.~25.	▶ 김우중 대우회장 북한 방문하여 북측 김달현 대외경제위원회 위원장과 남북 합작투자를 통한 산업단지 조성에 합의
1992.01.20.	▶ 남북, 비핵화공동선언 공식서명
1992.01.22.	▶ 북미, 첫 고위급회담 뉴욕에서 진행
1992.01.30.	▶ 북한, 국제원자력기구(IAEA)와 핵안전협정 체결
1992.02.19.	▶ 남북 기본합의서 및 남북 비핵화공동선언 발표
1992.03.19.	▶ 남북 핵통제공동위원회(JNCC) 제1차 회의
1992.04.10.	▶ 북한 최고인민회의 IAEA 안전조치협정 비준
1992.05.04.	▶ 북한, IAEA에 최초 보고서 제출(16개 핵시설 신고)
1992.05.11.~16.	▶ IAEA, 사무총장 방북 시 미신고 시설에 대한 IAEA 사찰관 방문 허용 촉구
1992.05.23.~06.05.	▶ 제1차 IAEA 대북한 임시 핵사찰
1992.07.02.	▶ 미국 부시 대통령은 해외 전술 핵무기 철수 완료 선언
1992.07.07.~20.	▶ 제2차 IAEA 대북한 임시 핵사찰
1992.07.10.	▶ 북한-IAEA 핵사찰보조약정 발효
1992.08.24.	▶ 한중 수교 발표
1992.08.29.~09.12.	▶ 제3차 IAEA 대북한 임시 핵사찰
1992.11.02.~14.	▶ 제4차 IAEA 대북한 임시 핵사찰
1992.12.12.	▶ IAEA, 북한에 핵폐기물 보관시설 접근 비공식 요청
1992.12.14.~19.	▶ 제5차 IAEA 대북한 임시 핵사찰
1992.12.17.	▶ 제13차 남북 핵통제공동위원회 회의

남북 협상 연표

1992.12.21.	▶ 북한, 제9차 남북 고위급회담 일방적 취소
1992.12.22.	▶ IAEA, 북한에 미신고 시설(2개) 방문 허용 요청
1993.01.05.	▶ 북한, IAEA의 미신고 시설(2개) 방문 요청 거부
1993.01.26.~02.06.	▶ 제6차 IAEA 대북한 임시사찰
1993.02.25.	▶ IAEA, 대북핵 특별 사찰 수용 결의안 채택
1993.03.08.	▶ 김정일 인민군 최고사령관은 준전시 상태 선포
1993.03.09.~18	▶ 한미, 1993년도 팀스피리트 훈련 실시
1993.03.12.	▶ 북한, NPT 탈퇴 선언
1993.04.01.	▶ IAEA 특별이사회는 북한의 안전조치협정 불이행을 유엔 안보리에 회부키로 결의
1993.04.03.	▶ 북한, 판문점 중립국감독위원회 체코 대표를 철수시킴
1993.04.08.	▶ 유엔 안보리, 북한 핵문제 관련 의장 성명 채택
1993.05.08.~16.	▶ 제7차 IAEA 대북한 임시 핵사찰
1993.05.11.	▶ 유엔 안보리, 북한에게 IAEA 사찰 수용, NPT 탈퇴 철회 촉구하고 대북 결의안 채택
1993.06.02.~11.	▶ 북미, 제1단계 제1차 고위급회담(뉴욕)
1993.06.04.	▶ 북미, 제1단계 2차 고위급회담
1993.06.10.	▶ 북미, 제1단계 3차 고위급회담
1993.06.11.	▶ 북미, 북한 NPT 탈퇴 유보 공동성명 발표
1993.07.14.	▶ 북미, 제2단계 1차 고위급회담(제네바)
1993.07.16.	▶ 북미, 제2단계 2차 고위급회담
1993.07.19.	▶ 북미, 제2단계 3차 고위급회담
1993.08.03.~10.	▶ 북미, 제2단계 4차 고위급회담(제네바)
1993.08.04.	▶ IAEA, 사찰단 방북
1993.08.31.~09.04.	▶ IAEA, 사찰단 방북
1993.09.13.	▶ 미국, 대북 무역과 금융제재 미하원 결의안 채택
1993.09.21.~24.	▶ 북한-IAEA 평양 협의
1993.10.01.	▶ IAEA 제37차 총회, 핵 안전협정 이행촉구 대북 결의안
1993.11.11.	▶ 북한, 미국에 핵문제 일괄타결 제의
1994.01.07.~25.	▶ 북한-IAEA, 안전조치 유지를 위한 실무협의
1994.01.27.~02.01	▶ 미국 빌리 그레이엄 목사 방북
1994.02.03.	▶ 남북, 특사 교환 위한 실무 접촉
1994.02.15.	▶ 북한-IAEA, 협상 타결
1994.02.25.	▶ 북미, 핵사찰 합의 및 IAEA에 의한 사찰 실시

남북 협상 연표

1994.03.19.	▶ 8차 남북 실무접촉에서 북한 대표가 "전쟁 때 서울 불바다" 발언
1994.03.19.	▶ 제4차 남북 실무접촉 - 특사 교환 안건 논의
1994.03.21.	▶ 북한, NPT 탈퇴 강행
1994.03.21.	▶ IAEA 특별이사회에서 대북한 결의 채택
1994.03.24.	▶ 러시아, 북한 핵문제 해결을 위한 8자회담 제의
1994.03.24.	▶ IAEA 사무총장은 대북한 핵사찰 결과를 안보리에 보고
1994.03.31.	▶ 유엔 안보리, 의장성명 채택
1994.04.28.	▶ 판문점 군사정전위원회 북한 대표 철수
1994.06.10.	▶ IAEA 이사회는 대북한 제재결의 채택
1994.06.13.	▶ 북한, IAEA 공식탈퇴 선언
1994.06.15.~18.	▶ 지미 카터 전 미국대통령 기자 회견(서울) 및 방북
1994.06.18.	▶ 북한, 핵 활동 동결 및 핵 투명성 보장 용의. 남북정상회담제의.
1994.06.18.	▶ 김영삼 대통령은 남북정상회담 제의 수락
1994.06.28.	▶ 남북 정상회담 예비 접촉. '남북정상회담 개최를 위한 합의서' 채택
1994.07.08.	▶ 김일성 주석 사망
1994.07.08.	▶ 북미, 제3단계 1차 회담(제네바)
1994.07.11.	▶ 북한 김용순 최고인민회의 통일정책위원장이 남북정상회담 연기 통보
1994.10.21.	▶ 북미, 제네바 기본 합의문 발표
1994.12.05.	▶ 유엔, 총회에서 핵 안정협정 이행 및 사찰 허용 촉구 대북결의안 통과
1995.01.15.	▶ 미국, 북한에 대체 에너지(중유) 제공 개시
1995.01.21.	▶ 미국, 대북한 경제제재 일부 완화 발표
1995.01.23.	▶ 한국, 경수로사업지원기획단 발족
1995.02.25.	▶ 한국 국방부는 팀스피리트 훈련중단 발표
1995.02.28.	▶ 북한, 판문점 중립국감독위원회 폴란드 대표를 철수시킴
1995.03.09.	▶ 한반도에너지개발기구(KEDO) 공식 발족(뉴욕)
1995.04.05.	▶ 북한, 비무장지대 무효화 선언
1995.12.15.	▶ KEDO-북한, 경수로 공급협정 서명
1996.01.11.~14.	▶ 북미, 제1차 미군유해협상(하와이)
1996.03.19.	▶ KEDO, 한전을 주계약자로 선정
1996.04.04.	▶ 북한, 군사분계선 및 비무장지대의 유지 및 관리 업무를 포기한다고 선언
1996.04.16.	▶ 한미, 정상회담 - 한반도 평화체제 구축을 위한 남한, 북한, 미국, 중국 4자회담 제의
1996.04.20.~21.	▶ 북미, 제1차 미사일회담(베를린)

남북 협상 연표

1996.05.10.	▶ 북미, 제2차 미군유해협상(뉴욕)
1996.09.18.	▶ 북한 잠수함 강릉 침투 사건 발생
1996.12.29.	▶ 북한, 잠수함 침투 사건 관련 사과 성명 발표
1997.02.12.	▶ 황장엽 한국으로 망명
1997.02.13.	▶ 북한, 포괄적핵실험금지조약(CTBT) 서명 거부
1997.03.05.	▶ 4자회담 공동설명회 개최(뉴욕)
1997.05.31.	▶ 북한, 서해상에서 크루즈미사일 시험발사 성공
1997.07.28.	▶ 한반도에너지개발기구(KEDO) 현장사무소 개설
1997.07.28.	▶ KEDO, 북한 함경남도 금호 사무소 개설
1997.08.05.~08.07.	▶ 제1차 4자회담 예비회담 개최(뉴욕) - 한국, 북한, 미국, 중국
1997.08.19.	▶ KEDO, 북한 함경남도 금호 지구 경수로 부지공사 착공식
1997.08.21.~22.	▶ 북일, 수교회담 재개를 위한 예비회담(베이징)
1997.09.18.~19.	▶ 제2차 4자회담 예비회담(뉴욕)
1997.11.21.~22.	▶ 제3차 4자회담 예비회담(뉴욕), 4자회담 개최 합의
1997.12.09.~10.	▶ 제1차 4자회담 본회담 개막(제네바)
1998.02.25.	▶ 김대중 정부 출범
1998.03.16.~21.	▶ 제2차 4자회담 본회담 개막(제네바)
1998.03.28.~31.	▶ 일본 자민당대표단 방북
1998.04.11.~17.	▶ 남북 차관급 회담 - 대북 비료 지원, 이산가족 면회소 설치 논의(베이징)
1998.09.24.	▶ 북한 나진·선봉경제무역지대에 나진대학 개교
1998.10.21.~24.	▶ 제3차 4자회담 본회담 개막(제네바)
1999.03.11.	▶ 북한, 파키스탄으로부터 우라늄농축기술 및 원심분리기 샘플 도입
1999.01.18.~22.	▶ 제4차 4자회담 본회담(제네바)
1999.03.16.	▶ 북미, 금창리 지하 시설 사찰 협상 타결
1999.04.24.~27.	▶ 제5차 4자회담 본회담(제네바)
1999.05.14.~15.	▶ 미국 찰스 카트먼 한반도평화회담 특사 방북
1999.05.20.~24.	▶ 미국 대표단이 핵시설 의혹을 받은 북한 금창리 지하 시설 1차 방문
1999.05.22.	▶ 미국, 북한에 식량 40만t 지원 결정 발표
1999.05.25.~28.	▶ 미국 윌리엄 페리 대북조정관 북한 방문
1999.06.15.	▶ 남북 제1연평해전
1999.08.05.~09.	▶ 제6차 4자회담 본회담(제네바)
1999.08.24.	▶ 북한, 경수로 건설 지연에 따른 긴급대책 수립 요구

남북 협상 연표

1999.09.07.~12.	▶ 북미, 북한의 미사일 추가 발사 유예와 미국의 대북 경제 제재 완화 합의(베를린)
1999.09.15.	▶ 대통령 특별보좌관 윌리엄 페리의 대북정책권고안 미의회 보고
1999.09.17.	▶ 미국, 대북한 경제제재 완화 발표
1999.09.24.	▶ 북한 외무성 대변인 "조-미 회담 기간에 미사일을 발사하지 않을 것"이라고 천명
1999.11.	▶ 북한, 유럽연합(EU)과의 정치 대화에서 유엔인권규약 이행보고서 제출을 약속
1999.11.03.	▶ 미국, 공화당, 정책보고서에서 북한 핵 개발 지속 가능성 지적
2000.03.09.	▶ 김대중 대통령이 베를린선언 발표
2000.03.23.	▶ 북한, 「서해 5개 섬 통항질서」 공포
2000.05.24.~25.	▶ 미국 대표단이 북한 금창리 지하 시설 2차 방문
2000.06.13.~15.	▶ 최초의 남북정상회담(평양) - 「6·15 공동선언」 발표
2000.06.19.	▶ 미국, 대북 경제제재 일부 완화 정책 발표
2000.06.27.~30.	▶ 남북적십자회담(금강산)
2000.07.17.~20.	▶ 러시아 푸틴 대통령 평양 방문
2000.07.29.~30.	▶ 제1차 남북 장관급회담(서울)
2000.08.15.~18.	▶ 남북 이산가족 방문단 교환 - 이후 2003년까지 8차에 걸쳐 상봉 행사 개최
2000.08.29.~09.01.	▶ 제2차 남북 장관급회담(평양)
2000.09.11.~14.	▶ 김용순 노동당 비서가 김정일 국방위원장 특사로 서울 방문
2000.09.25.~26.	▶ 남북국방장관회담(제주)
2000.09.25.~26.	▶ 제1차 남북 경제협력 실무 접촉
2000.09.27.~10.02.	▶ 북미, 차관급회담(뉴욕)
2000.10.09.~12.	▶ 조명록 국방위원회 제1부위원장이 김정일 국방위원장 특사 자격으로 미국 방문(클린턴 대통령에게 친서 전달)
2000.10.12.	▶ 「국제테러에 관한 북·미 공동성명」 발표
2000.10.23.~25.	▶ 올브라이트 국무장관 북한 방문
2000.11.28.	▶ 제1차 남북 군사실무회담(판문점)
2000.12.28.~30.	▶ 남북경제협력추진위원회 제1차 회의(평양)
2001.02.27.	▶ 북한 경제시찰단(한성렬 단장) 미국 첫 방문
2001.09.11.	▶ 미국, 9·11 테러
2001.11.12.	▶ 북한, 2개 반테러 국제협약에 서명
2001.11.19.	▶ 미국 존 볼튼 국무부 차관보는 유엔 생물무기 제5차 평가회의에서 북한을 생물무기 개발국으로 공개 지목
2001.11.26.	▶ 부시 대통령은 북한의 대량 살상무기 개발에 대한 미국의 검증 요구, 수용 주장

남북 협상 연표

2002.01.15.	▶ 국제원자력기구(IAEA), 과거 북핵규명 관련 시설 방문, 조사
2002.01.19.	▶ 부시 대통령은 국정연설에서 북한을 '악의 축'으로 지칭
2002.03.13.	▶ 북한, 미국의 '핵 태세 검토보고서'에 반발. 미국과의 모든 합의 재검토 주장
2002.06.29.	▶ 남북, 제2연평해전
2002.07.31.	▶ 미국, 북미 외교장관 회담(브루나이)에서 북한의 고농축우라늄(HEU) 프로그램 의혹 제기
2002.09.06.~08.	▶ 남북적십자회담 - 이산가족 면회소 설치 합의
2002.09.17.	▶ 최초의 북일 정상회담(김정일 위원장, 고이즈미 총리) 〈평양선언〉. 김위원장 일본인 납치 시인
2002.10.03.~05.	▶ 미국 제임스 켈리 특사 방북 - 북핵 관련 입장 전달
2002.10.15.	▶ 일본인 납북자 5명 일본 귀환
2002.10.23.	▶ 8차 남북 장관급회담에서 남북 양측의 공동보도문 발표
2002.10.25.	▶ 북한 외무성, 선 핵개발계획 포기 거부 및 북미 불가침조약 제시
2002.10.27.	▶ 미국, 북한의 HEU 프로그램 폐기 촉구
2002.11.07.	▶ 더글라스 파이스 미 국방차관, 북한 핵문제 해결 전 남북경협 자제촉구 및 국제합의 위반 대가 제재 필요 표명
2002.11.14.	▶ 미국 국가안보회의(NSC), 12월부터 대북 중유지원 중단 발표
2002.11.28.~29.	▶ IAEA 이사회, 대북 핵개발계획 포기 및 안전조치 이행 촉구 결의안 채택
2002.12.02.	▶ 북한 백남순 외무상 IAEA에 핵사찰 결의안 수용불가 외교서한 발송. 핵사찰 거부입장 통보
2002.12.12.	▶ 북한 외무성 대변인 담화 - '핵 동결 해제' 선언
2002.12.26.	▶ 북한, IAEA 사찰관 3명 추방 통보
2003.01.06.	▶ IAEA, 북한 영변 시설 봉인 및 감시 장치의 원상회복과 사찰관 복귀 등 촉구결의문 채택
2003.01.07.	▶ 한·미·일, 대북정책조정감독그룹(TCOG) 회의에서 북측에 신속한 핵 폐기 촉구(워싱턴) 3국 대표단 핵동결 해제조치에 원상회복 요구
2003.01.10.	▶ 북한, 핵확산금지조약 탈퇴 선언 - IAEA 안전조치 협정 탈퇴
2003.01.21.	▶ 제9차 남북장관급회담
2003.01.27.~29.	▶ 임동원 대통령특사 방북 - 김대중 대통령 친서 전달
2003.01.28.	▶ 북한 외무성 대변인 HEU 프로그램 보유 의혹 부인 담화 발표
2003.02.05.	▶ 한국, 김석수 국무총리가 북핵문제와 남북경협 병행 재추진 입장 표명
2003.02.15.	▶ 남북, 금강산면회소건설추진단 회의 개최

남북 협상 연표

2003.04.18.	▶ 북한 외무성 대변인 8,000개 연료봉 재처리가 마무리 단계라고 언급
2003.04.19.	▶ 북한, 제10차 남북장관급회담 개최 제의
2003.04.23.~25.	▶ 북·미·중, 3자회담(베이징) - 북한 핵문제
2003.05.27.	▶ 한국, 노무현 대통령 "김대중 전 대통령의 포용정책, 햇볕정책 계승" 언급
2003.08.27.~29.	▶ 제1차 6자회담(베이징) - 북한 핵문제
2003.11.21.	▶ KEDO 집행이사회는 경수로 건설 중단 공식 결정
2004.02.02.	▶ 파키스탄, 칸 박사의 대북한 우라늄농축기술 및 장비 제공사실 발표
2004.02.25.~28.	▶ 제2차 6자회담(베이징)
2004.05.22.	▶ 북일 정상회담(평양)
2004.05.27.	▶ 북한, 리비아에 핵물질 판매 〈뉴욕 타임즈〉 보도 사실 아니라고 주장
2004.06.01.	▶ 러시아 외무부는 미국 주도 대량살상 무기 확산방지구상(PSI) 참여 결정
2004.06.21.~22.	▶ 6자회담 2차 실무그룹회의
2004.06.23.~26.	▶ 제3차 6자회담(베이징) - 의장성명 발표
2004.07.05.	▶ 남북 장성급 군사회담 실무대표회담 수석대표 접촉
2004.09.18.	▶ 한국, '핵의 평화적 이용에 관한 4원칙' 발표
2004.11.12.	▶ 북한 조국평화통일위원회는 핵 억지력 강화 주장
2004.11.13.	▶ 노무현 대통령은 대북무력봉쇄 정책 버리고 대화로 북핵 문제 풀어야 한다고 선언
2005.01.18.	▶ 라이스 국무장관 내정자는 인준청문회에서 북한을 '폭정의 전초기지'로 거명
2005.02.02.	▶ 부시 대통령 취임 연설에서 "전 세계 폭정의 종식을 위한 민주주의 운동과 제도 추구 지원이 미국의 정책" 천명
2005.02.10.	▶ 북한 6자회담 참가 무기한 중단과 핵보유 선언
2005.03.31.	▶ 북한 6자회담은 핵군축 회담이 되어야 한다고 발표
2005.06.17.	▶ 정동영 통일부 장관과 김정일 국방 위원장 면담 - 김정일 위원장은 6자회담 복귀시사
2005.06.30.	▶ 미국 3개 북한 기업에 대한 자산동결조치
2005.07.12.	▶ 한국, 경수로사업 종결 방침 및 200만kW 대북 송전 구상 발표
2005.07.26.~08.07.	▶ 제4차 6자회담 1단계 회의
2005.09.13.~19.	▶ 제4차 6자회담 2단계 회의 - 공동성명 발표
2005.09.16.	▶ 미국, 마카오 BDA를 「돈세탁 주요 우려기관」으로 공시
2005.11.09.~11.	▶ 제5차 6자회담 1단계 회의
2005.11.22.	▶ KEDO 집행이사회는 경수로사업 종결 및 청산절차 개시 결의
2006.07.05.	▶ 북한, 대포동2호 미사일 시험발사
2006.07.15.	▶ 유엔 안보리, 대북한 규탄 결의 1695호 채택

남북 협상 연표

2006.10.09.	▶ 북한, 최초 핵실험 실시
2006.10.14.	▶ 유엔 안보리, 대북한 제재결의 1718호 채택
2006.12.18.~22.	▶ 제5차 6자회담 2단계 회의
2006.12.19.~20.	▶ 북미, BDA 금융제재 문제에 관한 회담
2007.02.08.~13.	▶ 제5차 6자회담 3단계 회의
2007.02.13.	▶ 9·19 공동성명 이행을 위한 초기단계 조치 합의
2007.03.25.	▶ 북한, BDA 예치금 전액 수령완료 확인 및 2·13합의 이행방침 천명
2007.07.14.	▶ 북한, 2·13합의에 의거, 영변 5MW 원자로 등 핵시설 동결
2007.07.18.~20.	▶ 제6차 6자회담 1단계 회의
2007.09.27.~30.	▶ 제6차 6자회담 2단계 회의
2007.10.02.~04.	▶ 제2차 남북정상회담(평양)
2007.10.03.	▶ 9·19 공동성명 이행을 위한 제2단계 조치 합의
2008.03.28.	▶ 북한, HEU 프로그램 보유 및 시리아와의 핵 협력 의혹 부인
2008.04.24.	▶ 미국, 북한-시리아 핵 협력 정보 공개
2008.05.08.	▶ 북한, 미국 정부대표단에게 18,000쪽 분량의 핵시설 운영자료 제공
2008.06.26.	▶ 북한, 중국 정부에 핵시설·핵물질 신고서 제출
2008.06.27.	▶ 북한, 영변 4MW 원자로 냉각탑 폭파
2008.07.10.~12.	▶ 6자회담 수석대표 회의(베이징)
2008.07.11.	▶ 금강산 관광객 피격 사망 사건 발생
2008.08.11.	▶ 미국, 대북한 테러지원국 지정 해제 발효 보류 조치
2008.08.14.	▶ 북한, 핵시설 불능화 조치 중단
2008.09.03.	▶ 북한, 영변 핵시설 복구 작업 개시
2008.09.24.	▶ 북한, 재처리시설 봉인 및 감시 장비 제거 완료
2008.10.11.	▶ 미국, 대북한 테러지원국 지정 해제 발표
2008.11.12.	▶ 북한, 핵 신고 검증을 위한 시료채취 거부입장 천명
2008.12.01.	▶ 북한, 남북 간 육로통행 제한 및 직통전화 단절 조치
2008.12.08.~10.	▶ 6자회담 수석대표회의
2009.01.30.	▶ 북한, 정치·군사적 긴장완화 및 북방한계선(NLL) 관련 모든 남북합의 무효화 선언
2009.03.17.	▶ 북한, 두만강 유역에서 미국 여기자 2명을 불법월경 혐의로 체포
2009.03.30.	▶ 북한, 개성공단 근무 현대아산 직원 1명 억류
2009.04.05.	▶ 북한, 장거리로켓 시험발사
2009.04.13.	▶ 유엔 안보리, 북한의 장거리로켓 발사 규탄 의장성명 채택

남북 협상 연표

2009.04.14.	▶ 북한, 6자회담 거부하고 핵시설 원상복구, 연료봉 재처리방침 발표
2009.04.16.	▶ 북한, 영변 주재 IAEA 감시요원 추방
2009.04.29.	▶ 북한, 대륙간탄도미사일(ICBM) 발사, 경수로연료 자체생산 방침 발표
2009.05.25.	▶ 북한, 제2차 지하핵실험 실시
2009.05.26.	▶ 한국, 대량살상무기 확산방지구상(PSI) 전면참여 선언
2009.06.12.	▶ 유엔 안보리, 대북한 제재결의 1874호 채택
2009.06.13.	▶ 북한, 안보리 제재결의 1874호 비난 및 우라늄 농축 착수 및 방침 발표
2009.08.04.	▶ 클린턴 전 대통령 방북 - 김정일 면담 및 미국 여기자 2명 석방 귀환
2009.08.13.	▶ 북한, 억류된 개성공단 현대아산 직원 석방
2009.08.21.	▶ 북한, 남북간 육로통행제한조치 해제
2009.11.03.	▶ 북한 조선중앙통신은 연료봉 8,000개의 재처리를 8월 말 완료했다고 보도
2009.11.10.	▶ 대청도 인근에서 북한의 도발로 남북 해군 간 무력충돌 발생
2009.12.21.	▶ 북한, NLL 지역을 평시 해상사격구역으로 선포
2010.03.26.	▶ 한국, 해군 초계함 천안함 백령도 인근에서 북한 어뢰에 피격 침몰
2010.04.23.	▶ 북한, 금강산지구 내 정부 소유시설 몰수 및 관리인원 추방 방침 발표
2010.05.24.	▶ 한국, 천안함 사건 관련 대북한 제재조치 발표
2010.06.04.	▶ 한국, 천안함 사건 유엔 안보리 회부
2010.07.09.	▶ 유엔 안보리, 천안함 사건 관련 의장성명 발표
2010.08.30.	▶ 미국, 대북한 추가 제재조치 발표
2010.11.23.	▶ 북한의 연평도 포격 사건. 한국 전쟁 이후 최초로 민간인 사망

다시 만나는 남과 북

동아시아 평화외교 전략

2012년 12월 10일 초판 1쇄 인쇄
2012년 12월 15일 초판 1쇄 발행

저　자 | 이재석 외 6인
펴낸이 | 장호성
기　획 | 이재석
제　작 | 김남필
편　집 | 성두현·박보혜
펴낸곳 | 노스보스
등　록 | 1968년 6월 27일 제03-00095호
주　소 | 경기도 용인시 수지구 죽전로 152
전　화 | 031-8005-2403~5
팩　스 | 031-8021-7154

값 15,000원

ISBN 978-89-7092-484-7 93340

* 'NOSVOS'는 라틴어 'Nos(우리가)'와 'Vos(당신을)'의 합성어로
지혜로운 삶을 지향하는 분들에게 유익한 도서를 펴내겠다는 의지를 담고 있습니다.